Nietzsche · KSA 15

Chronik

zu Nietzsches Leben

Konkordanz

Verzeichnis der Gedichte

Gesamtregister

Friedrich Nietzsche: Sämtliche Werke
Kritische Studienausgabe in 15 Einzelbänden

KSA 1: Die Geburt der Tragödie
Unzeitgemäße Betrachtungen I–IV
Nachgelassene Schriften 1870–1873
KSA 2: Menschliches, Allzumenschliches I und II
KSA 3: Morgenröte
Idyllen aus Messina
Die fröhliche Wissenschaft
KSA 4: Also sprach Zarathustra
KSA 5: Jenseits von Gut und Böse
Zur Genealogie der Moral
KSA 6: Der Fall Wagner
Götzen-Dämmerung
Der Antichrist · Ecce homo
Dionysos-Dithyramben · Nietzsche contra Wagner
KSA 7: Nachgelassene Fragmente 1869–1874
KSA 8: Nachgelassene Fragmente 1875–1879
KSA 9: Nachgelassene Fragmente 1880–1882
KSA 10: Nachgelassene Fragmente 1882–1884
KSA 11: Nachgelassene Fragmente 1884–1885
KSA 12: Nachgelassene Fragmente 1885–1887
KSA 13: Nachgelassene Fragmente 1887–1889
KSA 14: Einführung in die KSA
Werk- und Siglenverzeichnis
Kommentar zu den Bänden 1–13
KSA 15: Chronik zu Nietzsches Leben
Konkordanz
Verzeichnis sämtlicher Gedichte
Gesamtregister

Friedrich Nietzsche
Chronik
zu Nietzsches Leben
Konkordanz
Verzeichnis der Gedichte
Gesamtregister

Kritische Studienausgabe
Herausgegeben von
Giorgio Colli und Mazzino Montinari

Deutscher Taschenbuch Verlag
de Gruyter

Band 15 der ‚Kritischen Studienausgabe' (KSA) in 15 Bänden,
die erstmals 1980 als Taschenbuchausgabe erschien
und für die vorliegende Neuausgabe durchgesehen wurde.
Sie enthält sämtliche Werke und unveröffentlichten Texte
Friedrich Nietzsches nach den Originaldrucken und -manuskripten
auf der Grundlage der ‚Kritischen Gesamtausgabe',
herausgegeben von Giorgio Colli und Mazzino Montinari,
erschienen im Verlag de Gruyter, Berlin/New York 1967ff.
Die Bände 14 (Kommentar) und 15 (Chronik und Gesamtregister)
wurden eigens für die KSA erstellt.
Der vorliegende Band enthält die Konkordanz
zur ‚Kritischen Gesamtausgabe'.

November 1988
Deutscher Taschenbuch Verlag GmbH & Co. KG, München
Walter de Gruyter, Berlin/New York

Umschlaggestaltung: Celestino Piatti
Gesamtherstellung: C. H. Beck'sche Buchdruckerei,
Nördlingen
Printed in Germany
ISBN dtv 3-423-02235-3
ISBN WdeG 3-11-011854-8

Inhalt

Chronik zu Nietzsches Leben
vom 19. April 1869 bis 9. Januar 1889

Die Chronik teilt die Ereignisse mit, die Ns Leben vom Beginn seiner akademischen Tätigkeit in Basel bis zu seinem geistigen Zusammenbruch in Turin prägten. Es ist dies auch die Zeit, in der Ns philosophisches Lebenswerk seine eigentliche Gestalt annahm. Für die – gewiß wichtigen – Lebensabschnitte der Kinder- und Studentenzeit sowie für die zwölf Jahre des „Siechtums" sei auf die ausgezeichnete Biographie von Curt Paul Janz (München 1978–1979, 3 Bde.) hingewiesen. Dieses Werk wurde mit Gewinn auch für die vorliegende Chronik benutzt.*

Einige Daten bis zum Jahre 1869:

Friedrich Wilhelm N am 15. Oktober 1844 als erster Sohn des Pfarrers Carl Ludwig Nietzsche (1813–1849) und Franziska, geb. Oehler, (1826–1897), in Röcken bei Lützen geboren. Am 10. Juli 1846 Geburt der Schwester Elisabeth (gest. 8. November 1935), am 27. Februar 1849 des Bruders Ludwig Joseph (bereits am 4. Januar 1850 gestorben). Nach dem Tod des Vaters (30. Juli 1849) 1850 Übersiedlung der Familie nach Naumburg. 6. Oktober 1858–29. September 1864 Gymnasium in Schulpforta (bei Naumburg). 16. Oktober 1864–9. August 1865 zwei Semester Studium der Theologie und Philologie in Bonn. Vom Wintersemester 1865/66 bis Sommersemester 1867 Studium der Philologie in Leipzig (nähere Beziehungen zu Friedrich Ritschl; Freundschaft mit Erwin Rohde). Anfang Oktober 1867–14. Oktober 1868 Militärdienst als Freiwilliger in Naumburg; ab Anfang Mai 1868 wegen eines Reitunfalls nicht mehr im Dienst. N lebt vom 18. Oktober 1868 an als Privatgelehrter in Leipzig. Nach verschiedenen Berufungsverhandlungen am 12. Februar 1869 Ruf nach Basel. (Zu Ns philologischen Veröffentlichungen bis 1869 s. C. P. Janz, Friedrich Nietzsche, Bd. 3, München 1979, S. 365–368.)

* Ns Vorlesungen werden in der Chronik nach: C. P. Janz, Friedrich Nietzsches akademische Lehrtätigkeit in Basel (s. Bibliographie) verzeichnet.

1869

Basel, April–Mitte Juli

N kommt am 19. April in Basel an (Wohnung: Spalenthorweg 2). Erster Umgang mit dem Nationalökonom Gustav Friedrich Schönberg und dem Juristen Gustav Hartmann, beide Professoren an der Basler Universität. Vorlesungen im SS 1869: Aeschylos, *Choephoren.* Die griechischen Lyriker. N hält seine Vorlesungen „jeden Wochentag Morgens um 7 Uhr ... und zwar die drei ersten Tage über Geschichte der griechischen Lyrik, die drei letzten über die Choephoren des Aeschylus. Der Montag bringt das Seminar mit sich ... Dienstag und Freitag habe ich am Paedagogium zweimal zu unterrichten, Mittwoch und Donnerstag einmal: dies thue ich bis jetzt mit Vergnügen. Bei der Lektüre des Phaedo habe ich Gelegenheit meine Schüler mit Philosophie zu inficieren; durch die unerhörte Operation der Extemporalia wecke ich sie sehr unsanft aus ihrem grammatikalischen Schlummer ... Über die Basler und ihr aristokratisches Pfahlbürgerthum ließe sich viel schreiben, noch mehr sprechen. – Vom Republikanismus kann einer hier geheilt werden“ (an Ritschl, 10. Mai). Heinrich Romundt schreibt aus Leipzig: „Ich sehe überall die Wirkungen des Verkehres mit Dir ... die Aussaat des Winters ist in diesem schönen Frühling aufgekeimt, die Hälmchen wehen im Winde das ganze Feld bedeckend und ich kann die Körner nicht mehr finden. – Es tönt wie eine schöne halb verklungene Sage von vergangenem und wiedererstandenem Pessimismus, vom Drama der Zukunft, in dem Sophocles wiedergeboren wird und Laube aus dem Tempel treibt unter unserm begeisterten Zuruf, von der Musik als dem Schlüssel aller Kunstphilosophie, von Richard Wagner und Arthur Schopenhauer und von unzähligem Anderem zu mir herüber, es ist ein grosses Concert, in dem ich als schlechter Musikant das Einzelne nicht mehr deutlich unterscheide, nur der Concertmeister steht handgreiflich vor mir und in ihm erkenne ich Dich wieder“ (4. Mai). Außer diesem Zeugnis über den Leipziger Winter 1868/69, das Ns erste Beschäftigung mit den Fragen der griechischen Tragödie und ihres Verhältnisses zu Musik und Reform des Theaters im Zeichen Wagners zurückdatiert, enthält Romundts Brief Hinweise auf Eduard von Hartmann und dessen Versuch einer „Umbildung der Schopenhauerschen Philosophie".

Am 17. Mai erster Besuch bei Richard Wagner und Cosima von Bülow in Tribschen bei Luzern. Ns Zusammenfassung über seine ersten Besuche in Tribschen: „Richard Wagner. 1869. Am Sonnabend vor Pfingsten *[15. 5]* fuhr ich früh nach Luzern und gieng, da ich Zeit zum Dampfschiff hatte, halb unschlüssig nach Tribschen. Vor dem Hause stand ich lange still und hörte einen immer wiederholten schmerzlichen Akkord. Einladung zu Tisch, meiner beabsichtigten Reise nach der Tellsplatte wegen, auf Montag *[17. 5]* angenommen. Inzwischen heitere Tage mit Osenbrügge, Loretius und Exner, sowie dessen Schwester, in der Pension Imhof. Montag *[17. 5]* mit dem Morgenschiff nach Tribschen. (vom ‚Rössli' aus mit Droschke) Baronin von Bülow. Photographie. Mit W. zurück zum Rössli, herzlichste Einladung. Freitag *[21. 5]* vor seinem Geburtstag (22. Mai Sonnab.) Einladung der Fr. v. Bülow. Telegramm. Geburtstagsbrief. Antwort und Einladung in nächster Woche: ich komme Sonnabends *[5. 6]* um 4 Uhr Nachmittags. Im Garten, [—], Einsiedelei, Abends ‚Herr Devrient und sein Stil' vorgelesen. Sonntag Morgens *[6. 6]* Frau von Bülow krank. Ich im Garten. Mittag die Kinder bei Tisch (War dies am 4 oder 8 Juni?) Nachher erfahren, daß in dieser Nacht Siegfried geboren wird. Längere Zeit komme ich nicht: Ferien. von Interlaken zurück finde ich Brief von Wagner und Einladung. Sonnabend bis Sonntag Nachmittag *[31. 7]*, dann auf den Pilatus. ‚Siegfried' dritter Akt fertig. Sonnabend Hr. und Frau Sérow russ. wirkl. Staatsrath Aufsätze in dem Journal de Petersbourg über Berlioz. W. spielt Fafnerscene: auf meine Bitte. Sonntag Morgens besucht er mich, und giebt mir dann Manuskripte die Pariser Novellen, dann über Staat und Religion, Programm usw. Ich schicke später an Frau von Bülow Lübkes Artikel über Meistersinger und Dühring: Brief und Einladung. Jetzt kommt erst die Pilatuspartie. Dann schicke ich Semper über Baustile. Einladung. Absendung des Siegfr. III Akt an König, zweites *[*Exemplar? *oder:* zweitens?*]* an Richter. Viel vorgespielt. Brief mit meinem Aufsatz über die Persönlichkeit Homers. Telegramm *[27. 8]* und Brief *[26. 8]* von Fr. v. Bülow: Ankunft Brockhausens. Telegramm über Rheingold *[29. 8].*" (Heft P II 9b, S. 184–185; wahrscheinlich im September 1869 niedergeschrieben). N wird eingeladen, Wagners Geburtstag am 22. Mai in Tribschen zu verleben: „Wie gern würde ich an dem heutigen Tage in Ihrer See- und Bergeinsamkeit erschienen sein, wenn nicht die leidige Kette meines Berufes mich in meiner Basler Hundehütte zurückhielte" (an R. Wagner, 22. Mai). Zu Wagners Werk und Leben schreibt N im selben Brief: „... wie unfähig fast alle Welt, mit der man verkehrt, sich zeigt, wenn es gilt, Ihre Persönlichkeit als Ganzheit zu fassen, den einheitlichen, tiefethischen Strom zu fühlen, der durch Leben Schrift und Musik geht, kurz, die Atmosphäre einer ernsteren und seelenvolleren Weltanschauung zu spüren, wie sie uns armen Deutschen durch alle möglichen politischen Miseren, durch philosophischen Unfug und vordringliches Judenthum über Nacht abhandengekommen war. Ihnen und Schopenhauer danke ich es, wenn ich bis jetzt festgehalten habe an dem germanischen Lebensernst, an einer vertieften Betrachtung dieses so räthselvollen und bedenklichen Daseins".

Am 28. Mai hält N seine Antrittsrede *Über die Persönlichkeit Homers* (später als Privatdruck unter dem Titel *Homer und die klassische Philologie. Ein Vortrag* erschienen). Viele Einladungen in der Basler Gesellschaft. „Familienabende" bei Wilhelm Vischer-Bilfinger, Mitglied des Kleinen Rates und Präsident des Erziehungskollegiums, der Ns Berufung nach Basel bewirkt hatte: „Neulich haben wir dort ein großes deutsches Zauber- und Gartenfest gefeiert und schließlich schwarzen Peter und Schreibespiele gespielt: Publikum lauter Professoren und eine Menge Damen" (an die Schwester, 29. Mai). Bekanntschaft mit Jacob Burckhardt: „Nähere Beziehungen habe ich von vorn herein zu dem geistvollen Sonderling Jakob Burkhardt *[sic!]* bekommen; worüber ich mich aufrichtig freue, da wir eine wunderbare Congruenz unsrer aesthetischen Paradoxien entdecken" (an Rohde in Italien, 29. Mai).

Am 5. und 6. Juni in Tribschen. Am 6. Juni, 4 Uhr morgens, wird Siegfried Wagner geboren. An Rohde: „Neulich habe ich indiskreter Weise eine schöne Stelle aus Deinen früheren Briefen über Wagner ihm selber vorgelesen: er war sehr gerührt und hat sich eine Abschrift ausgebeten ... Ich habe neulich wieder zwei Tage bei ihm logirt und mich erstaunlich erquickt gefühlt. Er macht alles wahr, was wir nur wünschen konnten: die Welt kennt gar nicht die menschliche Größe und Singularität seiner Natur. Ich lerne sehr viel in seiner Nähe: es ist dies mein praktischer Kursus der Schopenhauerschen Philosophie. – Die Nähe Wagners ist mein Trost ... Usener ... und ich beabsichtigen ein philosophiehistorisches corpus, an dem ich mit Laertius, er mit Stobaeus, Pseudoplutarch usw. participire“ (16. Juni). Ab Anfang Juli wohnt N Schützengraben 45 (heute 47).

Interlaken, Pilatus, Mitte Juli – Anfang August

Zu Anfang der Sommerferien Aufenthalt in Interlaken. Einladung an Romundt, der gegen Ende Juli schreibt: „Verzeihe, daß ich Dich so schmählich im Stich gelassen ... Wie gern hätte ich von Deiner Freundschaft Gebrauch gemacht und mit Dir zusammen in Interlaken die schöne Erinnerung ... zur schöneren Gegenwart gewandelt“, und zu Ns Homerrede: „Hiermit erhältst Du Deine vortreffliche Rede zurück ... Teichmüller *[Philosoph und Ns Kollege in Basel]* hat sich durch die Parallelisierung Deines Styls mit dem Lotzischen nicht gerade als der feine Ästhetiker erwiesen, als welcher er erst berechtigt wäre, eine Ästhetik des Aristoteles zu schreiben. Ich finde wahrhaftig in Deinem Styl nichts von der kniffligen Spitzfindigkeit, der künstlichen Sinnlichkeit und der altjüngferlichen Sentimentalität dieses kleinen Göttinger Männchens und Denkerleins“. N an Sophie Ritschl: „... gerade in diesem Sommer habe ich, aus begreiflichen Gründen, mehr Staub als je, noch dazu berufsmäßig also mit Würde schlucken müssen: so daß ich mich gewißlich dem Urbilde des deutschen Professors bereits um einige tüchtige Schritte genähert habe ... Zudem bietet Basel und die Baseler Gesellschaft durchaus keine kultivirenden Einwirkungen: man verbraucht nirgend weniger Handschuhe als hier, und ob die ‚Jungfer‘ B. oder Merian (im Deutschen übersetzt Schulze und Müller) etwas sagt oder nicht, ist ganz gleichgültig und an sich langweilig: von dem Einfluß der Frauen merkt man hier nichts, es sei denn, daß sie jede Geselligkeit in eine Baseler Stadtklatscherei herunterziehn. Sie begreifen also ... mit welcher Sehnsucht dann wieder mit welch dankbarer Empfindung ich gelegentlich an die Leipziger Atmosphaere und an das Rosenthal zurück denke. Denken sie aber ja nicht daß ich die Baseler Männlein, besonders meine so höchst ehrenwerthen Collegen, etwa auf Unkosten der Weiblein loben wolle: fast allen hat die Natur die Anmuth und den künstlerischen Aufschwung versagt, und selbst der mir näher stehende Jakob Burkhardt lebt, als vermögender Mann, in der geschmacklosesten Dürftigkeit und geht Abend für Abend zu den Baseler Philistern in die Bierstube. Rechnen Sie nun dazu den absurden Schweizerpatriotismus (der wie der Schweizerkäse vom Schafe stammt und ebenso gelbsüchtig und neidisch wie jener aussieht), die Miene der Überlegenheit, mit der sie auf deutsche Verhältnisse, mitunter auf uns Deutsche selbst, hinsehen: es kommt zu viel zusammen um nicht zu einem fast einsiedlerischen Leben bestimmt zu werden, besonders für einen, der wie ich wenig Geschick in geselligen Tugenden aufzuweisen hat" (Briefentwurf, 26. Juli). Am 31. Juli und 1. August Besuch in Tribschen; Cosima Wagner dazu: „Besuch des Professor Nietzsche; ein wohlgebildeter und angenehmer Mensch" (Tagebücher, 31. Juli) und: „Zu Tisch den Pr. Nietzsche, der sehr angenehm ist und sich auf Tribschen wohl fühlt. Nachher mit den Kindern und R⟨ichard⟩ ihn nach Hergeschwyl begleitet; er besteigt den Pilatus" (Tagebücher, 1. August). Bis zum 4. August bleibt N auf dem Pilatus. An Ritschl: „zum ersten Male im Vollgenuß der ‚Ferien' habe ich eine Empfindung, wie ich sie seit meinen Schülerjahren nicht kannte. Bedeuten doch meine Studentenzeiten durchweg nichts anderes als ein üppiges Schlendern durch die Gefilde der Philologie und der Kunst; so daß ich mit innigstem Danke gegen Sie, das ‚Schicksal' meines bisherigen Lebens, erkenne, wie nothwendig, wie rechtzeitig gerade jene Berufung kam, die mich aus einem ‚Wandelstern' in einen Fixstern umschuf und mich wieder das Vergnügen der sauren aber regelmäßigen Arbeit und des unverrückbar sicheren Zieles kosten läßt ... hier in der Höhe des Pilatus, eingehüllt in Wolken, ohne jede Fernsicht, erscheint mir meine bisherige Lebensführung in einem so wunderbaren Lichte, zeigt sich die Nähe, in der bei Ihnen zu leben mir so lange vergönnt war, als ein so wichtiger Hebel meines inneren und äusseren Lebens, daß ich flugs die Feder ergreifen muß, um Ihnen meine frische und heiße Dankesempfindung mitzutheilen" (2. August). An Carl von Gersdorff: „Ein wichtiges Buch für Dich ist ‚Hartmanns Philosophie des Unbewußten', trotz der Unredlichkeit des Verfassers" (4. August).

Basel, Anfang August – Anfang Oktober

Am 5. August ist N wieder in Basel. Ausflug nach Badenweiler am 14. August. Am 16. wieder in Basel. Vom 21. bis 23. August in Tribschen. An die Mutter: „Zurück gekommen von einem überaus genußreichen, harmonisch-glücklichen zweitägigen Besuche auf Tribschen beim Freunde Wagner ..." (23. August, Abend). An Paul Deussen: „Neuerdings beglückende Annäherung der wärmsten und gemüthvollsten Art an Richard Wagner, das will sagen: den größten Genius und größten Menschen dieser Zeit, durchaus incommensurabel! Alle zwei, drei Wochen verlebe ich ein paar Tage auf seinem Landgute am Vierwaldstätter See und erachte diese Annäherung als die größte Errungenschaft meines Lebens, nächst dem, was ich Schopenhauer verdanke" (25. August). Cosimas Tagebuch: „Sehr freundlicher Brief des Professor Nietzsche, welcher uns einen Vortrag über Homer zuschickt ... Nietzsches Vortrag ... vortrefflich" (26. August); an N schreibt sie: „Wir haben heute abend zwischen Goethe, Schiller, und Beethoven, Ihren Vortrag mit grösstem Interesse gelesen, und nun dürfen Sie nicht nur den grossen Aeschylos sondern auch Ihren Homeros auf Tribschen suchen. Sie werden ihn lebend und nachhaltig wirkend dort finden. Herr Wagner lässt Ihnen dankend sagen dass er mit allen Ihren Ansichten betreffs aesthetischer Fragen nur übereinstimmen könne" (26. August). Vom 28.–29. August N wieder in Tribschen mit Hermann und Ottilie Brockhaus (Wagners Schwester), in deren Leipziger Haus er Richard Wagner im November 1868 kennengelernt hatte. An Rohde: „Übrigens habe ich auch mein Italien, wie Du; nur daß ich mich bis dahin immer nur die Sonnabende und Sonntage retten kann. Es heißt Tribschen und ist mir bereits ganz heimisch. In letzter Zeit bin ich, kurz hintereinander, vier Mal dort gewesen, und dazu fliegt fast jede Woche auch ein Brief dieselbe Bahn. Liebster Freund, was ich dort lerne und schaue, höre und verstehe, ist unbeschreiblich. Schopenhauer und Goethe, Aeschylus und Pindar leben noch, glaub es nur" (3. September).

Am 18. und 19. September N wieder in Tribschen; Cosima: „Abends Besuch des Professor Nietzsche, welcher mir das Zügelloseste von den Zeitungen meldet. Unter anderm wird behauptet, die Aufführung des Rheingoldes *[am 22. September gegen Wagners*

Willen in München] hänge mit einem Komplott zusammen, dessen Fäden in den Tuilerien zu suchen seien. Mit der ultramontanen Partei habe sich Wagner alliiert, Beweis hierfür: Frau v. Muchanoff, deren Tochter avancierte Ultramontanin sei usw. ...“ (Tagebücher, 18. September); und unter 19. September: „Kaffee mit Pr. Nietzsche; leider verdrießt dieser Richard sehr durch ein Gelübde, das er getan hat, kein Fleisch und nur Vegetabilien zu essen. Richard hält dies für Unsinn, auch für Hochmuth, und wie ihm der Professor sagt, es sei doch von ethischer Wichtigkeit, keine Tiere zu essen usw., antwortet Richard, unsere ganze Existenz ist ein Kompromiß, den man nur dadurch sühnen kann, daß man etwas Gutes zustande bringe. Das bloße Milchtrinken tut es nicht, dann werdet Asketen. Um etwas Gutes zu tun in unserem Klima, bedürfen wir einer guten Nahrung usw. Da der Professor Richard recht gibt und doch bei seiner Abstinenz bleibt, wird Richard böse“. Daraufhin N an Gersdorff, der ihn zum Vegetariertum veranlaßt hatte: „... auch ich gehöre ... nicht mehr zu den ‚Sarkophagen‘ ... Nach diesem ersten Bekenntniß, nun gleich das zweite: ich bin ... überzeugt, daß das Ganze eine Marotte ist, noch dazu eine recht bedenkliche ... Ich verlebte wieder. ... ein paar Tage bei einem, der jahrelang diese Abstinenz geübt hat und davon reden darf, nämlich bei Richard Wagner. Und er hat mir, nicht ohne wärmste Betheiligung seines Gemüths und mit kräftigster Ansprache, alle die inneren Verkehrtheiten jener Theorie und Praxis vorgeführt. Das wichtigste für mich ist, daß hier wieder ein Stück jenes Optimismus mit Händen zu greifen ist, der unter den wunderlichsten Formen, bald als Socialismus, bald als Todtenverbrennung – nicht Begrabung, bald als Pflanzenkostlehre und unter unzähligen Formen immer wieder auftaucht: als ob nämlich mit Beseitigung einer sündhaft-unnatürlichen Erscheinung das Glück und die Harmonie hergestellt sei. Während doch unsre erhabne Philosophie lehrt, daß wo wir hin greifen, wir überall in das volle Verderben, in den reinen Willen zum Leben fassen und hier alle Palliativkuren unsinnig sind ... Ebenfalls ist mir ganz klar, daß eine zeitweilige Enthaltsamkeit von Fleisch, aus diätetischen Gründen, äusserst nützlich ist. Aber warum, um mit Göthe zu reden, daraus ‚Religion machen‘? Dies liegt aber in allen solchen Absonderlichkeiten unvermeidlich eingeschlossen, und wer erst für Pflanzenkost reif ist, ist es meist auch für socialistisches ‚Allerlei‘.“ (28. September) Im selben Brief über das eben abgeschlossene erste Semester in Basel: „Mit meiner akademischen Thätigkeit ... darf ich wohl zufrieden sein. Merke ich doch an meinen Zuhörern die geweckteste Theilnahme und wirkliche Sympathie für mich, die sich darin äussert, daß sie oft und gerne sich bei mir Raths erholen. Aber es ist ein anstrengendes Leben ...“

Naumburg, 4.–18. Oktober

Herbstferien bei Mutter und Schwester in Naumburg. Besuche in Leipzig bei Ritschl, Romundt, Ernst Windisch.

Basel, 19. Oktober–24. Dezember

An Ritschl: „Hier in Basel habe ich wieder reiches Maaß an Examen- und Censurstrapazen. Auch ärgere ich mich über meine Wintercollegien, vor meinen drei dummen Zuhörern!“ (Anfang November). Vorlesungen WS 1869/70: Lateinische Grammatik. Seminar: Aeschylos *Choephoren.* Aus der Basler Universitätsbibliothek am 7. November entliehen: Chr. A. Lobeck, *Aglaophamus, sive de Theologiae mysticae Graecorum causis* (1829).

Am 13. und 14. November in Tribschen; Cosima: „Nachmittags Besuch des Professor Nietzsche, welcher mir erzählt, daß es ganz unglaublich sei, was für Lügen über Richard gedruckt und gesprochen kursieren (wie z. B. daß er sich vor den Spiegel stellt, um ein Pendant zu Goethe und Schiller zu bilden – dann über seinen Luxus, über seinen Harem, über seine Intimität mit dem König von Bayern, dem er alle seine Verkehrtheiten angibt usw.). Wir fragen uns, wie sein Bild zur Nachwelt kommen wird?“ (Tagebücher, 13. November). Und: „Abends sprechen Richard und Professor Nietzsche über die ersten Begriffe der Sprache, was ersterer scherzhaft Urphilologie treiben nennt ... Gestern abend spielte uns Richard den Anfang der Nornenscene“ (14. November). Rohde an N: „Hast Du etwa E. v. Hartmanns ‚Philosophie des Unbewußten‘ gelesen? Plündert Schopenhauer, schimpft aber auf ihn: setzt dem Willen, thuend als gebäre Er ihn soeben, zwei blinde Augen ein, einen unbewußten Intellect, womit das Ganze zu einer Art Maulwurf wird. Lange schauerliche Wüsten scholastischer Leere durchziehen das Buch; hat man aber den Ärger über die Frechheit gegenüber Schopenhauer allmählich verwunden, so liest man vieles mit großem Antheil. Dumm ist die sogenannte naturwissenschaftliche Methode darin" (5. November). Daraufhin N: „Über Hartmann mit Dir einmündig und einmüthig. Doch lese ich ihn viel, weil er die schönsten Kenntnisse hat und mitunter in das uralte Nornenlied vom fluchwürdigen Dasein kräftig einzustimmen weiß" (11. November). Am 27. November aus der Basler Universitätsbibliothek entliehen: Anselm Feuerbach, *Der Vatikanische Apollo* (1833).

Im Auftrag Wagners (an N, 3. Dezember) betreut N den Druck von dessen Selbstbiographie in Basel beim Typographen Bonfantini. Besorgungen in Basel für Cosima zum Weihnachtsfest.

Tribschen, 24. Dezember 1869–2. Januar 1870

N zu den Feiertagen in Tribschen. Aus Cosimas Tagebüchern, 24. Dezember: „Professor Nietzsche kommt am Morgen und hilft mir, das Puppentheater mit Iftekhar herzurichten. Nachmittags muß ich noch einiges besorgen, während dem macht Richard die Probe von Knecht Ruprecht und Christkindchen. Ich komme heim, es wird begonnen. Ich mit dem Professor bei den Kindern, fordere Loulou *[Daniela von Bülow]* auf, den ‚Kampf mit dem Drachen' vorzusagen um ihre Geisteskräfte in Anspruch zu nehmen; sie sagt es bis zum ‚das Kirchlein kennst Du, Herr', da tritt Hermine herein und sagt, sie habe so brüllen hören, plötzlich ist unser Knecht Ruprecht da und brüllt; furchtbarer Schrecken der Kinder, Richard besänftigt ihn allmählich, er wirft seine Nüsse aus, großer Jubel der Kinder ..."; 25. Dezember: „... mit Professor Nietzsche Parzival gelesen, erneuerter furchtbarer Eindruck. Dann erhabenes Gespräch Richard's über die Philosophie der Musik, das er hoffentlich ausführen wird"; 3. Januar: „Die ganze Woche nicht in dem Buch geschrieben. Die meiste Zeit mit Professor Nietzsche verbracht, welcher uns gestern verlassen hat".

1870

Basel, Anfang Januar–Mitte Juli

Am 18. Januar hält N seinen Vortrag über *Das griechische Musikdrama* im Museum in Basel. Dazu schreibt ihm Cosima: „... seien Sie aus innigem Herzen gelobt dass Sie das Kunstwerk der Zukunft durch das der Vergangenheit haben auferstehen lassen, das erstere liegt ebenso begraben in Schutt und Moder als das zweite, und das tiefe Wort J. Burkharts bezeichnet die Tragik des Schicksals unsres grossen Freundes. Es ist doch sehr viel dass Sie einen solchen Menschen wie B⟨urckhardt⟩ in Basel gefunden haben; originell Denkende sind ja in ganzen Ländern nicht aufzutreiben" (27. Januar). Im selben Brief nimmt Cosima Stellung zu Eduard von Hartmann: „Der Herr Hartmann scheint mir auch zu den Neuesten zu gehören; ich bin ganz unberechtigt ein Urtheil hier abzugeben, nur scheint es mir dass das was er von Schopenhauer stiehlt ... gut, und was er von sich hat schlecht ist". Am 1. Februar zweiter Vortrag im Basler Museum: *Sokrates und die Tragödie.* N schickt seinen Vortrag nach Tribschen. Wagner an N: „Gestern Abend las ich der Freundin *[Cosima]* Ihre Abhandlung vor. Darnach hatte ich sie längere Zeit zu beruhigen: Sie waren ihr mit den ungeheuren Namen der grossen Athener in überraschender Weise modern umgegangen ... Das war denn bald als aus einer Schwäche der Zeit fliessend begriffen und entschuldigt. Ich für mein Theil empfand zu meist einen Schreck über die Kühnheit, mit welcher Sie so kurz und kategorisch einem vermuthlich nicht eigentlich zur Bildung aufgelegten Publikum eine so neue Idee mittheilen, dass man zu Gunsten Ihrer Absolution nur auf das gänzliche Unverständniss derselben von jener Seite zu rechnen hat. Selbst die in meine Ideen Eingeweihten dürften wieder erschrecken, wenn sie mit diesen Ideen in Conflict mit ihrem Glauben an Sophokles und selbst Aischylos geriethen. Ich — für meine Person — rufe Ihnen zwar zu: so ist es! Sie haben das Rechte getroffen, und den eigentlichen Punkt auf das Schärfste genau bezeichnet, so dass ich nicht anders als verwunderungsvoll Ihrer ferneren Entwicklung, zur Ueberzeugung des gemeinen dogmatischen Vorurtheils, entgegensehe. – Doch habe ich Sorge um Sie, und wünsche von ganzem Herzen, dass Sie sich nicht den Hals brechen sollen. Desshalb möchte ich Ihnen rathen, diese sehr unglaublichen Ansichten nicht mehr in kurzen, durch fatale Rücksichten auf leichten Effekt es absehenden, Abhandlungen zu berühren, sondern wenn Sie so tief – wie ich es erkenne – davon durchdrungen sind, sich zu einer grösseren umfassenden Arbeit darüber sammelten. Dann werden Sie gewiss auch das richtige Wort für die göttlichen Irrthümer des Sokrates und Platon finden" (4. Februar). Auf eine nicht überlieferte Antwort Ns hin schreibt Wagner noch einmal: „... Ich habe jetzt Niemand, mit dem ich es so ernst nehmen könnte, als mit Ihnen – die Einzige *[Cosima]* ausgenommen ... Sie könnten mir nun viel, ja ein ganzes Halbtheil meiner Bestimmung abnehmen. Und dabei gingen Sie vielleicht ganz Ihrer Bestimmung nach. Sehen Sie, wie elend ich mich mit der Philologie abgefunden habe und wie gut es dagegen ist, dass Sie sich ungefähr ebenso mit der Musik abgefunden haben. Wären Sie Musiker geworden, so würden Sie ungefähr das sein, was ich geworden wäre, wenn ich mich auf Philologie obstinirt hätte ... Die Philologie ... dirigirt mich als ‚Musiker'. Nun bleiben Sie Philolog, um als solcher sich von der Musik dirigiren zu lassen ... zeigen Sie denn, zu was die Philologie da ist, und helfen Sie mir, die grosse ‚Renaissance' zu Stande zu bringen, in welcher Platon den Homer umarmt, und Homer, von Platons Ideen erfüllt, nun erst recht der allergrösste Homer wird" (kurz vor dem 12. Februar).

Am 12. und 13. Februar N in Tribschen. Cosima: „Nachmittags ... kommt Professor Nietzsche an. Eingehendes Gespräch über dessen Vortrag. Dann spielt Richard uns aus Mozart's ‚Entführung' und ‚Figaro' ... wie Professor Nietzsche bemerkt, man sagte, Mozart habe die Intrigen-Musik erfunden, sagt Richard, im Gegenteil, er hat die Intrigen in Melodie aufgelöst. Man muß nur das übrigens ausgezeichnete Stück von Beaumarchais mit den Opern Mozart's vergleichen, dort sind es schlaue witzige, berechnende Menschen, die geistvoll miteinander handeln und reden, bei Mozart sind es verklärte, leidende, klagende Wesen" (Tagebücher, 12. Februar). „Den Vormittag mit Professor Nietzsche verbracht, vielerlei besprochen, u.a. erzählt er, Kapellmeister Dorn habe ein

Buch herausgegeben, dessen ganzer Sinn eigentlich ein Schmähen auf Richard sei ... Leider hat er manch einen Brief aus der Jugend Richard's, welchen er veröffentlicht, Richard spricht als Kind förmlich zu ihm – wie schnöde das preisgegeben! Ich bitte Professor Nietzsche nichts davon Richard zu sagen. Kindertisch. Nachdem Abschied von Professor Nietzsche" (Tagebücher, 13. Februar). Am 15. Februar entleiht N aus der Basler Universitätsbibliothek: J. Burckhardt, *Die Zeit Konstantins des Grossen.*

Am 17. Februar Brief Ns nach Tribschen, „welcher uns freut, da seine Stimmung uns Besorgnis eingeflößt hatte. In Bezug hierauf sagt Richard, er besorge, daß die Philosophie Schopenhauer's am Ende einen schlimmen Einfluß auf solche jungen Leute habe, weil sie den Pessimismus, welcher eine Form des Denkens, der Anschauung sei, auf das Leben nun wenden und sich daraus eine praktische Hoffnungslosigkeit bilden" (Cosima, Tagebücher, 17. Februar). Am 1. März Brief Ns nach Tribschen; in Bonn wird auf Anregung Ns die Möglichkeit diskutiert, Richard Wagner die Direktion des Musikfestes zu geben, „Richard sagt mir, daß er annehmen wird, wenn ich mit ihm hingehe" (Cosima, Tagebücher, 1. März). Am 5. März erster Gedanke an Bayreuth als Stätte für die Aufführung des *Ringes.*

N an Ritschl: „Ich bin jetzt recht hoffnungsschwanger in Betreff meiner Philologie ... weil ich überall in Grundanschauungen usw. ein Wachsen spüre, das mir eine gute Frucht verkündet. Nur muß ich mir zu einer Hauptleistung Zeit lassen". An philologischen Arbeiten Ns erscheinen 1870: *Beiträge zur Quellenkunde und Kritik des Laertius Diogenes* als „Gratulationsschrift des Paedagogiums zu Basel zur Feier der fünfzigjährigen Lehrthätigkeit" von Franz Dorotheus Gerlach, zu dessen Ehren N auch eine lateinische Gratulationsadresse abfaßt; *Analecta Laertiana* und *Der Florentinische Tractat über Homer und Hesiod, ihr Geschlecht und ihren Wettkampf,* Aufsätze im *Rheinischen Museum*; Rezension zu S. A. Byk, *Der Hellenismus und der Platonismus* im *Litterarischen Centralblatt* von Friedrich Zarncke. Im Anschluß an seine Arbeiten über Homer und Hesiod bereitet N eine Edition des *Certamen* für die „Acta societatis philologae Lipsiensis" seines Lehrers Ritschl vor, an denen auch Erwin Rohde auf Ns Anregung hin Mitarbeiter wird. Zu Ns Vortrag *Sokrates und die Tragödie,* den er zur Lektüre nach Leipzig geschickt hatte, schreibt Romundt: „Der ganze Gedankengang und -kreis war mir ja schon aus dem vorigen Winter nicht fremd, aber überall finde ich die Umrisse von damals aus reicher Erfahrung und Einzelkenntniß ausgefüllt und all' die schönen fruchtbaren Gedanken aus frischer Anschauung belebt und gekräftigt ... Wie Du von Euripides aus gehst, dessen Manier ohne vordrängende Tendenz untersuchst und vorführst, dann den Begriff des Euripidismus in den des Sokratismus aufhebst, und schließlich den Sokratismus als eine vor- und nachsokratische, als eine ewige Krankheit nachweisest, das finde ich musterhaft ... Deinen Vortrag hatte ich Ritschl versprochen, habe ihn aber nicht gebracht Deinem Gebot getreu" (25. März).

Am 9. April wird N zum Ordinarius ernannt. 13. April Mutter und Schwester zu Besuch in Basel; anschließend eine Woche mit ihnen am Genfer See. Am 23. April kommt Franz Overbeck, Professor der Theologie, in Basel an; er wohnt, wie Nietzsche, Schützengraben 45. Vorlesungen SS 1870: Sophokles, *Oedipus Rex.* Hesiod, *Erga.* Im Seminar: Cicero, *Academica.* An Wagner („Pater Seraphice") zu dessen Geburtstag: „Wenn es wahr ist, was Sie einmal – zu meinem Stolze – geschrieben haben, dass die Musik mich dirigiere, so sind Sie jedenfalls der Dirigent dieser meiner Musik; und Sie haben es mir selbst gesagt, dass auch etwas Mittelmässiges, gut dirigirt, einen befriedigenden Eindruck machen könne. In diesem Sinne bringe ich den seltensten aller Wünsche: es mag so bleiben, der Augenblick verharre: es ist so schön!" (21. Mai). Am 29. Mai Rohde, aus Italien zurück, in Basel. Zu Pfingsten (5./6. Juni) mit Rohde, Mutter und Schwester im Berner Oberland. Am 8. Juni mit Jacob Burckhardt und Rohde Ausflug nach Muttenz. Am 11. und 12. Juni Rohde und N zu Besuch in Tribschen. Cosima: „Heimgekommen finde ich Professor Nietzsche und seinen Freund Herrn Rohde, auch Philologe ... Professor Nietzsche liest uns abends seinen Vortrag über das griechische Musikdrama, über welche Benennung Richard ihn anhält und sie ihm mit Gründen verweist. Der Vortrag ist schön und zeigt, daß er das griechische Kunstwerk recht empfunden hat. (Professor Nietzsche hat mir die ‚Melancholie' von Dürer gebracht)" (Tagebücher, 11. Juni). Am 13. Juni reist Rohde von Basel ab. N läßt seine beiden Vorträge abschreiben und zusammenbinden als Geschenk für Cosima, im Begleitbrief schreibt er: „In Sachen Baireuths habe ich mir überlegt, daß es für mich das Beste sein dürfte, wenn ich auf ein

Paar Jahre meine Professoren-thätigkeit einstelle und auch mit ins Fichtelgebirge wallfahre. Das sind so Hoffnungen, denen ich mich gern hingebe“ (19. Juni). Kurz darauf wird N wegen einer Fußverrenkung bettlägerig. Die Mutter kehrt am 1. Juli nach Deutschland zurück. Elisabeth bleibt bei ihrem Bruder.

Deutsch-französische Krise („Emser Depesche“). Das französische Parlament beschließt am 15. Juli den Krieg gegen Preußen. Die offizielle Kriegserklärung kommt erst am 19. Juli nach Berlin, aber die Nachricht des Kriegs verbreitet sich am 16. Juli in ganz Europa; Elisabeth an die Mutter, 16. Juli: „Vielgeliebte Mama, eben kommt die entsetzliche Nachricht, daß der Krieg erklärt ist“; im Anschluß an diesen Brief der Schwester und auf demselben Blatt schreibt N seine Zeilen über den Krieg an die Mutter (falsch datiert sowohl in BAB als auch in KGB: 19. Juli, d.h. nach dem *offiziellen* Datum der Kriegserklärung). Ebenfalls falsch datiert ist der Brief an Rohde, den N in dem Augenblick, in dem er die Nachricht von der Kriegserklärung erhielt, schrieb: „Hier ein furchtbarer Donnerschlag: der französisch-deutsche Krieg ist erklärt, und unsre ganze fadenscheinige Kultur stürzt dem entsetzlichsten Dämon an die Brust. Was werden wir erleben! ... Wir werden wieder Klöster brauchen. Und wir werden die ersten fratres sein“ (16. Juli, *nicht* 19. wie in BAB und KGB).

Axenstein bei Brunnen, Maderanertal, Mitte Juli–Anfang August

Cosima über N und den deutsch-französischen Krieg (aus den Tagebüchern): „Brief des Professor Nietzsche ... ich antworte ihm und suche ihn möglichst für das deutsche Recht der Preußen zu begeistern“ (16. Juli). „Brief des Professor Nietzsche, welcher, wie es scheint, um den Franzosen wie den Deutschen zu entrinnen, nach dem Axenstein wandert“ (17. Juli). Am 28. Juli N in Tribschen: „... es wird musiziert, die Nornenscene und aus Tristan“ (Cosima, Tagebücher, 28. Juli). Am 29. wird Elisabeth Cosima vorgestellt. Am 30. verlassen N und seine Schwester Tribschen, um ins Maderanertal zu gehen. Hier Bekanntschaft mit dem Hamburger Landschaftsmaler Adolf Mosengel. N arbeitet an seiner Abhandlung über die *Dionysische Weltanschauung*. Am 8. August bittet er Wilhelm Vischer-Bilfinger um Beurlaubung von seinen Pflichten als Lehrer, um „als Soldat oder als Krankenpfleger“ sich nützlich zu machen. Cosima mißbilligt den Entschluß Ns.

Basel, Erlangen, Kriegsschauplatz in Frankreich, Erlangen, Naumburg, 9. August–21. Oktober

Die Basler Erziehungsbehörde erteilt N die Erlaubnis, als Krankenpfleger im Krieg zu dienen. Zur Ausbildung mit Mosengel in Erlangen vom 13.–22. August. Auf dem Kriegsschauplatz bis 3. September (vgl. die Notizen 4 [1–5] in Bd. 7). Während eines Verwundetentransportes nach Karlsruhe erkrankt N an Ruhr und Rachendiphtherie. Bis zum 14. September krank in Erlangen; dann bis zum 21. Oktober in Naumburg. Inzwischen werden am 25. August, nachdem Hans von Bülow in die Ehescheidung von Cosima eingewilligt hat, Richard und Cosima Wagner kirchlich getraut. Gratulationsbrief Ns (vom Krankenlager in Erlangen) am 11. September. Von Naumburg aus Besuch Ns in Leipzig bei Familie Ritschl. Philologische Pläne (metrische Fragen): „... ich freue mich diesmal recht auf meine Collegienthätigkeit ... Mein Wunsch, noch einmal auf dem Kriegsschauplatz zu erscheinen, ist nicht in Erfüllung gegangen; ich war allzusehr angegriffen und leide noch jetzt häufig an Nervenaufregung und plötzlicher Schwäche“ (an Wilhelm Vischer, 19. Oktober).

Basel, 22. Oktober–24. Dezember

Vorlesungen WS 1870/71: Hesiod, *Erga*. Griechische Metrik. Im Seminar: Cicero, *Academica*. Am 25. Oktober entleiht N aus der Basler Universitätsbibliothek: K. F. Köppen, *Die Religion des Buddha und ihre Entstehung* (1857). An Gersdorff: „Ich habe mich mit wahrer Begierde in die Wissenschaften gestürzt; jetzt hat nun auch wieder die regelmäßige Berufsthätigkeit begonnen. Ich wünschte nur gesünder zu sein. Aber mein Organismus hat unter dem Ansturme der Ruhr sehr gelitten und noch lange nicht ersetzt, was ihm genommen wurde ... Gestern Abend hatte ich einen Genuß, den ich Dir vor allem gegönnt hätte. Jacob Burckhardt hielt eine freie Rede über ‚historische Größe', und zwar völlig aus unserm Denk- und Gefühlskreise heraus. Dieser ältere, höchst eigenartige Mann ist zwar nicht zu Verfälschungen, aber wohl zu Verschweigungen der Wahrheit geneigt, aber in vertrauten Spaziergängen nennt er Schopenhauer ‚unseren Philosophen'. Ich höre bei ihm ein wöchentlich einstündiges Colleg über das Studium der Geschichte *[posthum herausgegeben als „Weltgeschichtliche Betrachtungen"]* und glaube der Einzige seiner 60 Zuhörer zu sein, der die tiefen Gedankengänge mit ihren seltsamen Brechungen und Umbiegungen, wo die Sache an das Bedenkliche streift, begreift ... In diesem Sommer habe ich einen Aufsatz geschrieben, ‚über die dionysische Weltanschauung', der das griechische Alterthum von einer Seite betrachtet, wo wir ihm, Dank unserm Philosophen, jetzt näher kommen können. Das sind aber Studien, die zunächst nur für mich berechnet sind. Ich wünschte nichts mehr, als daß mir die Zeit gelassen wird, ordentlich auszureifen und dann etwas aus dem vollen produziren zu können. Vor dem bevorstehenden Culturzustande habe ich die größten Besorgnisse. Wenn wir nur nicht die ungeheuren nationalen Erfolge zu theuer in einer Region bezahlen müssen, wo ich wenigstens mich zu keinerlei Einbuße verstehen mag. Im Vertrauen: ich halte das jetzige Preußen für eine der Cultur höchst gefährliche Macht. Das Schulwesen will ich einmal später öffentlich bloßlegen ... Es ist mitunter schwer, aber wir müssen Philosophen genug sein, um in dem allgemeinen Rausch besonnen zu bleiben ... Für die kommende Culturperiode sind die Kämpfer von Nöthen: für diese müssen wir uns erhalten" (7. November). Dieselben Befürchtungen soll N in einem (nicht überlieferten) Brief nach Tribschen gemeldet haben; Cosima Wagner schreibt in ihre Tagebücher unter dem 24. Oktober: „Brief von Professor Nietzsche, der wieder genesen nach Basel zurückgekehrt ist; er meldet Befürchtungen für die kommende Zeit, daß der Militarismus, und vor allem der Pietismus auf allem drücken werde. Richard sehr aufgebracht bei diesem Gedanken, alles gestatte ich, ruft er aus, Gendarm, Soldat, Knebelung der Presse, Reduktion des Parlamentarismus, nur keinen Obskurantismus. Das einzige, worauf der Mensch stolz sein kann, ist die Freiheit des Geistes, das einzige, das ihn über das Thier erhebt: ihm diese Freiheit verkürzen oder benehmen, ist ärger noch als ihn kastrieren". N liest im Manuskript den *Beethoven* von Richard Wagner: „Wieviel mir daran liegen musste Ihre Philosophie der Musik – und das heisst wohl: die Philosophie der Musik kennen zu lernen, könnte ich Ihnen besonders an einem Aufsatze deutlich machen, den ich für mich in diesem Sommer schrieb, betitelt ‚die dionysische Weltanschauung'. In der That habe ich durch dieses Studium erreicht, dass ich die Nothwendigkeit Ihrer Beweisführung vollständig und mit tiefstem Genusse einsehe, so entlegen der Gedankenkreis, so überraschend und in Staunen versetzend alles und namentlich die Ausführung über Beethovens eigentliche That ist" (an Wagner, 10. November).

Metrische Studien: „Wenn Du es mir glauben willst, so kann ich Dir erzählen, daß es eine neue Metrik giebt, die ich entdeckt habe, der gegenüber die ganze neuere Entwicklung der Metrik von G. Hermann bis Westphal oder Schmidt eine Verirrung ist" (an Rohde, 23. November). 26.–28. November N in Tribschen.

Kulturpessimistischer Brief Rohdes (jetzt Privatdozent in Kiel): „... auch die Aussicht in die Friedenszeit erscheint mir dunkel ... Ein neues Mittelalter ... befürchte ich nicht, aber eine immer ödere, immer frechere ‚Jetztzeit' ... in entsetzlicher Steigerung: Zweckmäßigkeit überall und ein völliges Abdorren aller tiefsten Kräfte, aller künstlerischen, schaffenden Fähigkeit; wer wird noch so abgeschlossen in reinen Gebieten leben dürfen, wie unsre großen Befreier, Goethe und seine Genossen, es vermochten?" (11. Dezember). Daraufhin entwickelt N seinem Freund einen Plan, der auf einen Bruch mit dem Universitätsleben und der „bisherigen Philologie" in Verbindung mit Wagners Bayreuther Projekt hinausläuft: sparen, das Glück in Lotterien versuchen, die „höchsten Honorare" für zu schreibende Bücher verlangen, kurz „jedes nicht unerlaubte Mittel wird benutzt, um uns äußerlich in die Möglichkeit zu versetzen unser Kloster zu gründen" (15. Dezember). Resigniert-realistische Antwort Rohdes (29. Dezember).

Tribschen, 24. Dezember 1870–1. Januar 1871

Am 24. Dezember wohnt N in Luzern der Probe eines „symphonischen Geburtstagsgrusses" Wagners für Cosima bei. „Um fünf Uhr bringt Richard Professor Nietzsche von der Stadt mit" (Cosima, Tagebücher, 24. Dezember). Am Morgen des 25. Dezember wird Cosima durch die Musik überrascht: „... auf der Treppe hatte Richard sein Orchester gestellt und so unser Tribschen auf ewig geweiht! Die ‚Tribschner Idylle' *[später als „Siegfried-Idyll" bekannt]* so heißt das Werk" (Tagebücher, 25. Dezember). N hat als Geschenk für Cosima *Die Geburt des tragischen Gedankens* (eine zweite Fassung der *Dionysischen Weltanschauung*) mitgebracht: „Abends liest uns Richard im Manuskript, das mir Professor Nietzsche als Geburtstagsgabe dargereicht hat, sie ist ... von höchstem Wert; die Tiefe und Großartigkeit der in gedrängtester Kürze gegebenen Anschauungen ist ganz merkwürdig; wir folgen seinem Gedankengang mit größtem und lebhaftestem Interesse. Besondere Freude gewährt es mir, daß Richard's Ideen auf diesem Gebiet ausgedehnt werden können" (Cosima, Tagebücher, 26. Dezember). An den übrigen Festtagen wird auf Tribschen musiziert: Hans Richter spielt aus *Tristan und Isolde*; auch wird der *Goldene Topf* von E. T. A. Hoffmann gelesen. „Nachmittags die Quartettisten aus Zürich ... Gegen elf Uhr entfernen sich die Musiker, wir bleiben auf, Professor Nietzsche, der gute Richter und wir beide. Die Mitternacht kommt, wir wünschen uns das neue Jahr. Gott gebe uns allen Frieden!" (Cosima, Tagebücher, 31. Dezember). Cosima nennt Wagner scherzhaft den „Archivar Lindhorst", woraufhin Wagner sie als „die Feuerlilie" und N als „den Studenten Anselmus" bezeichnet (nach Hoffmanns *Goldenem Topf*). Am 1. Januar kehrt N nach Basel zurück.

1871

Basel, 1. Januar–15. Februar

18. Januar: Reichsgründung in Versailles; Wilhelm I. von Preußen Kaiser der Deutschen. 28. Januar: Kapitulation von Paris. Ns Gesundheit „nicht gut" (schlechter Magen, schlechter Schlaf), Überdruß an der ganzen Professorentätigkeit: „Man kommt nicht recht zu seiner eigentlichen Aufgabe und verzehrt sich in der besten Zeit seines Lebens durch übermäßiges Schulmeistern" (an Mutter und Schwester, 21. Januar). Entwurf einer Empedokles-

Tragödie: „Auf das Drama: Empedocles bin ich sehr gespannt" (Romundt an N, 6. Februar). N bewirbt sich (in einem Brief an Wilhelm Vischer) um die durch Gustav Teichmüllers Weggang frei gewordene philosophische Professur in Basel, gleichzeitig schlägt er Erwin Rohde als seinen eignen Nachfolger für den altphilologischen Lehrstuhl vor. Dieses Projekt scheitert (N an Rohde, 8. Februar und 10. April). Ns Gesundheit verschlechtert sich weiter („schreckliche Schlaflosigkeiten, Hämorrhoidalleiden, große Angegriffenheit"), er bittet die Schwester, nach Basel zu kommen, um ihn zu einer Kur zu begleiten. Ab 15. Februar wird N für den Rest des Wintersemesters beurlaubt.

Lugano, 16. Februar–Anfang April

N mit der Schwester in Lugano (auf der Fahrt zufällige Bekanntschaft mit Giuseppe Mazzini). Beziehungen zur Familie von Moltke. Arbeit an dem Werk über die griechische Tragödie: „ ... eine kleine Schrift ‚Ursprung und Ziel der Tragödie' ist ... fertig bis auf einige Pinselstriche ... Von der Philologie lebe ich in einer übermüthigen Entfremdung, die sich schlimmer gar nicht denken läßt ... So lebe ich mich allmählich in mein Philosophenthum hinein und glaube bereits an mich; ja wenn ich noch zum Dichter werden sollte, so bin ich selbst hierauf gefaßt. Einen Kompaß der Erkenntniß, wozu ich bestimmt sei, besitze ich ganz und gar nicht: und doch sieht mir, in der Recapitulation, alles so wohl zusammenstimmend aus als ob ich einem guten Dämon bis jetzt gefolgt sei ... Welche Empfindung, seine eigne Welt, einen hübschen Ball, vor sich rund und voll werden zu sehn! Bald sehe ich ein Stück neuer Metaphysik, bald eine neue Aesthetik wachsen: dann wieder beschäftigt mich ein neues Erziehungsprincip, mit völliger Verwerfung unserer Gymnasien und Universitäten. Ich lerne bereits nichts mehr, was nicht sofort in irgend einem Winkel des Vorhandenen einen guten Platz vorfindet. Und am meisten empfinde ich das Wachsen dieser eignen Welt, wenn ich, nicht mit Kühle, aber mit Ruhe, alle die sogenannte Weltgeschichte der letzten zehn Monate betrachte und sie nur als Mittel für meine guten Absichten, ohne jede übertriebene Ehrfurcht vor diesem Mittel, verwende" (an Rohde, 29. März).

Tribschen, 3.–8. April

In der Woche vor Ostern N auf Tribschen (die Schwester in Basel). Cosima in ihren Tagebüchern: „Bei unsrem Frühstück meldet man uns plötzlich Professor Nietzsche, welcher von Lugano ankommt und hier einige Tage zubringen wird. Er scheint sehr leidend“ (3. April). „Professor Nietzsche liest mir aus einer Arbeit vor (Ursprung und Ziel der gr. Tragödie), die er Wagner widmen will; große Freude daran; man sieht hier einen sehr begabten Menschen von Richard's Gedanken auf eigene Weise durchdrungen. Wir verbringen diese Tage in lebhafter Besprechung unserer Pläne“ (7. April). „Professor Nietzsche verabschiedet sich, nachdem er die Kinder mit einer grünen Schlange beglückt hat“ (8. April).

Basel, 8. April–15. Juli

N in Basel mit der Schwester. An Rohde über den gescheiterten Plan der philosophischen Professur: „Was für Dummheiten habe ich gemacht! Und wie sicher war ich in meinen Combinationen! Kaum darf ich mich hinter den Bettschirm meiner krankhaften Zustände verstecken; freilich war es ein in schlafloser Nacht erzeugter Gedanke, und ich dachte da ein Heilmittel gegen Krankheit und Nerven gefunden zu haben – das Zusammensein mit Dir, mein lieber Freund!, das nun jetzt wieder in die graueste Ferne gerückt wird“ (10. April). Am 12. April Welckers *Griechische Götterlehre* aus der Basler Universitätsbibliothek entliehen. Friedrich Brockhaus, ein Neffe Richard Wagners, als Jurist nach Basel berufen, nicht ohne Einwirkung Ns.

N bietet dem Leipziger Verleger Engelmann „eine etwa 90 Druckseiten füllende Broschüre ... die den Titel haben soll ‚Musik und Tragödie‘ ... Wie Sie ersehen werden, suche ich auf eine völlig neue Weise die griechische Tragödie zu erklären, indem ich einstweilen von jeder philologischen Behandlung der Frage völlig absehe und nur das aesthetische Problem im Auge behalte. Die eigentliche Aufgabe ist aber dann, Richard Wagner, das sonderbare Räthsel unsrer Gegenwart in seinem Verhältniß zu der griechischen Tragödie zu beleuchten“ (Briefentwurf, 20. April). Seit Mitte

April Richard und Cosima auf der Reise ins „Reich“: Bayreuth, Leipzig, Dresden, Berlin. In Berlin hält Wagner seinen Vortrag über die *Bestimmung der Oper* und wird von Bismarck empfangen. Richard Wagner kündigt am 12. Mai in Leipzig die ersten Bayreuther Festspiele für 1873 an. Auf der Rückreise am 15. Mai Zusammentreffen in Basel mit N und Fritz Brockhaus. Am 16. April sind Richard und Cosima Wagner wieder in Tribschen.

Ns Vorlesungen SS 1871: Einleitung in das Studium der klassischen Philologie. Im Seminar: Hesiod, *Erga* (evtl. Thukydides, nach Janz). 21.–28. Mai: Blutige Unterdrückung der Pariser Kommune.

Am 22. Mai, zu Wagners Geburtstag, N in Tribschen. „Professor Nietzsche erzählt, er beabsichtige die Gründung eines Blattes, unter Richard's Auspicien, für in zwei Jahren, bis dahin wolle er alles vorbereiten“ (Cosima, Tagebücher, 22. Mai). Am 24. Mai neuer Besuch Ns (von Luzern kommend) in Tribschen. Am 24. Mai Inbrandsetzung der Tuilerien durch die Kommunarden in Paris: N erschüttert durch die Nachricht, daß auch der Louvre verbrannt sei. Zu Pfingsten, am 28. und 29. Mai, N mit der Schwester in Tribschen, wo sich auch Wagners Neffe und Ns Kollege Fritz Brockhaus aufhält. Unter dem 28. Mai notiert Cosima: „Richard spricht nun heftig über den Brand und seine Bedeutung, ‚wenn ihr nicht fähig seid, wieder Bilder zu malen, so seid ihr nicht wert, sie zu besitzen‘. Professor Nietzsche sagt, daß für den Gelehrten die ganze Existenz aufhöre bei solchen Ereignissen. Von Bakunin gesprochen, ob dieser mit ansteckt?“ Am 29. Mai: „Nach Tisch Gespräch über Aischylos, ‚er sei trunken gewesen‘, lautet der mißverstandne Spruch, und Schauspieler, wie auch Sophokles eine Zeitlang. Und die Tragödie sei ganz entschieden aus der Improvisation entstanden. Dies alles von Prof. Nietzsche mitgeteilt, mit dem Spruch Sophokles' über Aischylos: ‚Er tue das Rechte ohne es zu wissen‘, was Richard mit dem Spruch Schopenhauer's über den Musiker vergleicht: Er spräche die höchste Wahrheit in einer Sprache, die seine Vernunft nicht versteht“ (Cosima, Tagebücher). N und Brockhaus am selben Tag nach Basel zurück. 30. Mai: „Der Louvre ist gerettet“ (Cosima, Tagebücher). 2. Juni: „Ich gestehe dass mich jetzt das ewige Morden furchtbar empört. Ein guter Bekannter, Mitglied der Commune, ist nun auch erschossen worden“ (Cosima an N). Wagner beauftragt N, einen Kopisten für die

Abschrift von *Siegfrieds Tod* (1848 gedichtet) zu finden. Da Engelmann mit einer Antwort zögert, läßt N *Sokrates und die griechische Tragödie* als Privatdruck erscheinen. „Professor Nietzsche schickt ‚Siegfried's Tod' zurück, er hat ihn selbst kopiert! Auch seine Abhandlung schickt er mit" (Cosima, Tagebücher, 18. Juni).

N entleiht aus der Basler Universitätsbibliothek am 18. Juni: J. Bachofen, *Versuch über die Gräbersymbolik der Alten* (1859) und F. Creuzer, *Symbolik und Mythologie der alten Völker* (1836–43). Von Leipzig aus berichtet Romundt über die Aufnahme von *Sokrates und die griechische Tragödie:* „Deine Abhandlung hat hier große Sensation gemacht, ich werde von allen Seiten her danach gefragt und darum angesprochen; — aber alle, die sie kennen, auch Ritschls, wünschen eine deutlichere ausführlichere Entwickelung der Begriffe des Apollinischen und Dionysischen ... Daß man von ästhetischen Begriffen handelnd in die innersten Tiefen des Wesens der Dinge hinabsteigen ... kann, wie Du ... in Deinen Arbeiten thust, das ist der Welt noch einigermaßen ungewohnt; darauf beruht auch, glaube ich, der spezifische Ernst, den Burckhardt u.a. Deiner Abhandlung, Deiner Betrachtungsweise nachgerühmt haben" (14. Juli). N an Richard Meister (Philologischer Verein in Leipzig): „Wir dürfen noch auf eine Wiedererwekkung des hellenischen Alterthums hoffen, von der unsre Väter nichts geträumt haben. Glauben Sie nur das nicht, daß wir mit einer abgegrasten und verkümmerten Wiese, als dürres Weidevieh, uns zu begnügen hätten!" (14. Juli) Mit Carl von Gersdorff und der Schwester reist N am 15. Juli in die Ferien. Cosima unter dem Datum 15. Juli: „Brief von Professor Nietzsche *[nicht überliefert].* Auch in dieser Lebensbeziehung hat Richard mehr Liebe verschwendet als er empfangen" (Tagebücher).

Gimmelwald, 16.–30. Juli

Ns Versuch, Rohde nach Zürich und Romundt (als Gymnasiallehrer) nach Bern zu bekommen, scheitert. In Tribschen wird gelesen: Franz Overbeck, *Über Entstehung und Recht einer rein historischen Betrachtung der neutestamentlichen Schriften in der Theologie,* Antrittsvorlesung, gehalten in der Aula zu Basel am 7. Juni 1870 (von N geschickt), diese Schrift „bringt Richard und mich auf

Religionsgespräche: ‚Die Katholiken haben ganz recht, wenn sie sagen, die heiligen Bücher dürfen von den Profanen nicht gelesen werden, denn Religion ist für die, die nicht lesen und schreiben können. Aber sie hatten so schändlichen Mißbrauch mit der Deutung getrieben, daß Luther einzig auf die heiligen Bücher sich berufen konnte. Freilich hat er auch damit der Wissenschaft und der Kritik die Türe geöffnet, Christus wird aber deshalb doch bestehen'." (Cosima, Tagebücher, 17. Juli) Rohde an N: „Die Sokratesrede hat mich bis ins Tiefste erregt: das wäre ja ein Ansatz zu einer wirklich philosophischen Vertiefung in diese wunderbaren Vorgänge der Geburt der geheimnißvollsten Kunst, vor der wir Spätlinge sonst kaum noch mit besonderem θαῦμα stehen. Ein Glücksgefühl ist es mir, wenigstens an Deiner Hand in diese purpurne Dunkelheit hinabtauchen zu können. Ribbeck hat die Schrift mit vielem Interesse gelesen" (17. Juli).

Tribschen, 31. Juli–3. August

Am 30. Juli erscheint Carl von Gersdorff auf Tribschen: „Nach Tisch besucht uns Herr von Gersdorff, Freund des Professor Nietzsche, der den ganzen Krieg mitgemacht und das vortreffliche ernste norddeutsche Wesen an sich hat. Natürlich dreht sich das Gespräch um den Krieg", so Cosima unter dem 30. Juli in ihren Tagebüchern, und am 31. Juli: „Zu Tisch Herr von Gersdorff, Prof. Nietzsche, Prof. Brockhaus, alle gleich angenehm". Am 1. Juli: „Wir haben dieselben freundlichen Gäste, mit welchen ich eine Kahnfahrt vornehme, während Richard in der Stadt Besorgungen hat; herrlicher Mondschein abends; spät noch liest Richard uns ‚Die gerechten Kammacher' von G. Keller vor, das Talent darin ist vielleicht noch größer als die Unschönheit des Gegenstandes, und wir müssen viel lachen". Am 2. Juli: „Dasselbe Mittagsmahl wie die vorigen Tage; nachmittags spielt Richard aus Siegfried. Abends einiges aus Heinrich Kleist's hinterlassenen Werken (politischer Katechismus)". Am 2. Juli: „Morgenpromenade mit den Gästen und den Kindern, zur Einsiedelei auf dem Hügel gegenüber. Mittagsmahl wie gestern; fünf Uhr verlassen uns Herr von Gersdorff und Professor Nietzsche. Letzterer sicher der begabteste unsrer jungen Freunde, doch in vielem recht unerfreulich durch eine nicht ganz natürliche Zurückhaltung seines Benehmens. Es ist gleichsam, als ob er sich gegen den überwältigenden Eindruck von Wagner's Persönlichkeit wehrte".

Basel, 3. August–27. September

An Rohde: „In der That glaube ich viel aus dem Gegensatze des Dionysischen und Apollinischen ableiten zu können. – Dein Ribbeck mit dem Wunsche nach Zeugniß und Beweis hat mir Freude eigner Art gemacht, wie sollte denn wohl das Zeugniß ungefähr lauten? Man bemüht sich der Entstehung der räthselhaftesten Dinge nahe zu kommen – und jetzt verlangt der geehrte Leser, daß das ganze Problem durch ein Zeugniß abgethan werde, wahrscheinlich aus dem Munde des Apollo selbst: oder würde eine Stelle bei Athenaeus dieselben Dienste thun? ... Übrigens zweifle ich nicht, daß ich irgendwann einmal dieselben Dinge noch besser und durchsichtiger darzulegen lernen werde. Inzwischen bitte ich Dich, Dich mit dem mystischen Dampfe der ersten Conception zu begnügen ... Das Studium Schopenhauer's wirst Du überall bemerkt haben, auch in der Stilistik: aber eine sonderbare Metaphysik der Kunst, die den Hintergrund macht, ist so ziemlich mein Eigenthum, nämlich Grundbesitz, aber noch nicht mobiles, kursives, gemünztes Eigenthum. Daher die ‚purpurne Dunkelheit': als welcher Ausdruck mir unbeschreiblich gefallen hat" (4. August).

Am 6. August entleiht N aus der Basler Universitätsbibliothek: Karl Friedrich Hermann, *Culturgeschichte der Griechen und Römer* (1856–57); am 25. August die *Mathematischen Beiträge* Georg Cantors.

Ende August verläßt Elisabeth N Basel und besucht Verwandte in Wiesbaden. N an die Mutter: „Mit meiner Gesundheit bin ich immer noch nicht zufrieden, und ich glaube mehr als je, daß mir die Baseler Luft nicht bekommt. Es dauert recht lange, ehe ich die unwillkürliche Abneigung gegen die ganze schweizerische Existenz überwinde: bis jetzt bin ich noch nicht einmal auf dem Gefrierpunkt der Gleichgültigkeit" (2. September). Am 5. September Heinrich Romundt – auf der Durchreise nach Nizza – in Basel bei N zu Besuch, gemeinsamer Ausflug nach Grenzach. Fürstin Hatzfeld bittet Cosima Wagner um Rat, da sie ihren Sohn „in tüchtiger Begleitung auf Reisen (Italien, Griechenland, Orient, Amerika) schicken möchte". Cosima fragt bei N an, ob er jemanden dafür empfehlen könne; N bezieht die Anfrage auf sich; in einem (nicht überlieferten) Brief an Cosima scheint er sich als Begleiter angeboten und die Freundin um Rat gebeten zu haben, daraufhin Cosima: „An Sie ... habe ich nicht im Entferntesten gedacht, und wie ein Frevel erschiene es mir, wollte ich Ihnen rathen Ihre ansehnliche ehrenvolle Stellung für etwas aufzugeben, wovon ich nicht ahne wie es Ihnen zusagen kann!" (17. September). Am 27. September verläßt N Basel, am 28. September trifft er mit der Schwester in Frankfurt zusammen und fährt mit ihr weiter nach Naumburg.

Naumburg, 28. September–21. Oktober

Herbstferien in Naumburg. Vom 12. bis 14. Oktober in Leipzig, freudiges Treffen mit Rohde und Gersdorff, Besuche bei Ritschls, Brockhaus', Ernst Windisch. E.W. Fritzsch (Wagners Verleger in Leipzig) erhält von N einen Teil des Druckmanuskriptes der *Geburt der Tragödie*. Am 15. Oktober in Naumburg feiert N seinen Geburtstag mit Rohde, Gersdorff und den Naumburger Jugendfreunden Gustav Krug und Wilhelm Pinder. Am 21. Oktober Besuch des jungen Philologen Ulrich von Wilamowitz-Möllendorff, der auch – zu Ns Zeit – Schüler in Pforta gewesen war. Abends Abreise nach Basel.

Basel, 22. Oktober–31. Dezember

Am 23. Oktober zu Besuch bei Jacob Burckhardt, „Dämonenweihe" („nächsten Montag *[23. Oktober]* Abends um 10 Uhr erhebe ein Jeder von uns *[N, Rohde, Gersdorff]* ein Glas mit dunklem rothen Wein und gieße die Hälfte davon in die schwarze Nacht hinaus, mit dem Worte χαίρετε δαίμονες, die andre Hälfte trinke er aus"; N an Rohde, 20. Oktober). Um Mitternacht trifft er den alten Freund Paul Deussen bei sich zu Hause, der auf ihn wartete. Nächtlicher Spaziergang: „Mit dem allerfrühsten Zuge reiste er ab. Ich habe eine fast gespenstische Erinnerung an ihn, da ich ihn nur bei mattem Lampen- und Mondeslicht gesehn habe" (an Gersdorff, 18. November). Am 27. und 28. Oktober in Tribschen: „Nachmittags überrascht uns Professor Nietzsche aus Basel; er nennt den Titel seines Buches, das ‚Die Entstehung der Tragödie aus der Musik' heißen wird" (Cosima, Tagebücher, 27. Oktober). „Mit Professor Nietzsche Marie Muchanoff besucht; große Bewunderung dieser Freundin" (28. Oktober). Vorlesungen WS 1871/72: Einführung in das Studium der platonischen Dialoge. Lateinische Epigraphik. Im Seminar Hesiod (nach *Janz* fraglich). Inspiriert durch die Erinnerung an die glücklichen Tage mit den Freunden während der Herbstferien, komponiert N zwischen dem 2. und dem 7. November: *Nachklang einer Sylvesternacht, mit Prozessionslied, Bauerntanz und Glockengeläute.*

16. Dezember, am Abend zusammen mit Cosima Wagner (und F. Brockhaus). Nach dem „Kaffee mit den zwei Professoren", also mit N und Brockhaus, fährt Cosima am 17. von Basel nach Mannheim ab. Am 18. trifft auch N, „der förmlich von Basel fortgelaufen ist", in Mannheim ein; Wagner dirigiert am 20. Dezember zugunsten des von Emil Heckel gegründeten „Richard-Wagner-Vereins". Am 21. nach Basel zurück, hier noch einmal ein Abend mit Richard und Cosima Wagner: „Viel Bayreuthisches von Richard erzählt; Grundsteinlegung auf 22ten Mai verlegt" (Cosima, Tagebücher). An Rohde: „... wie ich vom Mannheimer Concert zurückkam, hatte ich wirklich das sonderbar gesteigerte übernächtige Grauen vor der Tageswirklichkeit: weil sie mir gar nicht mehr wirklich erschien, sondern gespenstisch ..." (um den 23. Dezember). Im selben Brief: „Mit Jakob Burkhardt habe ich einige schöne Tage erlebt, und unter uns wird viel über das Hellenische conferirt. Ich glaube, man kann jetzt in dieser Hinsicht Einiges in Basel lernen". N fordert Rohde zur Mitarbeit an den geplanten *Bayreuther Blättern* auf.

Zu Weihnachten ist die Korrektur der *Geburt der Tragödie* von N beendigt. Er bleibt in Basel, trotz „herzlichen Einladungen" nach Tribschen, um sich auf seine sechs Vorträge „über die Zukunft der Bildungsanstalten" vorzubereiten. Schickt seine *Sylvesternacht* an Cosima als Geburtstagsgeschenk. „Schöner *[nicht überlieferter]* Brief von Professor Nietzsche, der mir eine Komposition geschickt hat" (Cosima, Tagebücher, 25. Dezember). Cosima an N: „Sylvestertag soll für die Sylvesternachtklänge danken;

gemeinsame Eindrücke zur Erinnerung geworden, läuteten durch die Mitternachtsglocken meinem diesjährigen Geburtstag, und ich sage dem freundlichen ‚Melomanen' Dank! Sie haben uns bei unsrem Baume recht gefehlt; das Freundliche wird so gern zur Gewohnheit, und wie ich Ihre mich so erfreuenden Zeilen las, war es mir als ob Sie dieselbe Empfindung als wir gehabt hätten. Wir haben aber dies Jahr das Weihefest nach Mannheim verlegt gehabt, und so wollen wir annehmen dass die Kette noch nicht unterbrochen sei" (30. Dezember).

1872

Basel, 1. Januar–17. Mai

Die Geburt der Tragödie aus dem Geiste der Musik erscheint Anfang des Jahres. Freudige, ja begeisterte Aufnahme von Ns Buch in Tribschen: „... zu Mittag treffe ich Richard sehr auf- und angeregt durch Professor Nietzsche's Buch, er ist glücklich, dies erlebt zu haben; er sagt nach mir käme Nietzsche und dann Lenbach, der sein Bild gemacht, und meint, wie öde sein Leben gewesen wäre, wenn er vor zehn Jahren gestorben wäre; in welchem Welten-Chaos ... wäre sein Andenken geblieben. Mich nennt er seine Priesterin des Apollon, ich sei das apollinische, er das dionysische Element ... Abends lesen wir in der Nietzsche'schen Schrift, die wirklich herrlich ist, Richard gedenkt der Leute, die jetzt das große Wort in Deutschland führen, und frägt sich, welches Schicksal nun dieses Buch haben wird, hofft in Bayreuth eine Revue zu gründen, deren Redakteur Professor Nietzsche sein würde" (Cosima, Tagebücher, 3. Januar). „Abends wieder in der Nietzsche'schen Schrift gelesen, von der Richard immer befriedigter ist, wir fragen uns aber, welches Publikum hierfür sich finden wird. Richard beschließt den Tag, indem er mir sagt ‚ich liebe dich dionysisch und apollinisch'." (4. Januar) „Ernst gestimmt *[durch den Tod einer Schwester Wagners]* lasen wir gestern in dem neuen Buch und immer mit wachsender Freude ... Das Buch von Professor Nietzsche abends vollendet; ‚das ist das Buch, was ich mir ersehnt habe' sagt Richard" (6. Januar). Bedeutende Briefe Richard (10. Januar) und Cosima Wagners (18. Januar) an N über die *Geburt der Tragödie.* N unwohl, „muß mediziniren, hungern etc." (an Gersdorff, 10. Januar). Er schickt sein Buch u.a. an Hans von Bülow und Franz Liszt. Friedrich Ritschl notiert zur *Geburt der Tragödie,* die er schon am 31. Dezember in Leipzig erhalten hatte: „Buch von Nietzsche Geburt der Tragödie (= Geistreiche Schwiemelei)". N an Rohde: „In Leipzig soll wieder Erbitterung herrschen. Niemand schreibt mir von dort ein Wörtchen. Auch Ritschl nicht –" (28. Januar).

16. Januar: 1. Vortrag *Über die Zukunft unserer Bildungsanstalten.* Am 20. Januar: „... wie wir, ich mit den Kindern, Richard an den Korrekturen, arbeiten, überrascht uns Professor Nietzsche, dessen Besuch uns sehr erfreut. Viel durchgesprochen; Pläne für künftige Zeiten, Reform der Schule usw.; er spielt uns seine Komposition sehr schön vor" (Cosima, Tagebücher). Und: „Immer schönes Wetter; wir machen zu 6 eine Morgenpromenade; nachmittags den 2ten Akt der Götterdämmerung vorgenommen ... Unser Freund ist uns sehr wert" (21. Januar).

N beantwortet eine vorläufige Anfrage von Susemihl, ob er eine Professur in Greifswald annehmen würde, negativ. Von Tribschen am 21. Januar zurückgekehrt, wird er von Deputationen empfangen, die ihm ankündigen, daß die Studentenschaft ihm „die Ehre eines Fackelzuges erweisen wolle". N lehnt diese Ehrenbezeigung ab. Sein Professorengehalt wird erhöht.

Wagner, auf der Reise nach Berlin, trifft mit N am 24. Januar in Basel zusammen. N an Rohde: „Ich habe mit Wagner eine Alliance geschlossen. Du kannst Dir gar nicht denken, wie nah wir uns jetzt stehen und wie unsre Pläne sich berühren" (28. Januar). Er bereitet ein (nicht überliefertes) Promemoria über die Straßburger Universität vor, „worin ich zeigen will, wie schmählich man einen ungeheuren Moment versäumt hat, um eine wirkliche deutsche Bildungsanstalt, zur Regeneration des deutschen Geistes und zur Vernichtung der bisherigen sogenannten ‚Cultur', zu gründen" (im selben Brief an Rohde). Wagner von Berlin zurück (Gersdorff, von N gebeten, hat ihm dort geholfen): „Fast war ich doch erschrokken, in Basel so deutlich von Ihnen verstanden worden zu sein! ... Ich bin heute sehr glücklich. Ihnen verkünde ich das zuerst, lieber Freund!" (5. Februar) In Berlin führte Wagner vor allem Gespräche mit Marie von Schleinitz über die Finanzierung seiner Bayreuther Pläne. Auf der Rückreise erwirbt Wagner am 1. und 2. Februar das Grundstück in Bayreuth für Haus Wahnfried. Der Verwaltungsrat der Festspiele wird gegründet. N lehnt das Angebot, Karl Mendelssohn (Sohn des Komponisten) nach Griechenland zu begleiten, ab.

6. Februar: 2. Vortrag *Über die Zukunft unserer Bildungsanstalten.* Ritschl antwortet N, der ihn zu einer Stellungnahme zu seinem „Manifest" (die *Geburt der Tragödie*) aufgefordert hat: „Meiner ganzen Natur nach gehöre ich ... der historischen Richtung und historischen Betrachtung der menschlichen Dinge so entschieden an, daß mir nie die Erlösung der Welt in einem oder dem andern philosophischen System gefunden zu sein schien; daß ich auch niemals das natürliche Abblühen einer Epoche oder Erscheinung mit ‚Selbstmord' bezeichnen kann; daß ich in der Individualisirung des Lebens keinen Rückschritt zu erkennen, und nicht zu glauben vermag, daß die geistigen Lebensformen und -potenzen eines von Natur und durch geschichtliche Entwickelung selten begabten, gewissermaßen privilegirten Volkes absolut maßgebend für alle Völker und Zeiten seien – so wenig wie eine Religion für die verschiedenen Völkerindividualitäten ausreicht, ausgereicht hat und je ausreichen wird. – Sie können dem ‚Alexandriner' und Gelehrten unmöglich zumuthen, daß er die Erkenntniß verurtheile und nur in der Kunst die weltumgestaltende, die erlösende und befreiende Kraft erblicke" (14. Februar). Am 2. Februar hatte Ritschl in sein Tagebuch notiert: „Fabelhafter Brief von Nietzsche (= Größenwahnsinn)" und am 15. Februar: „An Nietzsche über seine Geburt: concipirt von Mama *[Sophie Ritschl]*". Am 18. Februar N in Tribschen. 19. Februar: „Richard ... spielt am Morgen nach dem Frühstück die erste Scene vor, und das bekommt ihm so schlecht, daß er den Tag über nichts genießen kann und sehr angegriffen ist. Trotzdem wird die Reform der Bildungsanstalten viel besprochen, auch das deutsche Wesen ..." (Cosima, Tagebücher).

27. Februar: 3. Vortrag *Über die Zukunft unserer Bildungsanstalten.* Am 29. Februar schreibt Franz Liszt an N einen trotz religiöser Einschränkungen begeisterten Brief über die *Geburt der Tragödie.* 5. März: 4. Vortrag *Über die Zukunft unserer Bildungsanstalten.* 23. März: 5. Vortrag *Über die Zukunft unserer Bildungsanstalten.* Ns Vorträge werden auch in Tribschen gelesen (vgl. Co-

sima, Tagebücher, 21. 23. 24. und 25. März: „Der 4te Vortrag ergreift uns sehr"). 28. März N in Tribschen: „Gegen Mittag Ankunft des Professor Nietzsche, welcher Lulu *[Daniela von Bülow]* von ihrem Vater 100 Franken-Stücke bringt. Er hat Hans *[von Bülow]* in Basel viel gesehen und ihn behaglich und guter Dinge gefunden. Abends liest er uns den 5ten Vortrag vor." Am 1. April (Ostermontag) N nach Basel zurück: „Professor Nietzsche entfernt sich; gestern hatten wir noch ohne Erfolg versucht, einen Tisch zu rücken; wir hatten zu Mittag darüber gesprochen. Richard hat die Sache aus der Tätigkeit des Willens, ich aus Betrug erklärt" (Cosima, Tagebücher).

Komposition einer *Manfred-Meditation*, z.T. aus der *Sylvesternacht* übernommen (Mitte April). Am 16. April N mit seinem medizinischen Kollegen Hermann Immermann in Vernex bei Montreux am Genfer See. Richard und Cosima Wagner erwarten am 21. April (am Vorabend von Wagners Abreise nach Bayreuth) N, „der nicht kommt". Am 25. April: „Gegen 6 Uhr plötzlich Professor Nietzsche, aus Montreux kommend". 26. April: „Abends etwas Musik, Professor Nietzsche spielt mir vor". 27. April: „Professor Nietzsche fort" (Cosima, Tagebücher). N an Rohde: „Tribschen ist mit dem heutigen Tage zu Ende! Wie unter lauter Ruinen verlebte ich dort noch ein paar Tage, schwermuthsvolle Tage" (30. April). N bietet dem Verleger Fritzsch „eine vierhändige Composition meines Freundes George Chatham" an (seine *Manfred-Meditation*).

Jacob Burckhardt an Arnold von Salis: „Über Nietzsche's Vorträge wird Ihnen Hr. Beck das Genaueste mittheilen; den letzten, von welchem wir einige Lösung der so keck und groß aufgeworfenen Fragen und Klagen erwarten, ist er uns noch schuldig, hat sich aber einstweilen zur Erholung auf 10 Tage ins Waadtland begeben. Sie hätten die Sachen hören sollen! es war stellenweise ganz entzückend, aber dann hörte man wieder eine tiefe Trauer heraus, und wie sich die Auditores humanissimi die Sache eigentlich tröstlich zu rechte legen sollen, sehe ich noch nicht. Eins hatte man sicher: den Menschen von hoher Anlage, der Alles aus erster Hand hat und weitergiebt" (21. April). Die erste Anzeige der *Geburt der Tragödie* erscheint in der *Rivista Europea* in Florenz (Rezensent anonym). Erwin Rohde wird zum Professor an der Kieler Universität ernannt. N hat näheren Umgang mit Franz Overbeck in Basel.

Bayreuth, 18.–23. Mai

N mit seinen Freunden Gersdorff und Rohde zur Grundsteinlegung des Wagnerschen Festspieltheaters am 22. Mai in Bayreuth. Richard Wagner dirigiert die Neunte Symphonie von Beethoven. Bekanntschaft mit Malwida von Meysenbug, intime Freundin von Richard und Cosima Wagner.

Basel, 24. Mai–27. September

Vorlesungen SS 1872: Aeschylos, *Choephoren.* Die vorplatonischen Philosophen. Im Seminar: Theognis. Ab 1. Juni Elisabeth in Basel. Jacob Burckhardts Vorlesungen über griechische Kulturgeschichte.

In der *Norddeutschen Allgemeinen Zeitung* vom 26. Mai 1872 erscheint von Erwin Rohde eine Anzeige über die *Geburt der Tragödie,* nachdem Anfang des Jahres das *Litterarische Centralblatt* von F. Zarncke eine (anders gefaßte) Anzeige von Rohde abgelehnt hatte. Große Freude Ns. Ende Mai erscheint *Zukunftsphilologie!,* das Pamphlet Ulrich von Wilamowitz-Möllendorffs gegen die *Geburt der Tragödie:* „... halte hr. N. wort, ergreife er den thyrsos, ziehe er von Indien nach Griechenland, aber steige er herab vom katheder, auf welchem er wissenschaft lehren soll; sammle er tiger und panther zu seinen knieen, aber nicht Deutschlands philologische jugend" (S. 32). Cosima Wagner, 9. Juni: „Brief *[nicht überliefert]* von Professor Nietzsche, der das Pamphlet des H. von Wilamowitz gegen ihn schickt. Betrachtungen, die sich an diese neue Gemeinheit knüpfen; Richard erkennt den jetzigen Zustand der Welt als einen trostlosen; die Professoren, die wieder Spezial-Professoren bilden, keine humane Bildung, die sich verbreitet, der Jurist z.B. denkt nicht daran, Philologie und Philosophie zu studieren, alles nur Spezialitäten". 10. Juni: „Richard liest das Pamphlet des Herrn von Wilamowitz und wird dadurch bestimmt, an Professor Nietzsche einen öffentlichen Brief zu schreiben, den er mir abends vorliest". 11. Juni: „Richard arbeitet an seinem Brief, den er auch vollendet und der mir ganz meisterlich dünkt" (Tagebücher). Am 23. Juni erscheint Wagners offener Brief an N in der

Norddeutschen Allgemeinen Zeitung. Große Freude Ns darüber: „Einer großen Gefahr bin ich in meinem Leben entgangen, Ihnen niemals nahe zu treten und weder Tribschen noch Bayreuth geschaut zu haben“ (N an Wagner, 24. Juni), er klagt aber auch über schlechte Gesundheit. Daraufhin Wagner: „Genau genommen sind Sie, nach meiner Frau, der einzige Gewinn den mir das Leben zugeführt: nun kommt zwar glücklicher Weise noch Fidi dazu; aber zwischen dem und mir bedarf es eines Gliedes, das nur Sie bilden können, etwa wie der Sohn zum Enkel. Für Fidi habe ich keine Angst, aber für Sie, und insofern auch für Fidi. Und diese Sorge ist recht gemein bürgerlich: ich möchte Ihr recht ordinäres Wohlergehen, da das Uebrige mir vollkommen bei Ihnen gesichert scheint. Ich hab' jetzt grade Morgen für Morgen die ‚Geburt‘ noch einmal recht aufmerksam durchgelesen; und da sage ich mir nur immer: ‚wenn er nur recht gesund wird und bleibt, und dabei es ihm sonst recht gut geht, – denn, sehr schlecht darf es ihm nicht gehen!‘ Da möchte man nun gern etwas dazu beitragen“ (25. Juni).

Heinrich Romundt in Basel, um sich als Privatdozent für Philosophie zu habilitieren. Er wird mit N und Overbeck bis zum Frühjahr 1875 Schützengraben 45 wohnen („Baumannshöhle“). Anfrage bei Ritschl, um Rohdes Replik auf Wilamowitz bei Teubner erscheinen zu lassen (26. Juni). Negative Antwort der Firma Teubner. „Gewiß bin ich der Meinung, daß eine streng wissenschaftliche Zurechtweisung des Wilamowitz'schen Pamphlets das einzig würdige sei; aber es müßte ihr nicht durch eine Anrede an Richard Wagner der Charakter einer Feindschaft gegen die Philologie aufgedrückt werden. Wenigstens müssen Sie selbst einsehen, ... daß ein alter Philolog wie ich ... dabei nicht Pathenstelle vertreten kann“ (Ritschl an N, 2. Juli). Bis Ende Juli arbeitet Rohde an der Replik gegen Wilamowitz. N mit Gersdorff 28.–30. Juni in München zu einer *Tristan*-Aufführung unter der Leitung Hans von Bülows; dort findet sich auch Malwida von Meysenbug ein. Bülow berichtet N über eine französische Übersetzung der *Geburt der Tragödie* durch eine Gräfin Diodati in Genf. N konzipiert den Plan eines öffentlichen Aufrufs zugunsten des Bayreuther Unternehmens. Das Projekt in Bayreuth durch Cosima „genehmigt“ (Gersdorff an N, Mitte Juli). *Die Afterphilologie des Dr. U. v. Wilamowitz-Möllendorff* wird von Franz Overbeck als Titel für Rohdes Replik erfunden (N an Rohde, 16. Juli).

Am 20. Juli sendet N seine *Manfred-Meditation* an Hans von Bülow; freimütiges und vernichtendes Urteil des letzteren über Ns Musik: „Sie haben übrigens selbst Ihre Musik als ‚entsetzlich‘ bezeichnet – sie ists in der That, entsetzlicher als Sie vermeinen, zwar nicht gemeinschädlich, aber schlimmer als das, schädlich für Sie selbst, der Sie sogar etwaigen Ueberfluß an Muße nicht schlechter todtschlagen können, als in ähnlicher Weise Euterpe zu nothzüchtigen“ (24. Juli).

Studien zu *Homers Wettkampf:* „... darin ist freilich vom ‚Dionysischen‘ auch nicht eine Spur! In Folge dessen grosses Missbehagen der ‚Freunde‘, die mich nur metaphysisch zu kennen scheinen“ (an Wagner, 25. Juli). Cosima: „Die Stimmung die Sie mir in Ihrem heutigen Brief zu erkennen geben, hat mich sehr gefreut ... Ich verstehe den Hass der Musik um so mehr, als ich ihn selbst empfunden, und sie geflohen habe wie die Feindin aller vernünftigen Existenz – liebenswürdig ist unsere Kunst gewiss nicht, weshalb auch die gefälligen Musiker so schlechte Musiker sind – und dass Sie für die philologische Zeitung eine Abhandlung bereiten, entspricht ja ganz dem Wunsch den ich Ihnen bei unsrem Abschied auf Tribschen aussprach. Werden die Collegien, die Sie über Homer halten wollen, Ihnen als Vorbereitung zu ‚Homer's Wettkampf‘ dienen können? ... Jedenfalls sind Sie jetzt in der besten Verfassung, und freuen wir uns darüber – die Philologie ist der feste Boden den sie immer wieder umfassen müssen, um Ihre Kraft zu erneuern, die in der Himmelluft der Musik, und der Wassertiefe der Philosophie, gar leicht sich verlieren könnte“ (22. August).

Beziehungen zu Hugo von Senger, Musiker in Genf, den N in München kennengelernt hat. Ende Juli Besuch Paul Deussens: unerfreuliche Nachwirkung. N liest Alexander Herzens *Memoiren,* in der Übersetzung der Malwida von Meysenbug. Briefwechsel mit letzterer. Creuzers *Symbolik* am 9. August aus der Basler Universitätsbibliothek entliehen. An Ritschl schickt N am 12. August die Fortsetzung seiner Arbeit *Der Florentinische Tractat über Homer und Hesiod, ihr Geschlecht und ihren Wettkampf* (sie erscheint 1873 im *Rheinischen Museum*). Ritschl erfreut, daß N wieder ins „alte vertraute sympathische Fahrwasser“ eingelenkt ist. Am 30./31. August Besuch Malwidas (mit Olga Herzen und deren Verlobtem Gabriel Monod) in Basel. N fährt am 27. September allein in die Ferien, eine Woche später verläßt auch Elisabeth Basel, um sich nach Dreifelden (Westerwald) zu begeben.

Splügen, Chiavenna, Bergamo, Splügen, Ende September–10. Oktober

N reist über Zürich (Übernachtung am 28. September) und Chur in die Berge (29. September Spaziergang durch die Rabiusa-Schlucht); von Chur am 30. September frühmorgens 5 Uhr Postfahrt durch die Via mala bis zu einem Hotel in der Nähe des Splügen: „... am meisten gefallen mir die herrlichen Chausseen, in denen ich stundenweit gehe, theils nach dem Bernhardino zu, theils auf die Paßhöhe des Splügen, ohne daß ich auf den Weg Acht zu geben habe: so oft aber ich mich umsehe, ist gewiß etwas Großartiges und Ungeahntes zu sehen ... Die Schweiz hat, seit dem ich diesen Ort kenne einen ganz neuen Reiz für mich; jetzt weiß ich doch einen Winkel, wo ich, mich kräftigend und in frischer Thätigkeit, aber ohne jede Gesellschaft leben kann" (an die Mutter, 1. Oktober). Am 5. Oktober am Comersee entlang nach Bergamo. Von Bergamo (6. Oktober) „spornstreichs, Hals über Kopf, zurück nach dem Splügen". Am 7. Oktober wieder auf dem Splügen, von dort zurück nach Basel, nicht ohne einen „himmlischen Herbsttag in Ragaz" zugebracht zu haben (10. Oktober).

Basel, 11. Oktober – 21. Dezember

Freudiger Briefwechsel mit Richard Wagner (15. und 24. Oktober). Paul Deussen besucht N am 16. Oktober, nachdem er (durch N selbst) eine Lehrerstelle bei einer reichen russischen Familie bekommen hat: „Es gieng vorüber, doch gab es gestern und heute Kopfweh" (an die Schwester, 18. Oktober). Rohdes Replik auf Wilamowitz erscheint; glücklicher Brief Ns (25. Oktober). N liest Wagners Abhandlung *Über Schauspieler und Sänger*. Nachdem N durch Wagner erfahren hat, daß Franz Liszt in Bayreuth Bülows Urteil über seine Musik „nach Kenntnißnahme Ihrer Sylvesterklänge sehr desperat" gefunden hat, schreibt er in Antwort auf Bülows Brief vom 24. Juli: „Gerade bei dieser Manfredmusik hatte ich eine so grimmig, ja höhnisch pathetische Empfindung, es war ein Vergnügen, wie bei einer teuflischen Ironie! Meine andre ‚Musik' ist, was Sie mir glauben müssen, menschlicher, sanfter und auch reinlicher" (29. Oktober).

Vorlesung im WS 1872/73: Griechische und römische Rhetorik. Kein Seminar. „Hier ist das nächste, mich etwas bedrückende Faktum, daß an unserer Universität die Philologen ausgeblieben sind, für dies Wintersemester: ein ganz einziges Phänomen ... In einem speziellen Fall weiß ich sogar, daß ein Student ... in Bonn zurückgehalten ist und beglückt an Verwandte geschrieben hat, er danke Gott nicht an einer Universität zu sein, wo ich Lehrer sei. – Kurz die Vehme hat ihre Schuldigkeit gethan ... Mit äußerster Noth habe ich ein Colleg ... zu Stande gebracht, mit 2 Zuhörern, d.h. einem Germanisten und einem Juristen ... Daß die kleine Universität nun gar noch durch mich leiden soll, ist recht schwer zu ertragen" (an Rohde, November). Hugo von Senger bittet N um ein Opernlibretto nach Flauberts *Salambô*, N empfindet es als Hohn. Über seine Sorgen um die Universität Basel schreibt er auch nach Bayreuth (an Wagner, 7./8. November): „An Richard Brief von Professor Nietzsche, welcher meldet, daß seine sämtlichen Studenten für dieses Semester ausgeblieben sind! Also ist der Bann seines Buches wegen auf ihn gelegt, wir sind tief davon affiziert, denn es ist sehr stark und macht die Stellung unsres Freundes unmöglich! – Wir ergehen uns in Plänen, Gedanken, Studenten nach Basel schicken; von Bismarck eine Berufung nach Berlin erzwingen, allerlei Unmögliches. Richard hofft auf seine Reise auch in dieser Beziehung. ‚Hier wäre der Fall, wo der Adel schön eintreten könnte'." (Cosima, Tagebücher, 9. November)

Vom 10. November bis 15. November Richard und Cosima Wagner auf Reisen: 22.–24. November mit N in Straßburg. Aus Cosimas Tagebüchern, 22. November: „Freund Nietzsche ... sieht rüstig und wohl aus, und ist munter mutig (trotz aller Erfahrungen)". 23. November: „Nachmittags geht Richard mit unserem Freund spazieren ... Ich schreibe unterdessen an Professor Rohde, der nun auch völlig verfemt und gänzlich aussichtslos und vereinsamt ist". 24. November: „In München, erzählt mir Professor Nietzsche, hat ein Dr. Puschmann, Privatdozent an der dortigen Universität, eine Schrift soeben herausgegeben, in welcher er psychiatrisch beweist, daß Richard wahnsinnig. Daß so etwas möglich ist, geduldet wird! ... Diner mit Kessingers und Nietzsche beim Restaurant Valentin ... Heitere Stimmung; der Koch gut, Service schlecht, entschieden ist der ursprüngliche Besitzer fort, und ein Deutscher hat die Wirtschaft übernommen. Um 5 Uhr Abreise, Trennung von unsrem Freund in Appenweier".

An Rohde: „Mein Buch ist thatsächlich in Leipzig vergriffen. Das Neueste ist, daß Jacob Bernays erklärt hat, es seien seine Anschauungen, nur stark übertrieben. Ich finde das göttlich frech von diesem gebildeten und klugen Juden, zugleich aber als ein lustiges Zeichen, daß die ‚Schlauen im Lande' doch bereits etwas Witterung haben. Die Juden sind überall und auch hier voran, während der gute teutsche Usener gutgehörnt dahinten, im Nebel bleibt" (7. Dezember). Über seine literarischen Pläne schreibt er noch: „‚Der Philosoph' d.h. mein ganz unausgebrütetes Gedanken-Ei liegt jetzt mir einzig in den Sinnen, so bunt und suchenswerth wie ein schönes Osterei für gute Kinder". Über seine Grillparzer-Lektüre: „... lies doch des Grillparzeri vorletzten Band (der Gesamtausgabe *[= aus dem Nachlaß]*), die Aesthetika betreffend: er ist fast immer einer der Unserigen!"

Naumburg, 21. Dezember 1872 – 4. Januar 1873

Weihnachtsferien bei Mutter und Schwester in Naumburg. Besuch von Dr. Carl Fuchs, Pianist und Musikschriftsteller, Schüler von Hans von Bülow. Als Geburtstagsgeschenk für Cosima Wagner: *Fünf Vorreden zu fünf ungeschriebenen Büchern.* In den Festtagen wegen Geldsorgen trübe Atmosphäre bei Wagners. Wagner „gekränkt" durch Ns Fernbleiben von Bayreuth. Aus Cosimas Tagebüchern: „Das Manuskript von Professor Nietzsche erheitert uns auch nicht, eine ungeschickte Schroffheit spricht sich zuweilen darin aus, bei immer großem Tiefsinn des Empfundenen. Wir wünschten, er beschäftigte sich vorzüglich mit griechischen Themas" (1./4. Januar 1873). 6. Januar: „Nachts wiederum viel über das Wesen der Kunst nachgedacht, in Folge der Vorworte von Professor Nietzsche". N am 26. Dezember in Weimar, um den *Lohengrin* zu hören (zum ersten Mal). In Leipzig bei Ritschl zu Besuch: „Von mir wußte Ritschl manches Unangenehme zu vermelden z.B. daß ich ein schlechter Dozent sein soll (er drückte es nicht so stark aus, aber er meinte es). Ich habe ihn gebeten mir dies schriftlich zu geben und werde Dir das Documentum zuschicken. Ich sei nicht populär genug etc. Da nun die augenblickliche Zahl von 2 Zuhörern dafür spricht, und alle Welt aus meinem Buche sich eine verrückte Vorstellung über meinen Vortrag macht, so begreife ich, bei der herrschenden Mißgunst gegen mich, jenes Urtheil" (an Rohde, 4. Januar).

1873

Basel, 5. Januar–6. April

N wird vom Allgemeinen Deutschen Musikverein zum Preisrichter für eine ausgeschriebene Preisarbeit über Wagners *Ring des Nibelungen* ernannt (mit den Germanisten Moritz Heyne und Karl Simrock). N infolge einer Erkältung bis Ende Januar krank. Viele Einladungen in die Basler Gesellschaft. Carl von Gersdorff besucht ihn vom 17.–19. Januar auf der Reise nach Italien.

Am 17. Januar erscheint im *Musikalischen Wochenblatt: Ein Neujahrswort an den Herausgeber der Wochenschrift „Im neuen Reich"*. „Eine kleine höchst auffallende Schrift, die 50 Dinge falsch, aber 50 Dinge wahr und richtig sagt, also eine sehr gute Schrift – versäume nicht zu lesen: ... Paul de Lagarde, über das Verhältniss des deutschen Staates zu Theologie Kirche und Religion ... Sodann lese ich Hamann und bin sehr erbaut: man sieht in die Gebärzustände unsrer Deutschen Dichter- und Denker-Kultur. Sehr tief und innig, aber nichtswürdig unkünstlerisch. Ich schreibe übrigens wieder über die alten griechischen Philosophen" (an Rohde, 31. Januar). Friedrich Ritschl schreibt am 2. Februar an Wilhelm Vischer: „Aber unser Nietzsche! – ja das ist wirklich ein recht betrübtes Kapitel, wie ja doch auch Sie – trotz alles Wohlwollens für den trefflichen Mann – in Ihrem Briefe es auffassen. Es ist wundersam, wie in dem Manne geradezu zwei Seelen nebeneinander leben. Einerseits die strengste Methode geschulter wissenschaftlicher Forschung ... anderseits diese phantastisch-überschwängliche, übergeistreich ins Unverstehbare überschlagende, Wagner-Schopenhauerische Kunstmysterienreligionsschwärmerei!

Denn das ist kaum zu viel gesagt, daß er und seine – ganz unter seinem magischen Einfluß stehenden – Mitadepten Rohde und Romundt im Grunde auf eine neue Religionsstifterei ausgehen. Gott besser's! Ich habe ihm, in aller Freundschaft, schriftlich und mündlich nichts von alledem verschwiegen, was ich hier nur andeute. Das Ende vom Liede ist freilich, daß uns gegenseitig das Verständnis für einander fehlt; er ist mir zu schwindelhaft hoch, ich ihm zu raupenhaft erdenkriechend. Am meisten ärgert mich seine Impietät gegen seine eigentliche Mutter, die ihn an ihren Brüsten gesäugt hat: die Philologie".

Sehr lange Briefe von Carl Fuchs, dem N eine Begegnung mit Richard Wagner in Berlin vermittelt (am 4. Februar?). Wagner lädt Fuchs nach Bayreuth ein. Am 12. Februar freundlicher Brief Cosima Wagners; die „unbedeutenden Verstimmungen" zwischen den Freunden seien getilgt. N komponiert für die Hochzeit zwischen Gabriel Monod und Olga Herzen in Florenz (am 6. März) eine *Monodie à deux.* (In Wirklichkeit Übernahme der *Einleitung zu Mariae Verkündigung* aus den Plänen zu einem Weihnachtsoratorium vom März 1861; nur die Schlußtakte neu. Mit anderem Schluß auch Franz Overbeck gewidmet: nach *Janz.*) Wagner an N: „Es kommen die Momente, wo ich mich tief besinne, und dann kommen Sie gewöhnlich auch mit vor, – so zwischen mir und Fidi. Aber es dauert kurz, und dann drehen sich Wagner-Vereine und Wagner-Conzerte im lieblichen Zirkel vor mir herum. Also – Geduld! Wie ich sie ja auch mit Ihnen habe!" (27. Februar) Im März erscheint die *Duplik* von Wilamowitz-Möllendorff auf Rohdes *Afterphilologie.* Am 28. März entleiht N aus der Basler Bibliothek naturwissenschaftliche Schriften, unter anderem auch die *Philosophia Naturalis* von Boscovich, sowie *Denken und Wirklichkeit* von Afrikan Spir.

Bayreuth, Nürnberg, Schaffhausen, 6.–15. April

In der Woche vor Ostern (6.–12. April) N und Rohde in Bayreuth. N bringt das Manuskript der *Philosophie im tragischen Zeitalter der Griechen:* „Abends liest Professor Nietzsche uns eine neue interessante Arbeit über vorplatonische Philosophen vor" (Cosima, Tagebücher, 7. April). 8. April: „Fortsetzung der Vorlesung. – Professor Nietzsche erzählt mir von einem Prof. Paul Lagarde, welcher durch eine Schrift: ‚Kirche und Staat', völlig verfemt worden ist. Eine Schrift von Karl Hillebrand über Frankreich und die Franzosen, Hans von Bülow gewidmet, scheint mir das Beste, was über diesen Gegenstand geschrieben worden ist". 9. April: „Abends hatten wir, wie Richard scherzt: ‚die Söhne des Thales' d.h. Anaximander Heraklit Parmenides in der Arbeit des Professor Nietzsche vornehmen wollen, allein das Gespräch hatte uns so tief in die Erfahrungen geführt, welche wir bei Gelegenheit unseres Bayreuther Unternehmens gemacht, daß die trübe Stimmung nicht zu überwältigen ist. – Richard spielt den Schluß der Götterdämmerung – was allerdings alles Schlimme in die Wolken treibt". 11. April: „Abends liest Professor Nietzsche den Schluß seiner Abhandlung vor. Wenig Gespräche. Löwe'sche Balladen vorgenommen. Uns verdrießt ein wenig die musizierende Spielerei unseres Freundes, und Richard ergeht sich über die Wendung, welche die Musik genommen". Nach Abschied von Bayreuth und von Rohde in Lichtenfels verbringt N den Nachmittag des Ostersonntags und den zweiten Ostertag (13. und 14. April) allein in Nürnberg. In der Nacht Fahrt nach Schaffhausen (Rheinfall). Am Abend des 15. April wieder in Basel.

Basel, 15. April–Mitte Juli

N arbeitet an seiner ersten *Unzeitgemäßen Betrachtung*. Briefentwurf mit Widmung derselben an Cosima Wagner (April). An Richard Wagner: „Ich weiß es recht wohl ... dass Ihnen ein solcher Besuch keine Erholung sein kann, ja mitunter unerträglich sein muß. Ich wünschte mir so oft wenigstens den Anschein einer grösseren Freiheit und Selbständigkeit, aber vergebens. Genug, ich bitte Sie, nehmen Sie mich nur als Schüler, womöglich mit der Feder in der Hand und dem Hefte vor sich, dazu als Schüler mit einem sehr langsamen und gar nicht versatilen Ingenium. Es ist wahr, ich werde täglich melancholischer, wenn ich so recht fühle, wie gern ich Ihnen irgendwie helfen, nützen möchte und wie ganz und gar unfähig ich dazu bin, so dass ich nicht einmal etwas zu Ihrer Zerstreuung und Erheiterung beitragen kann. Oder vielleicht doch einmal, wenn ich das ausgeführt habe, was ich jetzt unter den

Händen habe, nämlich ein Schriftstück gegen den berühmten Schriftsteller David Strauss. Ich habe dessen ‚alten und neuen Glauben' jetzt durchgelesen und mich ebenso über die Stumpfheit und Gemeinheit des Autors wie des Denkers verwundert ... In meiner Abwesenheit ist die Schrift meines Hausgenossen Overbeck ‚über die Christlichkeit unserer Theologie' tüchtig vorgerückt, sie hat einen so offensiven Charakter gegen alle Parteien, und ist andererseits so unwiderlegbar und so ehrlich, dass auch er, nach ihrer Veröffentlichung, verfehmt sein wird, als einer, nach Prof. Brockhausens Ausdrucke, der ‚seine Carrière ruinirt hat'. Basel wird allmählich anstössig" (18. April). Reise von Richard und Cosima Wagner nach Köln (21.–26. April, am 24. Konzert), dann über Kassel nach Leipzig; hier am 28. Treffen mit Franz Liszt. N bittet Wagner um den Verlag von Overbecks *Christlichkeit* bei Fritzsch. „Richard sprach heute viel mit Fritzsch über das neue Literatur-Blatt *[die Bayreuther Blätter]*; Professor Nietzsche bereitet einen Aufsatz gegen D. Strauß vor und schlägt Fritzsch vor ein theologisches Werk von Professor Overbeck, das kein Verleger seiner Offenherzigkeit wegen herausgeben will. Seltsame Lage des trefflichen Musikhändlers. Richard sagt, wenn die Sache mit Konsequenz betrieben wird, kann sie sehr bedeutend werden" (Cosima, Tagebücher, 28. April). Am 29. sind Wagners wieder in Bayreuth. Richard Wagner an N: „Fritzsch war allerdings betroffen davon, sich als ‚theologischer' Verleger gebärden zu sollen; doch war sein Einwurf nur Besorgniss um den Autor selbst, welcher in seinem Verlage jedenfalls nicht vor sein richtiges Publikum gelangen könnte. Hierüber liess ich mich nun in meiner Art, in's Grosse gehend, vernehmen, und wies dem zu so sonderbarer Bestimmung gelangten Menschen seine wichtige Stellung für die Zukunft an, welche er gar nicht ungeschickt zu acceptiren schien" (30. April).

Am 24. April erste Skizze zu dem *Hymnus auf die Freundschaft* (Komposition). N klagt, daß er „öfter einmal an Augenschmerzen" laborirt (an Mutter und Schwester, 29. April). Vorlesungen SS 1873: Die älteren griechischen Philosophen bis Platon. Im Seminar: Griechische Elegiker (Solon); evtl. Aristoteles. Am 18. Mai Carl von Gersdorff (von seiner Italienreise zurückgekehrt) in Basel; bleibt bis in den Sommer hinein. Heinrich Romundt, Privatdozent an der Universität und Mitbewohner im Schützengraben 45, läßt seinen Freund Paul Rée nach Basel kommen, der auch den Sommer bleiben wird. Anfang Juni Elisabeth in Basel. Immer schlechterer Zustand von Ns Augen; Gersdorff schreibt unter Diktat das Druckmanuskript der ersten *Unzeitgemäßen Betrachtung*, sowie *Über Wahrheit und Lüge im aussermoralischen Sinne.* Am 25. Juni wird das Druckmanuskript an den Verleger Fritzsch nach Leipzig abgeschickt. Gersdorff führt auch Ns Korrespondenz mit Cosima Wagner und Malwida von Meysenbug. Gemeinsame Lektüre, u. a. *Väter und Söhne* von Turgenev.

Flims (Graubünden), Mitte Juli–Mitte August

Mit Gersdorff (später Romundt und am Schluß auch der Schwester) in Flims. Die Bergluft günstig für Ns Augen. Spaziergänge (Caumasee). Am 8. August erscheint: *Unzeitgemässe Betrachtungen. Erstes Stück: David Strauss der Bekenner und Schriftsteller.* „Die Broschüre von Professor Nietzsche gegen Strauß ist angekommen, eifriges Lesen darin ... Abends im ‚Strauß' von Nietzsche gelesen; Richard bemerkt, daß noch dazu die Verherrlichung des Philisters dem Englischen nachgemacht sei" (Cosima, Tagebücher, 8. August). Auch die *Christlichkeit* von Overbeck wird in Bayreuth gelesen. Malwida von Meysenbug in Bayreuth. „... abends in Nietzsche's Broschüre für die Freundin *[Malwida]* gelesen, mit Betrübnis einen unerfreulichen Eindruck von vielem darin erhalten" (20. August). Am 21. August erscheint der 9. Band von Wagners *Gesammelten Schriften* (Wagner schenkt N die neun Bände am 1. November mit einem Widmungsgedicht).

Basel, 18. August–29. Oktober

Gersdorff bleibt noch bis zum 15. September bei N (dann Fortsetzung seiner Italienreise; Verabredung mit Rohde in Genua). Nach einem „ganzen halben Jahre" schreibt N seinen „ersten längeren Brief" an Richard Wagner: „Meine Augen erlauben mir das Lesen wieder und auch ungefähr das Schreiben: obschon mich dies immer noch schnell erschöpft und mir Schmerzen macht. Mein Arzt ist aber voll der besten Hoffnungen ... Vor dem Winter fürchte ich mich etwas, da mir bei Lichte zu lesen oder Collegien zu halten verboten ist. In summa bleibt nichts übrig als nachzudenken: und zwar denke ich über meine zweite ‚Zeitungemässheit' nach. Auf zwölfe ist abgesehen, und der Plan dazu entworfen. Mein erstes Heft hat hier eine unbeschreibliche Wirkung gethan; eine toll-feindselige Zeitungslitteratur ist gegen mich entstanden, aber gelesen hat es Jedermann" (18. September). Am 22. und 23. September erscheint in der Augsburger *Allgemeinen Zeitung* die sehr positive Besprechung Karl Hillebrands von Ns erster *Unzeitgemäßer Betrachtung* (vgl. *Ecce homo*; Bd. 6, S. 318). Richard Wagner an N: „Das war eine schöne Überraschung, einmal wieder Ihre Handschrift zu sehen! Und doch empfand ich bei dem Anblick zumeist nur Sorge, wie Sie mir überhaupt jetzt mehr Sorge als Freude verursachen, – und das will viel sagen, denn Niemand kann sich wiederum über Sie so freuen, als ich ... Was Sie betrifft, so wiederhole ich Ihnen den Einfall, den ich kürzlich einmal gegen die Meinigen äusserte; nämlich, dass ich die Zeit voraussehe, in welcher ich Ihr Buch gegen Sie zu vertheidigen haben würde. – Ich habe wieder darin gelesen, und schwöre Ihnen zu Gott zu, dass ich Sie für den Einzigen halte, der weiss, was ich will!" (21. September) In Bayreuth Verstimmung gegen Ottilie Brockhaus (Wagners Schwester aus Leipzig, damals zu Besuch) wegen N: „,... sie ist dermaßen im Universitätswesen verfangen, daß sie über das Buch ‚Die Geburt der Tragödie' spricht, ohne zu bedenken, daß Nietzsche für ihren Bruder seine Karriere auf das Spiel gesetzt hat und daß eine Roheit darin liegt, uns in solcher Weise die verachtenden und verfemenden Urteile der hohen Gelehrten mitzuteilen; wie selbst das beste Herz aufhört warm zu werden, wenn die Macht unaufhörlich ihm gegenübersteht, ersehe ich aus diesen Empfindungen von Wagner's Schwester gegen den treusten Anhänger ihres Bruders!" (Cosima, Tagebücher, 28. September) Am 21. Oktober verläßt Ns Schwester Basel. Besuch Rohdes in Basel auf der Rückreise von Italien nach Deutschland (Anfang Oktober). Trotz Augenschwäche arbeitet N weiter an der zweiten *Unzeitgemäßen Betrachtung*. „Die Straussiade hat in Basel in summa 9 Zeitungsartikel erlebt. Zuletzt hat mich sogar der Volksfreund feurig in Schutz genommen" (an Gersdorff, 18. Oktober). N soll einen Aufruf an die deutsche Nation zugunsten Bayreuths verfassen. Er bittet Rohde um Hilfe, der sich jedoch dazu nicht imstande fühlt. Am 22. Oktober schreibt N den *Mahnruf an die Deutschen* und bringt einige gedruckte Abzüge mit nach Bayreuth. Am 29. Oktober abends Abreise von Basel.

Bayreuth, 30. Oktober–2. November

In Bayreuth Versammlung der Delegierten der Wagnerschen Patronatsvereine. Ns *Mahnruf* wird von den Delegierten „artig, aber bestimmt abgelehnt", N lehnt seinerseits eine Umarbeitung ab und empfiehlt den Dresdner Professor Adolf Stern „für die schnelle Anfertigung eines neuen Fabrikats" (an Gersdorff, 7. November); was auch geschieht. Dazu Cosima: „Den sehr schönen ‚Mahnruf' mit Professor Nietzsche durchgegangen – ist es klug, diesen zu erlassen, doch was helfe uns Klugheit? Uns hilft nur Glauben und Wahrheit ... Abends kleines Bankett in der ‚Sonne' mit Delegierten und Verwaltungsrat. Die Sitzung hat das Aufgeben des Mahnrufes beschlossen; die Vereine fühlen sich nicht berechtigt zu der kühnen Sprache, und wer außer ihnen würde das unterzeichnen?" (Tagebücher, 31. Oktober) „Heute findet noch eine Sitzung der Delegierten statt, es wird ein einfacher Aufruf zur Subskription, von Dr. Stern verfaßt, angenommen. Mittagessen mit Professor Nietzsche, Freund Heckel und Malwida, sehr heiter und hübsch; Nachmittags gehen wir zum Theater, welches sich herrlich darstellt. Abends dieselbe Gesellschaft mit Dr. Stern dazu" (1. November). Am 2. November: „Abschied von Freund Nietzsche, der uns tiefe Sorge einflößt". Dieser Sorge gibt Cosima etwas später Ausdruck in einem Brief an Erwin Rohde: „Er war hier den 31. Oktober, sein Aussehen hat uns beängstigt, am meisten *mich* aber seine Stimmung – können Sie mir einige Beruhigung zukommen lassen? Nach Basel, oder an Frl. Elisabeth will ich nicht schreiben, damit unser Freund durch meine Sorgen nicht in Aufregung versetzt würde. Wollen Sie ... ihm lediglich wissen lassen dass wir nach ihm gefragt, und seiner viel gedenken. Sein Mahnruf war herrlich, – das einzige richtige und schöne Wort, – allein wer darf es heute sprechen? In diesen Tagen nahm ich alle Hefte vor die ich von unserem Freund habe, die Vorträge, die Vorworte, der Entwurf zur ‚Geburt der Tragödie', und freute mich so innig der Fülle und Tiefe die hier walten – – – Mein Vater – dies bitte ich auch zu übermitteln – schrieb mir dass er die ‚Unzeitgemäßen

Betrachtungen' mit Leidenschaft gelesen, und bat mich den Ausdruck bewundernder Sympathie dem Autor von ihm mitzutheilen" (28. November).

Basel, 3. November – kurz vor Weihnachten

Vorlesungen WS 1873/74: Über Platons Leben und Schriften. Im Seminar: *Bios Sophokleous.* Am 4. Dezember kommt Gersdorff aus Italien nach Basel. Er schreibt das Druckmanuskript der zweiten *Unzeitgemäßen Betrachtung.* Rohde verspricht seine Hilfe bei der Korrektur. Franz Overbeck übergibt das Druckmanuskript in Leipzig (auf der Reise nach Dresden).

Naumburg, Weihnachtsferien 1873/74–3. Januar 1874

Trotz schlechter Gesundheit schreibt N in Naumburg seine zweite *Unzeitgemäße Betrachtung* zu Ende (Fritzsch hat zum Satz die ersten sieben Abschnitte bekommen). N liest mit Begeisterung die von Karl Hillebrand anonym veröffentlichten *Zwölf Briefe eines ästhetischen Ketzers* (Berlin 1874). In Bayreuth: „Malwida hat Richard Hölderlin's Werke geschenkt. Richard und ich erkennen mit einiger Besorgnis den großen Einfluß, den dieser Schriftsteller auf Professor Nietzsche ausgeübt; rhetorischer Schwulst, unrichtige aufgehäufte Bilder (der Nordwind welcher die Blüten versengt usw.), dabei ein schöner edler Sinn; nur, sagt Richard, könne er nicht gut an solche Neugriechen glauben, er erwarte immer, er würde plötzlich sagen: Ich studierte in Halberstadt usw." (Cosima, Tagebücher, 24. Dezember).

Am 30. Dezember N in Leipzig bei seinem Verleger Fritzsch und bei Familie Ritschl; sie ließen „in einer halben Stunde ein schnell gesprochnes Wort-Feuer gegen mich los ..., bei dem ich sehr unverwundet blieb und mich auch so fühlte; am Schluss blieb man dabei, ich sei hochmüthig und verachtete sie. Gesammteindruck war hoffnungslos: der alte Ritschl fing einmal rasend über Wagner als Dichter zu schimpfen an, dann wieder einmal über die Franzosen (ich gelte als Bewunderer der Franzosen), endlich schimpfte er, nach Hörensagen, aber in der gräulichsten Weise über Overbeck's

Buch. Ich erfuhr, dass Deutschland in den ‚Flegeljahren‘ sei: weshalb ich mir das Recht nahm, etwas Flegel sein zu dürfen (nämlich meine Maasslosigkeit und Rohheit gegen Strauss wurde gerügt). Dagegen ist Strauss als klassischer Prosaschreiber wirklich vernichtet: denn Papachen und Mamachen Ritschl sagen es und fanden auch schon den ‚Voltaire‘ greulich stylisirt“ (an Rohde, 31. Dezember). Dazu Ritschl im Tagebuch: „30. Dez. 73. 9 Uhr Besuch von Nietzsche, voll prinzipieller Streitunterhaltung“.

1874

Basel, 4. Januar–20. Juli

Von Naumburg reist N direkt nach Basel, ohne sich, wie verabredet, mit Overbeck zu treffen und Bayreuth zu besuchen. Cosima: „Richard hatte eine unruhige Nacht und ist leidend, dazu kommt Professor Overbeck, den ich nun allein zu empfangen und zu bewirten habe, bis abends Richard hinzukommt. Wir erhalten einen guten Eindruck von dem gelehrten Mann. Er berichtet aber nicht sonderlich Gutes von der Gesundheit unseres Freundes Nietzsche“ (Tagebücher, 4. Januar). Engere Beziehungen Ns zu seinem Schüler Adolf Baumgartner, der ihm im Schreiben und Lesen behilflich ist. Zunehmende Schwierigkeiten des Bayreuther Unternehmens: Das bayrische Hofsekretariat verweigert die finanzielle Garantie für Bayreuth (Telegramm und Brief von Düfflipp, vgl. Cosima, Tagebücher, 6. und 7. Januar). Ns Aufzeichnungen über Wagner und Bayreuth: „Unsere Hoffnungen waren zu groß! Ich versuchte erst, gar nicht mehr an die dortige Noth zu denken, und, da dies nicht angieng, habe ich in den letzten Wochen so viel als möglich daran gedacht und alle Gründe scharf geprüft, weshalb das Unternehmen stockt, ja weshalb es vielleicht scheitert“ (an Malwida von Meysenbug, 11. Februar).

Es erscheint: *Unzeitgemässe Betrachtungen. Zweites Stück: Vom Nutzen und Nachtheil der Historie für das Leben.* Etwas ausweichende Reaktion Jacob Burckhardts: „Vor Allem ist mein armer Kopf gar nie im Stande gewesen, über die letzten Gründe, Ziele und Wünschbarkeiten der geschichtlichen Wissenschaft auch nur von ferne so zu reflectiren wie Sie dieses vermögen" (an N, 25. Februar). In Bayreuth wird die zweite *Unzeitgemäße Betrachtung* zwischen dem 22. und 24. gelesen: „Die Schrift unseres Freundes bildet den Gegenstand unserer Gespräche, der feurige Witz, mit welchem sie geschrieben ist, ist ganz erstaunlich" (Cosima, Tagebücher, 25. Februar). Richard Wagner an N: „In aller Kürze hätte ich Ihnen nur das Eine zuzurufen gehabt, dass ich einen schönen Stolz empfinde, nun nichts mehr zu sagen zu haben, und Ihnen Alles Weitere überlassen zu können" (27. Februar).

Der König von Bayern ermöglicht die Fortsetzung der Arbeiten in Bayreuth durch Vorschüsse bis 100000 Taler. Die Proben des *Ringes* auf den Sommer 1875 festgesetzt, die Aufführungen Sommer 1876.

Cosimas Brief über die zweite *Unzeitgemäße Betrachtung*. Sie tadelt die auf Ns Empfehlung hin gelesenen *Zwölf Briefe* von Karl Hillebrand (20. März). N liest u.a. Afrikan Spir, Eduard von Hartmann (über Shakespeare), Boscovich. Von N aufgefordert, schreibt Rohde seine kritischen Bemerkungen über Ns Stil und Schreibweise am Beispiel der zweiten *Unzeitgemäßen Betrachtung*, er moniert u.a. „einen Mangel, der die, von Fremden mir öfters entgegengehaltne Schwierigkeit Deiner Bücher zum Theil verursacht. Du deducirst allzu wenig, sondern überlässest dem Leser mehr als billig und gut ist, die Brücken zwischen deinen Gedanken und Sätzen zu finden ... Noch einen Fehler habe ich zu rügen. Du verfolgst, so scheint mir, nicht ganz glückliche, oft recht stark hinkende Bilder, zuweilen weiter, als für ihre Wirkung ersprießlich ist ... Noch Eins übrigens ... Zuweilen habe ich den Eindruck, als ob einzelne Stücke und Abschnitte zuerst für sich fertiggearbeitet worden wären, und dann, ohne in dem Fluß des Metalls völlig aufgelöst worden zu sein, dem Ganzen eingefügt worden wären" (24. März). Das endgültige Urteil über das neue Buch lautet in Bayreuth: „Es ist die Schrift eines sehr bedeutenden Menschen, und wenn er sehr berühmt werden sollte, wird auch diese Schrift einst beachtet werden. Sie ist aber noch sehr unreif, alle Anschaulichkeit fehlt ihr, weil er niemals Beispiele aus der Geschichte gibt und doch viele Wiederholungen und keine eigentliche Einteilung hat. Diese Schrift ist zu schnell erschienen. Ich weiß niemanden, dem ich sie zur Lektüre geben könnte, weil ihm kein

Mensch folgen kann. Die Grundidee hat Schopenhauer schon ausgesprochen. Nietzsche hätte sie viel mehr vom pädagogischen Standpunkt aus beleuchten sollen“ (Richard zu Cosima Wagner, aufgezeichnet in: Tagebücher, 9. April).

Heinrich Romundt wird nicht als Nachfolger Euckens zum Philosophieprofessor in Basel ernannt; an seiner Stelle wird Max Heinze, ehemaliger Tutor Ns in Schulpforta, berufen. Anfang April gibt N in Briefen an die Freunde einer recht melancholischen Stimmung Ausdruck: „Meine Gesundheit ist übrigens ausgezeichnet: sei ganz unbesorgt. Aber ich bin mit der Natur recht unzufrieden, die mir etwas mehr Verstand, nebst einem volleren Herzen, hätte geben sollen – es fehlt mir immer am Besten. Das zu wissen ist die grösste Menschenquälerei“ (an Gersdorff, 1. April). Cosima: „... einen sehr wehmütigen *[Brief]* unseres Freundes Nietzsche, der sich vergrämelt; Richard ruft aus: ‚Er muß heiraten oder eine Oper schreiben, freilich wird letztere auch derart sein, daß sie nie zur Aufführung kommt, und das führt ihn auch nicht in das Leben‘“ (Tagebücher, 4. April). Zwei Tage darauf, am Ostermontag, schreibt Wagner an den Freund einen herzlich „radicalen“ Brief; Cosima über Wagners Reaktion an N: „Als ich den Sinn Ihres letzten Briefes ihm *[Wagner]* mittheilte, wäre er, glaube ich, gleich am liebsten zu Ihnen geeilt, hätte Sie gepackt, aus der Basler Athmosphäre hinausgerissen, und wäre Gott weiss wohin mit Ihnen gerast“ (20. April). Wagner selbst schrieb: „Unter Anderen fand ich, dass ich einen solchen männlichen Umgang, wie Sie ihn in Basel für die Abendstunden haben, in meinem Leben nicht hatte ... Nun scheinen aber den jungen Herren Frauen zu fehlen: da heisst es dann allerdings, wie mein alter Freund Sulzer einst meinte, wo hernehmen und nicht stehlen? Indess, man könnte ja auch einmal in der Noth stehlen. Ich meinte, Sie müssten heirathen, oder eine Oper komponiren; Eines würde Ihnen so gut und schlimm wie das Andere helfen. Das Heirathen halte ich für besser. – Einstweilen könnte ich ein Palliativ empfehlen; aber sie richten immer Ihre Apotheke im Voraus so ein, dass man sein Mittel nicht anbringen kann. Z. B. wir hier richten unser Haus p. p. so ein, dass wir gerade auch für Sie ein Unterkommen darin bereiten, wie mir in meinen höchsten Lebensnöthen nie es angeboten worden ist; da sollten Sie nun die vollen Sommerferien verbringen. Aber – höchst vorsichtig melden Sie uns bereits im Anfange des Winters, dass Sie beschlossen haben, die Sommerferien auf einem recht hohen, und einsamen Schweizerberge zu verbringen! Klingt das nicht wie sorgfältige Abwehr einer etwaigen Einladung unserer Seits? Wir können Ihnen etwas sein: warum verschmähen Sie das angelegentlichst? ... – Aber – man kennt das und anderes Sonderbare an Freund Nietzsche! Auch will ich gar nicht mehr von Ihnen reden, denn es hilft doch nichts! Ach, Gott! heirathen Sie eine reiche Frau! Warum muss nur Gersdorff gerade eine Mannsperson sein! Dann reisen Sie, und bereichern sich an all den herrlichen Erfahrungen, welche Hillebrand so vielseitig und (in Ihren Augen) beneidenswerth machen, und – komponiren Ihre Oper, die aber gewiss schändlich schwer aufzuführen werden wird. – Welcher Satan hat Sie nur zum Pädagogen gemacht! – Sie sehen, wie radical mich wieder Ihre Mittheilungen gestimmt haben: aber – weiss Gott! – ich kann so etwas nicht mit ansehen" (6. April; bis jetzt fälschlich 26. Dezember 1874 datiert). Inzwischen komponiert N seinen Hymnus an die Freundschaft. Er antwortet Wagner erst zu dessen Geburtstag: „Ich selbst stak damals, als der Brief eintraf, tief in der Musikerei darin, welche ich mir, nach dem modernen Princip der ‚Selbsthülfe', verordnet hatte. Zwar nicht die ‚Oper' war's ... aber es war, mit Respect zu reden, meine Musik und gefiel mir ganz absonderlich wohl. Auch glaube ich wieder viel dabei gelernt zu haben, und habe niemals mir so in Betreff figurirter Choräle ein Genüge gethan. Der Hymnus an die Freundschaft ist nun fertig – ich wollte, meine Freunde hätten einen besseren Componisten zum Freunde als ich bin; denn sie hätten es verdient ... In diesem Sommer werde ich wahrscheinlich einmal, Ihrer herzlichen Mahnung nicht so wohl folgend als ausweichend, in Bayreuth erscheinen; es ist so absurd, sich zu Dingen mahnen zu lassen, nach denen man mit allen Fingern greifen möchte" (20. Mai).

Vorlesungen SS 1874: Darstellung der antiken Rhetorik. Aischylos, *Choephoren.* Im Seminar: Sappho. Arbeit an der dritten *Unzeitgemäßen Betrachtung* (über Schopenhauer). Briefwechsel mit der italienischen Marchesa Emma Guerrieri-Gonzaga, veranlaßt durch die zweite *Unzeitgemäße Betrachtung* (10. Mai – 2. Januar 1875). Seit dem 25. April ist Elisabeth Nietzsche wieder in Basel.

Durch Gersdorff erfährt N, daß die Bayreuther Freunde weiterhin ernstlich um ihn besorgt sind. „Wirklich himmlisch ist der Gedanke, Dich und die Bayreuther in einer Heiraths-Überlegungs-

Commission zusammen sitzend zu denken!" (an Gersdorff), und an Rohde: „... ich kann mir nicht helfen, einige Menschen sehen aus der Ferne besser als ich aus der nächsten Nähe – und so mag wohl etwas an der Besorgniss daran sein. Nur dass mein Befinden, leiblich gesprochen, gut ist, Magen, Stuhlgang, Gesichtsfarbe, alles gesund, dazu bin ich wieder in leidlich productiver Stimmung, also heiter, habe meine Schwester bei mir, kurz ich sehe einem Glücklichen so ähnlich als ich überhaupt weiss, was Glück ist – nämlich dass es etwas dergleichen giebt, ist kein Zweifel" (1. Juni).

Briefwechsel mit Oswald Marbach über die griechische Tragödie (März–Juli). N hört zum ersten Mal Brahms *Triumphlied* im Basler Münster (9. Juni). An Rohde: „In der letzten Zeit war Dein Landsmann Brahms hier, und ich habe viel von ihm gehört, vor allem sein Triumphlied, das er selbst dirigirte. Es war mir eine der schwersten aesthetischen Gewissens-Proben, mich mit Brahms auseinanderzusetzen; ich habe jetzt ein Meinungchen über diesen Mann. Doch noch sehr schüchtern" (14. Juni). Am 12. Juli fährt er mit Romundt nach Zürich, um das *Triumphlied* noch einmal zu hören. Am 5. Juli stirbt Ns väterlicher Freund Wilhelm Vischer-Bilfinger.

Bergün, 18. Juli–2. August

Mit Romundt in Bergün (Graubünden). Arbeit an der dritten *Unzeitgemäßen Betrachtung*. Bertha Rohr gefällt ihm „so gut", daß er „fast entschlossen" ist, sie zu heiraten (an die Schwester, 22. Juli). Die sehr negative (nicht überlieferte) Reaktion der Schwester auf diesen Heiratsplan veranlaßt N zu einer beruhigenden Antwort: „Meine Bemerkung über Frl. Rohr sollte Dich nicht aufregen, ich theilte sie als Curiosum mit. Übrigens sind Deine Bedenken meine Bedenken. Nur weisst Du, dass der Augenblick gewöhnlich mehr kann als eine ganze Kette von Nach- und Vorblicken" (30. Juli). Neuer Verleger Ns: Ernst Schmeitzner in Schloßchemnitz.

Bayreuth, 4.–15. August

Eine Verabredung mit Emma Guerrieri-Gonzaga in Stachelberg (zum 3. August) wird nicht verwirklicht. N reist weiter nach Bayreuth (Ankunft 4. August). Aus Cosimas Tagebüchern: „Nachmittags meldet ein Zettelchen, daß Professor Nietzsche hier sei, aber schon krank danieder liege in der ‚Sonne'. Richard geht hin und bringt ihn gleich in unser Haus. Er erholt sich bald und wir verleben einen heiteren Abend zusammen. Was er aber berichtet von den Zeitungen und von den Universitätsmenschen ist erschrecklich" (5. August). 6. August: „Professor Nietzsche erzählt von einem Verleger, welcher aus Schloß-Chemnitz sich ihm angeboten habe, er soll der Sozialdemokratischen Partei dienen, jedoch sowohl Nietzsche als auch Professor Overbeck nehmen das Anerbieten an, da in ganz Deutschland kein Verleger sich für sie finden würde, ja, wenn sie ihre Professuren niederlegten, sie wahrscheinlich brotlos wären, selbst keine Hauslehrer-Stelle sich ihnen eröffnete. Die Neue Freie Presse leitet einen Aufsatz von Karl Hillebrand über die Historie von Nietzsche mit dem Bemerken ein, daß sie nur des werten Mitarbeiters wegen die Schrift eines Autors beachte, welcher durch seinen Angriff auf Strauss sich zur Genüge gestempelt habe usw. — Professor Nietzsche erzählt, daß Herr Du Bois-Reymond in Berlin den Vorschlag einer Akademie gemacht habe, worin Goethe als die deutsche Sprache verderbend, Lessing gegenüber, geschildert wird! ... Unser Freund Nietzsche bringt das Triumphlied von Brahms, Richard lacht laut auf, daß Musik auf das Wort ‚Gerechtigkeit' gemacht würde". 8. August: „Nachmittags spielen wir das Triumphlied von Brahms, großer Schrecken über die Dürftigkeit dieser uns selbst von Freund Nietzsche gerühmte Komposition, Händel, Mendelssohn und Schumann in Leder gewickelt; Richard wird sehr böse und spricht von seiner Sehnsucht, etwas zu finden in der Musik auch von der Überlegenheit des Christus, wo doch ein Gestaltungstrieb, eine Empfindung, welche zur Empfindung spreche, vorhanden sei". Am 15. August „entfernte sich Professor Nietzsche, nachdem er Richard manche schwere Stunde verursacht. Unter anderem behauptet er, keine Freude mehr an der deutschen Sprache zu finden, lieber lateinisch zu sprechen usw." Gleich darauf Besuch Overbecks in Bayreuth: „Traurigstes über die Lage unseres Freundes Nietzsche erfahren, welcher vor drei, vier unbefähigtsten Studenten die ganze Literatur-Geschichte der Griechen vorzutragen habe! Der ganze Bann der Universität liegt auf ihm" (15. August).

Basel, Mitte August–22. Dezember

Zwischen 19. August und 9. September bekommt Schmeitzner das Druckmanuskript der dritten *Unzeitgemäßen Betrachtung.* Am 29. September, mit Romundt und Baumgartner, auf dem Rigi, dann einige Tage allein in Luzern; Pläne zu einer vierten *Unzeitgemäßen Betrachtung* (*Wir Philologen*). Anfang Oktober erscheint: *Unzeitgemäße Betrachtungen. Drittes Stück: Schopenhauer als Erzieher.*

Vorlesungen WS 1874/75: Geschichte der griechischen Literatur I. Erklärung von Aristoteles' *Rhetorik.* Im Seminar: Sophokles, *Oedipus Rex.* Am 16. Oktober Carl von Gersdorff auf eine Woche in Basel zu Besuch. Beziehungen der „drei Herren" vom Schützengraben 45 („Baumannshöhle"), N, Romundt und Overbeck zu dem Nationalökonom August von Miaskowski und seiner Frau Ida. Sehr gute Aufnahme von *Schopenhauer als Erzieher* in Bayreuth. Kurzer begeisterter Brief von Wagner (21. Oktober). Cosima Wagner an N: „Diess ist meine Unzeitgemässe ... und ich danke Ihnen von Herzen für die freudige Erregung welche mir durch die Lesung derselben geworden ist. Gefühle, Gedanken, Einfälle, Erkenntniss, Können und Wissen haben mich darin Staunen gemacht, und an dem Begeisterungsfeuer welches alles durchglüht, habe ich mich wiederum erwärmt, wie an der Geburt der Tragödie" (26. Oktober). Erneute Lektüre von Afrikan Spirs *Denken und Wirklichkeit* (Ausleihe von der Basler Universitätsbibliothek am 14. November).

Naumburg, 22. Dezember 1874–Anfang Januar 1875

Zu den Weihnachtsferien N in Naumburg: „Ich habe 10 Tage Ferien hinter mir, ich verlebte sie mit Mutter und Schwester und fühle mich recht erholt; ich liess während dem alles Denken und Sinnen hinter mir und machte Musik. Viele tausend Notenköpfchen sind hingemalt worden, und mit einer Arbeit bin ich ganz fertig. Der Hymnus an die Freundschaft ist jetzt zweihändig und vierhändig anzustimmen ... Ausserdem habe ich meine Jugend-Compositionen revidirt und geordnet. Es bleibt mir ewig sonderbar, wie in der Musik die Unveränderlichkeit des Characters sich offenbart; was ein Knabe in ihr ausspricht, ist so deutlich die Sprache des Grundwesens seiner ganzen Natur, dass auch der Mann daran nichts geändert wünscht – natürlich die Unvollkommenheit der Technik usw. abgerechnet“ (an Malwida von Meysenbug, 2. Januar 1875).

1875

Basel, Januar

Anfang Januar kehrt N nach Basel zurück. Zahlreiche Besuche von N, Overbeck, Romundt in der Basler Gesellschaft; engere Beziehungen zu den Ehepaaren Immermann und Miaskowski. Fast an jedem Sonnabend besucht N (auch mit seinen Freunden) Frau Marie Baumgartner-Köchlin in Lörrach, Mutter seines Schülers Adolf Baumgartner; sie übersetzt seine dritte *Unzeitgemäße Betrachtung* ins Französische. (Trotz der Versuche von Ns Verleger Schmeitzner und der Meysenbug wird kein Pariser Verleger für die Übersetzung gefunden.)

P. Deussen teilt N seine Entscheidung mit, sich dem Studium der indischen Philosophie zu widmen; N darüber erfreut (nach Mitte Januar). Polemische, vermutlich von G. Monod verfaßte Besprechung der dritten *Unzeitgemäßen Betrachtung* in der *Revue Critique* (Paris). Gesundheitszustand nicht schlecht: „Mir geht es erträglich. Genug Arbeit, wenig Ruh bei Tag und Nacht. Doch halten's die Augen aus“ (an die Mutter, 31. Januar).

Februar–April

Im Brief an Rohde vom 5. Februar erwähnt N einen (nach den späteren Zeugnissen von Peter Gast und Elisabeth Förster-Nietzsche) anscheinend verlorengegangenen *Hymnus auf die Einsamkeit.* Cosima Wagner fragt N, ob während ihrer und ihres Mannes Konzertreise nach Wien seine Schwester den Haushalt in Bayreuth auf einige Wochen führen könne. N bewirkt die Zusage der Schwester. Er arbeitet an der Betrachtung über die Philologie; sonstige zahlreiche literarische und akademische Pläne. An Schmeitzner: „...doch hoffe ich Ihnen in der ersten Hälfte des Sommers etwas schicken zu können". 13. und 14. Februar in Luzern („ich war 2 Tage im Hotel Gotthardt und schrieb und dachte nach"). Die Betrachtung über die Philologie soll zu Ostern fertig werden (N an Rohde, 28. Februar). Im selben Brief: „Im Ganzen geht es mir gut und recht: mir ist als ob ich zu einem Burgherr⟨n⟩ würde, so verschanzt und innerlich unabhängig wird allmählich meine Art zu leben." Romundt will zum Katholizismus übertreten; N tief betrübt. (Am 1. August 1875 schreibt er noch: „Der Winter mit dem Romundtschen Hausleiden ist mir wie ein gräßlicher Traum, es stülpte sich alles in mir um, und ich wurde voll des bittersten Mißtrauens, habe mich auch nicht von dieser absurdesten Erfahrung erholt.") Rohde über Romundt: „Wer also feierlich der Vernunft und der menschlichen Freiheit abschwört, ist uns verloren." Am 6. März Ankunft Gersdorffs in Basel, dem N einen Teil von *Wir Philologen* diktiert. N will alle abendlichen Einladungen in der Basler Gesellschaft absagen. Gersdorff reist Ende März ab. N klagt über Ermüdung der Augen und Magenbeschwerden (an die Schwester, 26. März). Anfang April zusammenfassende Besprechung der drei erschienenen *Unzeitgemäßen Betrachtungen* in *The Westminster Review*. Romundt verläßt Basel: „erschütternder" Abschied von Overbeck und N (10. April). Am darauffolgenden Tage N zu Bett „mit einem dreissigstündigen Kopfschmerz und vielem Galle-Erbrechen". Die Arbeit an der vierten *Unzeitgemäßen Betrachtung* „ist fast nicht von der Stelle gerückt" (an Gersdorff, 17. April). Begegnung mit dem Proudhonisten „Herrn Cook".

Bern, 25. April – 3. Mai; Basel, Mai – Juli

In Bern: „...lief ... auf Bergen und in Wäldern herum, immer allein und dachte mir viel aus"; viele Pläne „die immer mehr auf das Erzieherische hinaus wollen". In Basel Magen-, Kopf- und Augenschmerzen (an Gersdorff, 21. Mai). Overbeck zur Kur in Karlsbad. Elisabeth kommt von Bayreuth nach Basel. Pläne einer gemeinsamen häuslichen Einrichtung mit ihr. „Keine Zeile der Unzeitgemäßen Nr. 4." N arbeitet jeden Tag dreizehn Stunden für seine Vorlesungen. SS 1875: Geschichte der griechischen Literatur II. Aristoteles' *Rhetorik* (Fortsetzung). Im Seminar: Kritische Übungen in bezug auf die Geschichte der griechischen Literatur. Resignierter Brief an Wagner zu dessen Geburtstag (22. Mai). Befinden weiter schlecht: „... Immermann kurirte auf so etwas wie ein Magengeschwür, und ich erwartete immer Bluterbrechen" (an Gersdorff, Juni). An Rohde, 7. Juni: „Zu Unzeitgemäßheiten habe ich weder Zeit noch Kraft." „Es stand Elend mit Magen und Augen." In dieser Zeit werden die freundschaftlichen Beziehungen Ns zu Marie Baumgartner immer enger; sie schreibt an N: „... in den nur mir bekannten Winkeln und Tiefen meines Herzens kommt zu Zeiten eine ganz eigenthümliche und doch so natürliche Verwechslung und Vermischung von Ihnen und Adolf vor. Wenn ich in der Nacht nicht schlafen kann, so halte ich Ihnen Beiden die gleichen Reden – und zwar französisch – und ich gehe dabei mit Ihnen nicht ehrerbietiger um als mit Adolf; dafür bekommen Sie das gleiche Maaß von Liebe zugetheilt" (14. Juni). Adolf Baumgartner schreibt an seinem 20. Geburtstag: „... wenn ich daran denke, wie ich zum ersten Mal als Hülfesuchender vor Ihre Thüre kam und was ich alles seit jenem annus domini erlebt und erfahren, so habe ich den festesten Grund, guter Hoffnung in die Zukunft zu schreiten. Denn ich weiß wenigstens, daß ich auf einen Weg gerathen bin, der zur Vollkommenheit führt, wenn man ihn bis zu Ende gehen kann ..." (15. Juni aus Bonn). Overbeck bedauert Ns Entscheidung, die „Baumannshöhle" zu verlassen (Overbeck an N, 15. Juni aus Karlsbad). Eingabe an die Erziehungsbehörden über den *Griechischen Unterricht am Pädagogium* (24. Juni). Cosima Wagner an Gersdorff (27. Juni): „Die letzten Nachrichten von N waren in hohem Grade unerfreulich; er trennt sich von Overbeck und kommt nicht hierher!" Trotz des schlimmen Befindens liest N weiter an der Universität: „... seit dem letzten Brief hatte ich einen harten Anfall ... Jetzt muss ich ... nach einem genauen Plan des Arztes leben" (an Rohde, 5. Juli). Besuch von Paul Förster: (Antisemit, Bruder von Ns zukünftigem Schwager, Bernhard Förster): N macht diesem Verehrer „durch freie Äusserungen einen abstossenden Eindruck". Auch der Komponist Felix Dräseke besucht ihn. Längeres herzliches Gespräch mit J. Burckhardt. Carl Fuchs an N: „... Keiner, müssen Sie wissen, selbst Schopenhauer nicht, hat auf mich so gewirkt, wie Sie, die Hälfte meines Lebens verdanke ich Ihnen, ich hätte in dem widerwärtigen Taumel der ‚Jetztzeit', von der nur der Himmel weiß, wer ihr ein Ende machen soll, ohne Sie nimmer wieder zurechtgefunden."

Steinabad, 16. Juli–11. August

Für die Sommerferien zieht N am 16. Juli nach Steinabad bei Bonndorf (Schwarzwald). Bei Dr. Wiel; Ns Krankheit: „chronischer Magenkatarrh mit bedeutender Magenerweiterung". Die medizinische Behandlung scheint erfolgreich zu sein. Verschiedene Lektüre und Pläne aller Art, unter anderem ein siebenjähriger Kollegienzyklus über die Griechen; Brenner und Baumgartner als Schüler. Louis Kelterborn besucht N in Steinabad (25. Juli). Ns Freunde Overbeck, Rohde, Gersdorff in Bayreuth zu den Proben des *Ringes.* Trotz seines noch schlechten Befindens schreibt N nach Bayreuth: „Überall Desperation! Und ich habe sie nicht! Und bin doch nicht in Bayreuth!" (1. August). Die Erweiterung des Magens reduziert, „aber mit der nervösen Affektion desselben soll es eine langwierige Sache sein". Positive Bilanz von Steinabad. Am letzten Tag des Aufenthaltes (11. August), an Fuchs: „Lieber Himmel gieb, dass wir freien Geistes seien, alles andre kannst du für dich behalten."

Basel, August–Dezember

N wieder in Basel; die Schwester führt den Haushalt (neue Wohnung: Spalenthorweg 48). Vom 31. August – 7. September Rohde in Basel. N „hoffnungsreicher als in den vorigen Jahren, immer mit der paedagogisch-anthropagogischen Leidenschaft im Kopf und Herzen, und überdies gesünder". Er schreibt an seiner *Unzeitgemäßen Betrachtung* über Wagner. Cosima Wagner an Gersdorff: „Was hören Sie von Freund N? Wir wissen nichts von ihm ..." Vom 13. September – 30. September N krank. Geplanter Ausflug mit Overbeck, um einiges mit ihm „auszudenken, von dem niemand nichts weiß und wissen wird". Am 26. September, nach dem Ende seines 13. Semesters: „eine gewisse Art von Enttäuschung ...";

die *Unzeitgemäße Betrachtung* über Wagner „unpublicirbar"; „Ekel gegen Veröffentlichungen" (an Gersdorff). Eine Äußerung Burckhardts („so einen Lehrer würden die Baseler nicht wieder bekommen") läßt N an Rohde schreiben: „Das gilt also meiner Thätigkeit am Pädagogium: also zu einem ordentlichen Schulmeister hat's man wirklich gebracht, fast so nebenbei, denn bis diesen Augenblick habe ich nur mit Pflichtgefühl und ohne alles Selbstgefühl diesem Amte gedient, auch ohne Freude. Vielleicht gelingt mir's auch so nebenbei und beinahe gesagt im Schlafe noch zum Philologen zu werden" (7. Oktober). Weder die Betrachtung über Wagner noch die über die Philologie sollen gedruckt werden: „Kommt eine Zeit, wo wir einmal länger zusammen und uns in einander leben, so will ich Dir manches mittheilen: alles ist selbst erlebt und deshalb windet es sich etwas schwer von mir los" (an Rohde, im selben Brief). – Die Schwester liest ihm viel aus den Romanen W. Scotts vor. Vom 12.–21. Oktober Gersdorff in Basel zu Besuch. Heinrich Köselitz (Peter Gast) und Paul Widemann von Leipzig nach Basel, um N zu hören. Ns eifrige akademische Tätigkeit. WS 1875/76: Geschichte der griechischen Literatur III (Schluß). Altertümer der religiösen Cultur der Griechen. Im Seminar: Diogenes Laertius *Democrit.* Lektüre der *Psychologischen Beobachtungen* von Paul Rée: „Ich habe mich viel zu sehr über Ihre Psychologischen Beobachtungen gefreut, als daß ich es mit Ihrem Toten-Inkognito (‚Aus dem Nachlaß') so ernst nehmen könnte" (N an Rée, 22. Oktober). Rée aus Paris: „Vergebens suche ich nach Worten, um Ihnen die Freude auszudrücken, welche Sie mir durch Ihren Brief bereitet haben ... Ich hatte zu Ihnen eine unglückliche Liebe! Seitdem habe ich dann so oft an Sie gedacht und es immer von Neuem beklagt, daß ich nicht an Sie als einen Freund denken konnte. Von nun an werde ich es aber ... thun ... Ich habe schon manches Lob und manchen Tadel über mein Buch gehört ... Erst von heute an fasse ich volles Zutrauen zu mir selbst" (31. Oktober). Neue philologische Pläne. Überarbeitung wegen Vorbereitung der Kollegien. „Ich liege alle 14 Tage bis 3 Wochen einmal auf 36 Stunden etwa zu Bett, recht gepeinigt, in der Art, wie Du es ja kennst" (an Rohde, 8. Dezember). Adolf Baumgartner studiert unter Ns Führung Philologie. „Dr. Rée, mir sehr ergeben, hat ein ausgezeichnetes Büchlein, ‚Psychologische Beobachtungen' anonym erscheinen lassen, es ist ein ‚Moralist' vom schärfsten Blick, etwas ganz Seltnes von Begabung unter Deutschen“ (an Rohde). N liest auf Anregung von P. Widemann das *Sutta Nipata.* Neuer Besuch von Gersdorff. Gesundheitszustand: 21. Dezember, „ganz schlimm“; 22. Dezember, „ganz schlimm“; 25. Dezember: „Am ersten Weihnachtstage gab es, nach manchen immer häufiger kommenden Ankündigungen, einen förmlichen Zusammenbruch, ich durfte nicht mehr zweifeln, dass ich an einem ernsthaften Gehirnleiden mich zu quälen habe, und dass Magen und Augen nur durch diese Centralwirkung so zu leiden hatten. Mein Vater starb 36 Jahr an Gehirnentzündung, es ist möglich, dass es bei mir noch schneller geht“ (an Gersdorff, 18. Januar 1876); 27. Dezember, „sehr schwach“; 30. Dezember, „sehr schwach“.

1876

Basel, Januar–Anfang März

J. Burckhardt besucht N am 3. Januar. N wird bis Ostern vom Unterricht am Pädagogium befreit. Rekonvaleszenz, „nach einer Woche von gänzlicher Erschlaffung und schmerzhafter Zerquältheit“. N liest weiter an der Universität. Verlobung Overbecks. Im Februar werden von N die Vorlesungen an der Universität unterbrochen. „Mein Kopf ist immer noch schlimm daran, ich kann nicht lesen und schreiben“ (an Rohde, 18. Februar). Gegen Mitte Februar die Mutter in Basel. Bald darauf Paul Rées Besuch.

Veytaux bei Chillon, Genf, 6. März–Mitte April

Gersdorff in Basel; mit N am 6. März nach Veytaux bei Chillon am Genfer See. *Die Verlobten* von Manzoni gelesen. Am 29. März reist Gersdorff von Veytaux nach Wien ab. Die Mutter kehrt nach Naumburg zurück. N liest „von früh bis Nachts im Freien“ die Memoiren der Malwida von Meysenbug; darüber schreibt er später an die Meysenbug: „Ich danke Ihnen für sehr viel mehr als für ein Buch. Ich war krank und zweifelte an meinen Kräften und Zielen

... Aus Ihrem Buche entnehme ich mir jetzt Antworten auf sehr bestimmte mich betreffende Fragen ... Warum lebe ich nicht in Ihrer Nähe!" Die Schwester schreibt am 2. April: „Ich bin sehr neugierig ob Du noch nach Genf gegangen bist ... Im Ganzen scheint in Genf ein wahres Nest von Bewunderern und Bewunderinnen von Dir zu sein". Trotz des „vielen Unbehagens" Stunden „wahren Glücksgefühls" (an Overbeck, 5. April). Am 6. April nach Genf; er besucht das Haus Voltaires in Ferney: „Meine erste Verehrung galt Voltaire". Besuche in der Genfer Gesellschaft, besonders bei Hugo von Senger. Am 11. April Heiratsantrag an Mathilde Trampedach (später dritte Frau H. von Sengers), die er nur wenige Stunden zuvor kennengelernt hat.

Basel, Mitte April–Juli

Gegen Mitte April Ns Rückkehr nach Basel. Bedeutende Briefe an die Freunde: „Ich bin viel gesünder und recht innerlich befreiter, hoffnungsvoller, meinen Plänen und Zielen wiedergegeben – nach einer schweren fast unausstehlichen Zeit, wo ich an allem verzweifelte" (an Rohde). „Ich fand das ‚gute Gewissen' wieder, bis jetzt zu meiner Befreiung soviel gethan zu haben als ich konnte und damit auch andern Menschen einen wahren Dienst gethan zu haben ... Ich erfahre es, welchen Einfluß ich jetzt schon habe und würde mich selbst nicht nur, sondern viele mit mir wachsende Menschen schädigen oder vernichten, wenn ich schwächer und skeptisch werden wollte" (an Gersdorff); „habe mich selbst ... wieder gefunden ... Ich verehre, sobald ich mir wiedergegeben bin, nur Eins stündlich und täglich, die moralische Befreiung und Insubordination und hasse alles Matt- und Skeptischwerden" (an Romundt). Am 21. April Brief von Josef R. Ehrlich aus Wien „im Namen Ihrer begeisterten Verehrer in der hiesigen Universität". Ende April schlägt Malwida N vor, mit ihr und Albert Brenner in dem kleinen Ort Fano am Adriatischen Meer ein Jahr zu verleben. Daraufhin erwägt N einen Urlaub von Oktober 1876 – Oktober 1877. Der einjährige Urlaub wird vom Basler Erziehungscollegium am 2. Juni bewilligt. SS 1876: Die vorplatonischen Philosophen. Über Platons Leben und Lehre. Im Seminar: Hesiod. N arbeitet wieder an der *Unzeitgemäßen Betrachtung* über Wagner; Peter

Gast ist ihm behilflich. Umfangreicher Brief an Rohde über dessen Werk *Der griechische Roman und seine Vorläufer* (23. Mai). Er hört bei Burckhardt griechische Kulturgeschichte. Zum ersten Mal erfährt N durch Rée von Heinrich von Stein: „Einen Welttheil, einen Kometen oder sonst Etwas zu entdecken, mag verdienstlich sein, – aber was sagen Sie zu der Entdeckung eines Menschen? Eine solche habe ich heute vor 8 Tagen Mittags zwischen 12 und 1 Uhr gemacht: Ein Jüngling von 19 Jahren, mit einer Feuerseele, einer edlen Erscheinung, leuchtenden Augen und einer tiefen Empfänglichkeit für alles Große in jedem Genre, besonders Musik! Im Grunde aber ist dieses Prachtexemplar, – was mich denn doch am meisten freut – ein Philosoph. Sie werden es auch zu sehen bekommen; denn ich habe ihm Basel bereits so schön ausgemalt, daß er vor Begierde brennt, sich dort einzufinden ..." (Rée an N, 30. Mai). (Ende November 1877 schreibt Rée noch einmal über Heinrich von Stein: „Der jetzt immer erst 20jährige Jüngling beschäftigt sich mit der Herausgabe einer Schrift ‚die Ideale des Materialismus' ... Seine Gedanken sind jetzt besonders auf den Zukunftsstaat gerichtet, der nach ihm sehr socialdemokratisch ausfallen dürfte ... Anfang Januar geht er wahrscheinlich nach Rom. Ich fürchte, daß Ihnen Besuche jetzt nicht angenehm sind; sonst würde ich ihn über Basel zu dirigieren suchen. Er ist auch verwandt mit Gersdorff, doch kennen sich die beiden Vettern noch nicht ..." In Wirklichkeit hat Gersdorff Stein schon im Juni 1877 kennengelernt, vgl. Gersdorff an N, 24. Juni 1877. Im Winter 1877/78 wird Stein durch die Empfehlung Rées bei Malwida von Meysenbug in Rom eingeführt. Diese schreibt an N am 30. April 1878: „Rées Freund, Stein, ist ein ausgezeichneter junger Mensch. Er ist mir sehr lieb geworden und ich habe ihn ungern gestern scheiden sehen. Er hat mir einen vollständigen Cursus Dühringscher Philosophie gegeben, welcher mich sehr interessirt hat und mir grosse Sympathie für Dühring einflösste da ich bereits für mich zu einigen seiner Resultate gelangt war. Dennoch scheint mir erst in der Verschmelzung seiner mit Schopenhauer's Ideen, und mit Streichung einiger Behauptungen von Beiden, die, der Wahrheit vielleicht am nächsten kommende Anschauung zu liegen." Durch die Vermittlung Malwidas kommt Stein am 20. Oktober 1879 nach Bayreuth als Erzieher von Siegfried Wagner.)

Anfang Juli erscheint *Richard Wagner in Bayreuth*. In Bayreuth freudige Aufnahme der Schrift. Begeisterung der Meysenbug. N an Rohde (7. Juli): „Zur Schrift selber kein Wort, höchstens ein Aufathmen.“ Ns Gesundheit wieder schlecht. Erste Aufzeichnungen über den *Freigeist.* Rohdes Verlobung: N schreibt ihm das Gedicht „Es geht ein Wandrer durch die Nacht ...“ (im Brief vom 18. Juli; vgl. auch Bd. 8, 17 [31]).

Bayreuth, 23. Juli–27. August; Basel, September

Am 23. Juli N in Bayreuth zu den Festspielen. Overbeck heiratet am 8. August. Sehr schlechter Zustand Ns während der Proben. „Flucht“ nach Klingenbrunn (6.–12. August). Die Schwester, nach Auflösung des Haushalts im Spalenthorweg, in Bayreuth; sie schreibt u.a. am 8. August nach Klingenbrunn: „Wagner begrüßte mich in einer Zwischenpause und ‚Du möchtest nur kommen seine Kompositionen hätten Dir immer gefallen!‘ er war so drollig.“ Am 12. N wieder in Bayreuth. Bekanntschaft mit Reinhart von Seydlitz und Louise Ott. Bruch mit Fuchs. Am 27. August mit E. Schuré und Paul Rée auf der Rückreise nach Basel. Zuverlässige Zeugnisse über Ns Bayreuther Aufenthalt sind recht spärlich und fragmentarisch. So berichtet z.B. A. Wallnöfer über einen unbeabsichtigten Besuch mit N im Bayreuther Irrenhaus während eines gemeinsamen Spaziergangs. N scheint sich besser zu fühlen, seit seine Freunde – Gersdorff, Rohde, Overbecks und besonders Rée – in Bayreuth eingetroffen sind. „... ich würde mich sorgen, wenn nicht Herr Dr. Rée bei Dir wäre. Uebrigens ist mit Euch der Geist des Frohsinns und der heitern Philosophie gezogen, bei uns ist es inzwischen ziemlich öde und wenn es auch ziemlich lärmend zugeht, so fehlt doch unsre Ecke, jene glücklich innere Verbrüderung welche sich schon durch unsre gemeinsame Lachlust zeigte.“ (Elisabeth an N aus Bayreuth, 30. August)

Schlechter Zustand der Augen: Rée liest N vor. Der Augenarzt Schieß notiert zu einer Untersuchung Ns am 30. August: „Klagt wieder über sehr heftige Schmerzen im Kopf, die sich bis zum Brechen steigern; nur bei völliger Ruhe gehts gut ... soll Atropin einträufeln und in 8 Tagen wiederkommen.“ Briefe Ns an Louise Ott: „Es wurde dunkel um mich, als Sie Bayreuth verliessen“. Aus Berlin „dithyrambischer“ Brief von Seydlitz (3. September). Lange

Berichte der Schwester aus Bayreuth und Naumburg über den Ausklang der Festspiele. Marie Baumgartner übersetzt *Richard Wagner in Bayreuth* ins Französische. In diesen Wochen bewohnt N das freigewordene Zimmer Overbecks in der „Baumannshöhle". Diktat an Peter Gast *(Die Pflugschar)*.

Bex, Reise nach Sorrent, Sorrent, Oktober–Dezember

Am 1. Oktober N mit Rée in Bex: „die Flitterwochen unserer Freundschaft", schreibt Rée dazu ein Jahr später: „das abgesonderte Häuschen, der hölzerne Balcon, die Weintrauben und Le Sage vollendeten das Bild eines vollkommenen Zustandes, – auch wenn Stella nicht gewesen wäre ..." Weitere Aufzeichnungen über den *Freigeist*. Von Bex nach Genua. Auf der Durchreise nach Genua in Genf, wo Albert Brenner sich ihnen zugesellt. Die von N geplante Begegnung in Genf mit Senger kommt nicht zustande. Am Tag vor der Abreise von Bex erinnert sich N noch seiner „Genfer Liebe" und schreibt an die Schwester: „Das Bild machte mich sentimental. Gefiel es Dir?" (18. Oktober). Die Antwort der Schwester erhellt, daß Mathilde Trampedach gemeint ist: „Du fragtest mich mein Lieber wie mir das Bild gefallen hat? Denke Dir es hat auch mich damals sentimental gemacht, als ich aber schließlich hörte, daß sie ziemlich leidend ist und den Winter in Cannes zubringen muß und als Senger *[in Bayreuth]* sehr blühend ihre innige Freundschaft für ihn schilderte, so war ich doch recht froh, daß dieses so höchst anziehende Gesichtchen nicht dasjenige meiner Schwägerin war, denn Senger ist ein sonderbarer Gegenstand für eine Mädchenfreundschaft, die arme Seele hat keinen guten Geschmack" (aus Naumburg, 28. Oktober). N fragt noch einmal bei Senger fast ein Jahr später an: „Was machen die beiden guten Mädchen, deren Bekanntschaft ich Ihnen damals verdankte? Mit großem Bedauern hörte ich von einem leidenden Zustande der älteren" (4. Juli 1877, der letzte erhaltene Brief Ns an Senger).

Reisebekanntschaft mit Isabelle von der Pahlen. Drei Tage in Genua. Seefahrt Genua-Neapel, mit Zwischenlandung in Livorno und Ausflug nach Pisa. Ankunft in Sorrent am 27. Oktober. Besuch bei Familie Wagner. Nach späteren Äußerungen Ns soll Wagner ihn damals vor Rée „gewarnt" haben, auch ist vielleicht das Gespräch

Wagners mit N über den Parsifal in diese Tage zu verlegen; N schreibt 1886: „er begann vom ‚Blute des Erlösers' zu reden, ja es gab eine Stunde, wo er mir die Entzückungen eingestand, die er dem Abendmahle abzugewinnen wisse …" Wagner verläßt Sorrent Anfang November. Ns Großmutter Wilhelmine Oehler stirbt am 3. November, am 6. sein Lehrer F. Ritschl; N sehr betrübt. An Cosima: „Fast alle Nächte verkehre ich im Traume mit längstvergessenen Menschen, ja vornehmlich mit Todten. Kindheit Knaben- und Schulzeit sind mir ganz gegenwärtig … Für die nächsten Baseler Jahre habe ich mir die Vollendung einiger philologischen Arbeiten vorgenommen … Bin ich mit den Philologica wieder in Ordnung, so erwartet mich Schwereres: werden Sie sich wundern, wenn ich Ihnen eine allmählich entstandene, mir fast plötzlich in's Bewußtsein getretene Differenz mit Schopenhauer's Lehre eingestehe? Ich stehe fast in allen allgemeinen Sätzen nicht auf seiner Seite; schon als ich über Sch. schrieb, merkte ich, daß ich über alles Dogmatische daran hinweg sei; mir lag alles am Menschen. In der Zwischenzeit ist meine ‚Vernunft' sehr thätig gewesen – damit ist denn das Leben wieder um einen Grad schwieriger, die Last größer geworden! Wie wird man's nur am Ende aushalten?" (19. Dezember).

1877

Sorrent, Januar–Anfang Mai

Den ganzen Winter hindurch wird von der kleinen Gemeinde in Sorrent viel gemeinsam gelesen, u. a.: Voltaire, Diderot, Burckhardt, Ranke, Thukydides, Herodot, Lope de Vega, Calderon, Cervantes, Moreto, Michelet, Daudet, Ruffini, Turgenev, Charles de Rémusat, Renan, Neues Testament, A. Herzen, Mainländer. Gemeinsame Ausflüge nach Castellammare, Massa, Capri, Neapel, Pompeji. Zahlreiche Aufzeichnungen Ns. Rée schreibt den *Ursprung der moralischen Empfindungen* zu Ende. Albert Brenner arbeitet an einer Novelle, die Meysenbug an einem Roman. Pläne einer „Schule der Erzieher", „auch modernes Kloster, Idealkolonie, université libre genannt". N liest A. Spir (*Denken und Wirk-*

lichkeit). Heinrich Harts Brief an N über die *Geburt der Tragödie* (4. Januar). 13. Februar Ausflug nach Neapel zum Karneval. Am 14. läßt N seine Augen von Prof. Schrön untersuchen. Schrön diagnostiziert ein neuralgisches Leiden und nicht die von N gefürchtete Hirngeschwulst, auch empfiehlt er ihm zu heiraten. Im Museum zu Neapel. Nach Posillip. Am 15. wieder nach Sorrent. Bericht der Meysenbug in einem Brief aus Sorrent an Olga Monod: „Mittwoch morgen ging Nietzsche mit Brenner zum Arzt. Ich mit Rée in das Museum ... Nietzsche und Brenner kamen auch hin. Nietzsche hatte große Freude an den herrlichen Sachen und sagte auch: nirgends auf der Welt könne man das griechische Alterthum so studieren wie in diesem Museum ... Danach gingen wir auf S. Lucia unten ans Meer und frühstückten Austern ganz frisch, in freier Luft mit Asti spumante dazu ... Dann fuhren wir auf den Posillip und sahen die herrlichste Beleuchtung der untergehenden Sonne auf Golf, Bergen und Stadt. Nietzsche sagte, ihm fiele dabei nur das Benediktus aus der großen Messe von Beethoven ein, als die einzig passende Musik zu solchem Anblick. Abends nach dem Essen saßen wir auf meinem Zimmer sehr vergnügt, da es Nietzsche gut ging, auch der Arzt nach einer Seite hin Tröstliches gesagt und wir meinten, so einen guten Aschermittwoch feierten wohl wenige ... der arme Nietzsche war gestern wieder so krank, daß er zu Bett bleiben mußte ... der Arzt hat 2 Alternativen gestellt: entweder das Übel könne ganz plötzlich aufhören, oder aber es könne eine beinahe völlige Schwächung der Gehirntätigkeit zur Folge haben, wenn nicht in den guten Tagen die äußerste Schonung beobachtet werde; seine Augen sind nun schon wieder schlimmer geworden, so daß seine Zukunft als Philologe beinahe jetzt schon als unmöglich erscheint." (16. Februar) Verschiedene Heiratspläne werden den ganzen Sommer hindurch in Sorrent von N mit der Meysenbug und der Schwester erörtert. „Hier redet man mir zu in Bezug auf Natalie Herzen ... Aber 30 Jahre ist sie auch, es wäre besser, daß sie 12 Jahre jünger wäre. Sonst ist ihre Art und ihr Geist recht gut zu mir passend" (an die Schwester, 31. März). Bei diesen Plänen kommen auch schweizerische Bekanntschaften Ns in Betracht: so Berta Rohr in Basel und die „kleine Köckert", Tochter eines Genfer Banquiers. Die Meysenbug will verschiedene „Wesen" für den Sommer in die Schweiz einladen, um die Heirat Ns zu fördern. In Naumburg bespricht die Schwester sehr eifrig die ganze

Angelegenheit mit Rée und Rohde im Frühjahr 1877. „Naumburger“ Versuch der Mutter: „... Ich kann aber nicht von dem Gedanken loskommen, daß wenn Du Dich verheirathetest, Dein Leiden gehoben wäre. Du hast mehr das Oehlersche Blut und Edmund litt ja ganz in der Art. Sidönchen sagte seine Augenpupillen wären oft von einer Größe gewesen, die das Schlimmste befürchten liesen und Kopfschmerzen und Verstimmtheit, so daß er durchaus aus seinem Amte wollte usw., und jetzt ist er der gesündeste Mann ... er war gerade wie Du, auch eine so vollblutige Natur. Gieb etwas mein Herzenssohn auf den Rath Deiner Mutter welche leider auch hierin den Vater vertreten muß. Komm zu mir ich wüßte ein köstliches Frauchen für Dich, höchst liebenswürdig, gescheidt, hübsch, wohlhabend und dabei höchst einfach und sauber“ (31. August 1877, aus Naumburg). Nach den Briefen Ns im Sommer 1877 zu urteilen, macht er trotz allem Zureden der Freunde und Verwandten und gelegentlichen persönlichen Schwanken die z.T. merkwürdigen Heiratspläne ohne innere Überzeugung mit: „Die Verheirathung, sehr wünschenswerth zwar – ist doch die unwahrscheinlichste Sache, das weiß ich sehr deutlich!“ (an die Schwester, 2. Juni)

Malwida an Olga Monod: „Wer hat denn von außerhalb Paris gesagt, die Knäblein *[N, Rée, Brenner]* profitiren von mir? Nein es ist nicht wahr“ (3. März). Möglicherweise stammt das Gerücht über die von Malwida profitierenden „Knäblein“ (die Bezeichnung ist von Wagner) aus Bayreuth; am Ende ihres Sorrentiner Aufenthalts schreibt z.B. Cosima Wagner an Marie von Schleinitz: „Mit Malwida brachten wir acht Tage zu, und wir werden uns in Neapel von ihr trennen, da sie wieder durch ihre ins Sagenhafte gehende und beständig realistisch mißbrauchte Güte einen Haufen Verpflichtungen auf sich gelegt hat, in denen sie wie in einem Netz steckt.“ Bei Gelegenheit einer Auseinandersetzung über den *Milden Welf* von Karl Ritter, Shakespeare und die spanischen Dramatiker, welche damals in Sorrent von den Freunden gelesen wurden, ist in einem Brief Cosimas an Malwida vom 17. April deutlich eine zunehmende Entfremdung N gegenüber zu spüren: „Ich glaube, daß in Nietzsche ein dunkler, produktiver Grund ist, von dem er selbst kein Bewußtsein hat; daher stammt das Bedeutende bei ihm, was ihn selbst dann erschreckt, während alles, was er denkt und spricht, was lichterhellt ist, wirklich nicht viel wert ist. Das Tellurische an ihm ist wichtig, das Solarische unbedeutend und durch den Kampf mit dem Tellurischen selbst beängstigend und unerquicklich ... Daß Du aber bei den Spaniern und deren Abfertigung seitens solcher Unerfahrenheit ungeduldig wurdest, begreife ich sehr ... Wenn er *[Calderon]* im ‚Leben ein Traum' ausruft ‚die größte Schuld ist das Geborensein' *[vgl. dazu Menschliches, Allzumenschliches 141]* ... so kommt es auf uns an, ihn zu verstehen und können wir ihm in den Annahmen nicht stets folgen, so bleibt uns übrig, die erstaunliche Kraft des Dramatikers und die unvergleichliche Zartheit des Lyrikers in den gestreuten Sonetten zu bewundern. Ich gebe zu, daß seine Auffassung der Stoffe der Dogmen zuweilen abstoßend sich äußert, beinahe jesuitisch spitzfindig ist ... Ein großes Geistesarmutszeugnis geben sich diejenigen, welche von so mächtigen Flügeln sich nicht tragen lassen, wohin sie auch führen. Freilich mögen die Spanier im Papierkorb eines solchen Gehirns, wie Nietzsche, unruhig neben Shakespeare der Spekulation und was noch ruhen. ‚Die großen Gedanken kommen aus dem Herzen', sagt Vauvenargues: ein Wort, welches auf Nietzsche anzuwenden ist, denn seine großen Gedanken kommen ihm sicher nicht aus dem Gehirn, sondern aus was? Ja, wer es sagen könnte ... Sehr froh aber bin ich, daß Du auf die neuen Vorschläge Nietzsches *[nach Castellammare umzuziehen: dieser Plan wurde dann aufgegeben]* nicht eingehst und nicht wiederum alles für alle tust."

Ehepaar Seydlitz in Sorrent. Abreise von Rée und Brenner. „Nichts ist oeder als Ihr Zimmer ohne Rée" (an Rée, 17. April). Der Arzt und Wagnerianer Otto Eiser aus Frankfurt lädt N zu einem Vortrag im Frankfurter Wagner-Verein ein (14. April), Ns Absage. Umgang mit dem Ehepaar Seydlitz. Ns Befinden bleibt schlecht: „Innerhalb 14 Tagen lag ich 6 Tage zu Bett mit 6 Hauptanfällen, der letzte ganz zum Verzweifeln" (an die Schwester, 25. April). N will eine „vermögliche" Frau heiraten und die Professur niederlegen.

Von Sorrent nach Ragaz, Ragaz, Mai–Anfang Juni

Er verläßt Sorrent am 8. Mai, um eine Kur in Pfäffers bei Ragaz zu versuchen. Sehr schlechte Schiffsreise von Neapel nach Genua. Am 15. Mai in Ragaz. Overbeck besucht ihn.

Rosenlauibad, Juni–August

Anfang Juni in Rosenlauibad; an Rée: „An diesen Ort, den das Bildchen zeigt, habe ich 3 Bücher mitgenommen: etwas Neues von Mark Twain dem Amerikaner (ich liebe dessen Albernheiten mehr als die deutschen Gescheutheiten), dann Plato's Gesetze – und Sie, lieber Freund" (d.h. *Der Ursprung der moralischen Empfindungen,* damals erschienen und von Rée an N mit der Widmung geschickt: „Dem Vater dieser Schrift dankbarst deren Mutter"). Umfangreiche Aufzeichnungen Ns zu seinem neuen Buch. Dichterische Versuche. Rohde greift ein, um N davon abzuraten, die Professur niederzulegen: „Ist es nicht Deine sichtbare Pflicht, Deine große Gabe der Wirkung auf die Jugend anzuwenden und auszubilden!" (Rohde an N, 29. Juni). N an Malwida: „Im October bin ich entschlossen wieder nach Basel zu gehn und meine alte Thätigkeit aufzunehmen. Ich halte es nicht aus ohne das Gefühl, nützlich zu sein" (1. Juli). Neuer bedeutender Briefwechsel mit dem Musiker Carl Fuchs. Zwei Wochen (10.–24. Juli) mit der Schwester in Zug bei Luzern. Bekanntschaft und Freundschaft mit Otto Eiser. Ende Juli–Ende August wieder in Rosenlauibad. Reinhart von Seydlitz läßt N seine Novelle *Im toten Punkt* lesen und beurteilen. Paul Deussen schickt ihm sein Werk: *Die Elemente der Metaphysik;* N: „Dein Buch dient mir als eine glückliche Ansammlung alles dessen, was ich nicht mehr für wahr halte. Das ist traurig! ... Schon als ich meine kleine Schrift über Schopenhauer schrieb, hielt ich von allen dogmatischen Puncten fast nichts mehr fest; glaube aber jetzt noch wie damals, dass es einstweilen höchst wesentlich ist, durch Schopenhauer hindurch zu gehen und ihn als Erzieher zu benutzen. Nur glaube ich nicht mehr, dass er zur Schopenhauerschen Philosophie erziehen soll. –" (an Deussen, Anfang August) Bekanntschaft mit G. Croom Robertson, Herausgeber der englischen philosophischen Zeitschrift *Mind,* an der „alle philosophischen Größen (Spencer, Tylor, Maine, Darwin, usw. usw.)" arbeiten. Mitte August Rohdes Heirat. N an Rohde, 28. August: „Soll ich Dir von mir erzählen? Wie ich immer, schon zwei Stunden bevor die Sonne in die Berge kommt, unterwegs bin, und dann namentlich in den langen Schatten des Nachmittags und Abends? Wie ich mir vielerlei ausgedacht habe und mir so reich vorkomme, nachdem dies Jahr mir endlich einmal erlaubt hat, die alte Moosschicht täglichen Lehr- und Denkzwanges einmal abzuheben? So wie ich hier lebe, ertrage ich es selbst mit allen Schmerzen, die mir freilich auch auf die Höhe gefolgt sind, – aber dazwischen giebt es so viele glückliche Erhebungen des Gedankens und der Empfindung." Malwida in der Schweiz mit der Familie Monod; Gabriel und Olga bei N zu Besuch. N liest mit Begeisterung den *Entfesselten Prometheus* von Siegfried Lipiner.

Basel, September–Oktober

Ab Anfang September N in Basel mit der Schwester in der neuen Wohnung, Gellertstraße 22. Am 8. September Besuch der Meysenbug und der Ehepaare Monod und Seydlitz in Basel. N läßt Gast seine Aufzeichnungen zum neuen Werk abschreiben. 13.–19. September Besuch Ns bei dem Ehepaar Overbeck in Zürich (Haus Falkenstein, bei Frau Louise Rothpletz, der Mutter von Frau Ida Overbeck). G. Croom Robertson meldet aus London: „In Wundt's article on Philosophy in Germany about to appear in *Mind,* he refers to your Unzeitgemässe Betrachtungen" (20. September). In der ersten Oktoberwoche in Frankfurt bei Otto Eiser. WS 1877/78: Religiöse Altertümer der Griechen. Im Seminar: Aeschylos *Choephoren.*

Die Schwester besorgt um den geistigen Zustand Ns; „Im Herbst 1877 entsetzte sie mich durch die umständliche Entwerfung der Gründe, die ihren Bruder wahrscheinlich ins Irrenhaus brächten" (Ida Overbeck in einer hinterlassenen Aufzeichnung vom 1. September 1909). Eine Gruppe von Verehrern aus Wien schreibt N zu dessen Geburtstag (15. Oktober); der Brief ist unterzeichnet: Siegfried Lipiner, Max Gruber, Victor Adler, Sigmund Adler, Heinrich Braun, Engelbert Pernerstorfer, Seraphin Bondi (vgl. Bd. 8, 40 [24]). Briefwechsel Ns mit dem „ungarischen Edelfräulein" Irma Régner von Bleyleben in Wien. Lipiner schreibt im Begleitbrief zur „Wiener Adresse": „Heute ist Ihr Geburtstag. Daran denken wir in Wien vielleicht mehr, als Sie selbst. Ich hatte mit mehreren Freunden schon vor langer Zeit das verabredet, was nun geschehen ist, und habe als Glied unserer Schaar mitunterzeichnet ... Der Collectiv-Brief ... ist sehr ernst gemeint. Wir hätten viel mehr Unterschriften haben können, wenn wir's weniger strenge genommen hätten". Außerdem schickt er einen Aufsatz Volkelts über den „Prometheus" mit: „Nun, mein lieber Mithegelianer ... Was sagen Sie dazu? – Dieser Volkelt ist übrigens ein ungemein schätzenswerther Mensch: ein sehr begabter Kopf, ein offenes Herz, ein klares Auge. Zum Unglück ist er in die Hegelei gerathen. Was er da von unserer Übereinstimmung mit Hegel sagt, ist ja ganz richtig, sofern es sich auf Das bezieht, was nicht erst Hegel, sondern schon Heraklit gesagt hat. Dagegen die absurde Weltlogik – nach Hegel's Lehrbuch gebaut – und vor allem den Hauptkrebsschaden, die platte Auffassung der Zeit, ist Volkelt nicht los geworden, und das schädigt ihn überall. Ich habe viel an ihm gearbeitet und werde es noch wieder thun. Es ist der Mühe werth. Er ist sehr ehrlich. – Was er gegen Ihre Auffassung des Liedes sagt, beruht auf einem einfachen Misverständnis. – Er ist nicht musikalisch und kennt auch Wagner kaum ... Ihr Buch kann ich kaum erwarten. Bitte, wie stehen Sie zu F.A. Lange? ... Ich verehre ihn hoch". Zur nicht erhaltenen Antwort Ns schreibt Lipiner: „Meine Freunde waren sehr bestürzt. Ich habe es ihnen angesehen, wie es ihnen tiefstes Weh erweckte, Sie so gequält zu wissen. Für Ihre schönen Worte, die uns alle gerührt und gestärkt haben, sei Ihnen Dank übermittelt" (3. November). Durch Lipiner auf die Schriften Ns aufmerksam gemacht, schreibt zur gleichen Zeit Emerich Du Mont: „Setzen Sie mich ... auf die Liste Ihrer wärmsten und aufrichtigsten Verehrer ... Meine Verehrung für den großen Schopenhauer und meine Abneigung für den ‚Bildungsphilister' David Strauß ermuthigen mich zu diesem Schritte, obgleich ich in meiner beiliegenden Schrift *[„Der Fortschritt im Lichte der Lehren Schopenhauers und Darwins". Leipzig 1876, in Ns Bibliothek]* historisch philosophire, was übrigens bei Erörterung meines Themas nicht leicht zu vermeiden war. Keinesfalls verkenne ich die Werthlosigkeit des historischen Philosophirens, weshalb ich für meine Schrift auch nur die Bedeutung eines lusus ingenii in Anspruch nehme" (aus Graz, 14. Oktober). N bleibt eine Weile mit Du Mont im Briefwechsel, seine Briefe an ihn scheinen nicht erhalten zu sein. N bittet um Verlängerung seines Urlaubs vom Pädagogium (17. Oktober); das Gesuch wird vom Erziehungsrat bewilligt; er wird von seinen Lehrverplichtungen am Pädagogium bis Ostern 1878 entlastet.

November–Dezember

N an Rée: „... ich muss Ihnen doch sagen, dass ich in meinem Leben noch nicht so viel Annehmlichkeiten von der Freundschaft gehabt habe, wie durch Sie in diesem Jahre, gar nicht von dem zu reden, was ich von Ihnen gelernt habe ...“, und über die Verehrer in Wien: „Dort ist jetzt ein wahres Nest von Leuten, welche den zweifelhaften Geschmack haben, meine Schriften zu schätzen (Sie wissen, ich selber bin ein wenig über diesen Standpunkt hinaus), aber es scheinen mir tüchtige Menschen darunter zu sein, und einer davon ist ein Genie: derselbe Lipiner, von dem Sie mir zuerst schrieben. Auch ein ungarisches Edelfräulein, in Wien lebend, bedient sich jetzt meines Beirathes in religiösen Seelensorgen. Für solche Fälle muss ich mir ein Verzeichnis von Büchern anlegen, welche den ganzen Cursus der Freigeisterei enthalten: die ‚Memoiren einer Idealistin‘ sollten den Anfang, Sie selber den Schluss dabei machen ...“ (19. November). Rée antwortet aus Berlin: „... Übrigens dürfen Sie sich als das Haupt einer unsichtbaren Kirche betrachten, deren Anhänger weit zahlreicher sind, als Sie selbst glauben. Mein hiesiger Buchhändler sagt mir, daß er einen großen Kreis habe, der Ihre Schriften stets mit Begeisterung entgegennehme; unter ihnen, mit Verlaub zu sagen, auch Prinz Georg ... Somit tauchen die Umrisse des modernen Klosters, mit Ihnen als Pontifex maximus, Papst, Prior, doch immer wieder einigermaßen deutlich vor mir auf. Es giebt so viele brauchbare Mitglieder! So war in den letzten Tagen auch Stein wieder hier ...“ (Ende November). Am 3. Dezember schreibt N an Schmeitzner, um zu erfahren, ob er sein Werk drucken will.

N greift mit einem scharfen Brief in eine verwickelte Liebesgeschichte Carl von Gersdorffs ein, um Malwida von Meysenbug gegen die – von ihm als unberechtigt betrachteten – Vorwürfe seines Freundes zu verteidigen. Bruch der Freundschaft. Ende Dezember zudringlicher Brief Lipiners, der seine „Dienste“ für die *Bayreuther Blätter* anbieten möchte. Cosima Wagner an Elisabeth: „Wir haben uns einmal wieder ganz eingesponnen, und Dein Bruder hätte das alte Tribschener Christfest hier wiedergefunden, wenn er uns hätte besuchen können, die Welt ist uns wieder einmal so fern ab, wie damals, und ihr Gutes und ihr Böses hat uns wenig an, das bewirkte Parsifal. Dein Bruder sollte ein Exemplar in Händen haben, aber Senfft *[Wagners Buchbinder]* hat uns in Stich gelassen. Binnen Kurzem soll er fertig sein ..." (29. Dezember)

1878

Januar–Februar

„Wieder sind, während der Weihnachtsferien, böse böse Tage an mir vorbeigezogen" (N an Seydlitz, 4. Januar). Am 3. Januar kommt von Wagner *Parsifal* (die Dichtung) in Ns Haus: „Mehr Liszt als Wagner, Geist der Gegenreformation" (an Seydlitz). Reinhart von Seydlitz schrieb schon am 30. Dezember 1877: „Den Weihnachtsabend hatten wir uns für die Lektüre des Parsifal reservirt. Gleich nach Beendigung derselben hätte ich Ihnen telegraphiren mögen, aber nichts weiter, als den Ausdruck meines Gesichts. Der muß zum Malen gewesen sein; verblüffter und dümmer habe ich – und das besagt viel – nie ausgesehen. Das ist Parsifal? – Das war mein einziger Gedanke. Misfallen hat mir nichts daran. Aber gefallen ... höchstens Kundry – alles andre ist gegen die früheren Werke klein, trocken, schwunglos, fremd. Sagen Sie mir, ich beschwöre Sie, ein Wort über den Eindruck den es Ihnen gemacht hat ..." Eiser dagegen schreibt am 21. Januar einen begeisterten Brief mit einem Interpretationsversuch. Er sieht u.a. im Parsifal „das Hervorleuchten desselben göttlichen Grundgedankens, welcher durch alle Autos sacramentales Calderons zu verfolgen ist, – durch dieselben Dramen, welche allzeit, glaub' ich, dem Höchsten der dramatischen Dichtung zugezählt werden müssen. Überhaupt hat sich mir ... beim Durchlesen des Wagnerschen Parsifal der Vergleich mit den Fronleichnamspielen des größten spanischen Dramatikers aufgedrängt." Als Antwort auf die Sendung des *Parsifal* läßt N durch die Schwester die Interpretation Eisers nach Bayreuth schicken. Cosimas gereizte Antwort am 20. Februar 1878: „... Anbei mit Dank die Einlage von Herrn Eiser zurück. Sie hat mich sehr interessirt, wenn ich auch einer gänzlich entgegengesetzten Ansicht bin, und wenn ich schon ‚Parsifal' mit den ‚Autos' vergliche, ich nur das absolut unterschiedliche der beiden Dichtungen hervorheben würde. Auch hat Parsifal für mich nichts allegorisches. Calderon hat kirchliche Dogmen mit seinem Genius für das Volk dramatisirt, und ‚Parsifal' hat mit keiner Kirche ja mit keinem Dogma etwas gemein, denn in ihm wird das Blut zu Brod und Wein, während in der Eucharistie es umgekehrt ist. Parsifal knüpft an das Evangelium an und sein Dichter gestaltete und schuf weiter, jedes Bestehende unbeachtend. Der Dichter der Autos ging stets von einem bestehenden Glauben und Lehrsatz aus und liess den durch allegorische Figuren in ihrem gewiss wunderbar lebendigen Handeln beweisen. Nicht nur dass diess sich nicht ähnlich sieht, sondern es ist entgegengesetzt wie Licht und Finsterniss". Malwida an Elisabeth: „Was haben Sie Beide zum Text des Parsifal gesagt? Ich finde ihn unsäglich schön. Die Gestalt der Kundry ist das Genialste was Wagner geschaffen und dass er gerade die aus all den Frauen des Gedichts genommen. Wie himmlisch werden die Chöre der Gralsritter, der Jünglinge und Knaben werden." (27. Januar)

Mitte Januar trifft das fertige Druckmanuskript zu *Menschliches, Allzumenschliches* bei Schmeitzner ein. Verhandlungen über ein pseudonymes Erscheinen scheitern am Widerstand Schmeitzners. Korrekturlesen unter Mitarbeit von Gast und Widemann. Eiser an Overbeck: „Die Abhängigkeit der cephalalgischen Zufälle von dem Augenleiden war die schwache Hypothese, welche mir, wenn auch nicht Heilung, aber doch vielleicht Linderung und erträgliches Hinziehen der Leiden Nietzsches denkbar machte. Aber daneben stand immer die andere Alternative eines selbständigen grob-materiellen Gehirnleidens mit einer weit trostloseren Prognose. Die schlimme Möglichkeit scheint durch die Beobachtung des Baseler Kollegen *[Rudolf Massini]* zur schlimmen Gewißheit geworden ..." (9. Februar). Nach dem gleichzeitigen Gutachten Massinis zur Entlassung Ns vom Pädagogium leidet N an „einer hochgradigen Überreizung seines Nervensystems".

Mehrere Briefe, die dem Wagnerianer und Schopenhauerianer N gelten. Otto Busse schreibt aus Berlin: „Da ich ... wenig gelernt hatte, gelang es mir erst allmählig und nach manchem Bemühen in den Sinn Ihrer Schriften einzudringen; fand nun aber Alles, was ich bewußt auch unbewußt lange vergebens angestrebt und gesucht hatte, denn ich habe vier Knaben und gehöre zu den Vätern, denen die Erziehung ihrer Kinder am Herzen liegt" (18. Februar). Der junge Wagnerianer, Ludwig Schemann, zum Geburtstag Schopenhauers: „Seit ich damals in Bayreuth das mir nur zu flüchtige Glück einer kurzen persönlichen Besprechung mit Ihnen genoß, blieb es mein glühendster Wunsch, meine schönste Hoffnung, noch einmal dahin zu gelangen, daß ich ... zu Ihren Füßen niedersitzen, von Ihnen lernen, Sie ganz verstehen lernen möchte, wie ich Sie ganz lieben gelernt hatte! ... ich weiß, daß für unsere Sache ein wahrhaft gedeihlicher Fortgang nur möglich ist, wenn Sie ihr leben ..." (22. Februar). Der vereinsamte Julius Bahnsen, durch E. Du Mont zu einer „genaueren Lektüre" der Schriften Ns veranlaßt, schreibt ebenfalls „unter dem Stern des heutigen neunzigjährigen Geburtstag": „...trotz ... fundamentalen Abweichungen bleiben, glaube ich, zwischen uns doch der Berührungspunkte genug, ja wirklicher Coinzidenzpunkte prinzipieller Auffassungen. Auch Sie betonen ja mit Vorliebe den Ur- und Welt-Widerspruch, welcher das Thema meiner ‚Realdialektik' ausmacht; auch Sie sind ein offener Verächter materialistischer Logik und warmer Verfechter intuitiver Erkenntniß, und bis in Einzelheiten hinein ist der Consensus unserer Meinungen oft ein frappanter" (aus Lauenburg in Pommern, 22. Februar).

Baden-Baden, Naumburg, Anfang März–23. April

Seit Anfang März hydrotherapeutische Kur in Baden-Baden. Am 7. März wird N endgültig vom Unterricht am Pädagogium befreit. Am 5. April in Naumburg. Gast in Italien; er schreibt Ns *Manfred-Meditation* ab. N an Hillebrand: „Nach einem Winter schwerer Erkrankung genieße ich jetzt im Wiedererwachen der Gesundheit Ihre vier Bänd ‚Zeiten, Völker und Menschen' und freue mich darüber wie als ob es Milch und Honig wäre. O Bücher, aus denen eine europäische Luft weht, und nicht der liebe nationale Stickstoff! Wie das den Lungen wohlthut!" (gegen Mitte April) 16.–18. April: N trifft mit Paul Rée und seinem Verleger in Leipzig zusammen. Darüber an Rée: „Leipzig habe ich allerdings büssen müssen, aber Sie haben mich büssen müssen (mein Patiententhum usw.), das war schwerer, und wie gütig haben Sie es ertragen!" Die Korrektur von *Menschliches, Allzumenschliches* beendet. N läßt seine Augen von Alfred Gräfe in Halle untersuchen. Ausflug mit Paul Rée und Erwin Rhode nach Dornburg. Lipiner schickt ihm seinen Vortrag *Über die Elemente einer Erneuerung religiöser Ideen in der Gegenwart* und seine Übersetzung aus Mickiewicz *Totenfeier* (beides in Ns Bibliothek). Im Begleitbrief schreibt er: „Einen starken Nebenbuhler haben Sie jetzt in meinem Herzen: Paul de Lagarde" (20. April). N über Lipiner: „Bei mir hat er sich ... durch seine wiederholten Versuche, aus der Ferne her über mein Leben zu disponiren und durch Rath und That in dasselbe einzugreifen, unmöglich gemacht" (an Seydlitz, 13. Mai).

Basel, Ende April–Ende Juli

Am 24. April reist N von Naumburg nach Basel ab. „In voller akademischen Thätigkeit". SS 1878: Hesiod *Erga*. Platon *Apologie*. Im Seminar: Aeschylos *Choephoren*. Umgang mit Paul Widemann. Gegen Ende April erhalten die Freunde *Menschliches, Allzumenschliches*. An Rée: „,... machen Sie mit dem übersandten Büchelchen, was Sie wollen. Ihnen **gehörts,** – den Andern wird's geschenkt." Rée antwortet: „O, liebster Freund, welche herrliche Überraschung! Ich bin ganz außer mir vor Vergnügen und habe mich gleich wie ein hungriges Raubthier darüber hergestürzt. Diese Gegenstände, welche mich doch schließlich von Allem am meisten interessiren, verbunden mit tausend persönlichen Erinnerungen und Anknüpfungen fast in jedem Satz – machen es für mich zu dem Buch der Bücher. Es ist mir ganz zu Muthe wie Jemandem, der etwas erlebt, das er schon vorher geträumt hatte. – Alles das hatte er schon irgendwo erfahren, gehört, gelesen, – wie nämlich ich so vieles schon aus Ihrem Munde gehört oder im Sorrenter Manuscript gelesen, – aber es war wieder halbvergessen, wie die Erinnerung eines Traumes, und nun steht es als leibhafte Wirklichkeit vor mir. Und welche Wirklichkeit! Ich sehe mein eigenes Selbst in vergrößertem Maßstabe nach außen projicirt. Darf ich etwas unverschämt sein, so lassen Sie mich sagen: was sind Sie für ein Mensch, – eben nicht Ein Mensch, sondern ein Konglomerat von Menschen: während jeder Ihrer so verschieden angelegten Freunde sich quält, das Talent – das eine, welches er gerade hat – aufzustützen und ihm Ansehen zu geben, und hierzu seine ganze

Kraft gebraucht, haben Sie alle diese verschiedenen Talente theils besser, theils ebenso gut, wie jeder einzelne von den andern. Besonders habe ich schon in ‚der christlichen Heiligkeit und Ascese' geschwelgt. Wenn die Deutschen nun nicht Psychologenfreunde werden, wandere ich nach Frankreich aus. Auch die Staffage – Titel, Format, Druck, Voltaire, Zahlen finde ich höchst glücklich, – nicht die Worte Des Cartes zu vergessen. Was Sie über mich sagen, betrachte ich weniger als verdient, wie ein zu verdienendes. Selbst nach Ihrer letzten Karte merkte ich noch nichts: ich dachte, es wäre irgend ein anderes Buch. So gut bin ich noch nie in meinem Leben überrascht worden. Tausend Grüße und danke!" Und bald darauf: „Wenn ich offen sprechen darf, so habe ich eigentlich nur durch Eckermann gerade diese Stimmung geistigen Behagens noch in ähnlicher Weise erfahren ..." Seit Anfang Mai Albert Brenner im Krankenhaus, wo er am 17. Mai stirbt. Über die Aufnahme des neuen Werks in Bayreuth berichtet Schmeitzner am 9. Mai: „Ihre neue Schrift Herr Professor hat bis jetzt noch gar nicht Fuß fassen können. Wagner hat wohl nur recht wenige Zeilen davon gelesen und das Buch bei Seite gelegt ‚um den schönen Eindruck aus Ihren früheren Schriften nicht zu alteriren'. Ich glaub', das schadet wenig; die Umgebung Wagner's liest es und todt schweigen kann man es in Wahnfried nicht. Es gehört eben etwas Zeit dazu, ehe ‚Menschliches' und Wagner zusammenkommen werden; daß Rée gekauft wird, erregte Staunen ... würden Sie den Bayreuther Blättern Ihre Beiträge noch vorenthalten, wenn es mir gelänge etwas ganz Anderes daraus zu machen?" N antwortet: „Ergebensten Dank für Ihr Schreiben: es enthielt nichts Unerwartetes, mit Ausnahme Ihrer eignen Pläne und Andeutungen, die ich nicht ganz verstehe ... wahren Sie auch in Ihren Plänen den Gedanken meiner ‚Souverainität' und Unabhängigkeit, nicht wahr? Mit Parteiblättern irgendwelcher Art habe ich nie etwas zu thun ... Inmitten meiner vollen akademischen Thätigkeit und sehr glücklich, sie wieder ganz auszuüben. Denken Sie, ich sei ein ‚Schriftsteller'?" (16. Mai)

Von der Erbitterung in Bayreuth liegen zahlreiche Zeugnisse vor. Bei Wagner selbst scheint der Zorn gelegentlich einer traurigen, wenn nicht konzilianteren Stimmung Platz zu machen. Besonders scharfe Beurteilung des Buchs in einem Brief Cosima Wagners an Marie von Schleinitz: „Das Buch von Nietzsche habe ich nicht gelesen. Das Durchblättern und einige prägnante Sätze daraus genügten mir und ich legte es ad acta. Bei dem Autor hat sich ein Prozeß vollzogen, welchen ich schon längst habe kommen sehen, gegen welchen ich nach meinen geringen Kräften gekämpft habe. Vieles hat mitgewirkt zu dem traurigen Buche! Schließlich kam noch Israel hinzu in Gestalt eines Dr. Rée, sehr glatt, sehr kühl, gleichsam durchaus eingenommen und unterjocht durch Nietzsche, in Wahrheit aber ihn überlistend, im Kleinen das Verhältnis von Judäa und Germania ... Malwida leugnet durchaus den bösen Einfluß von Dr. Rée, welchen sie sehr gern hat ... Auch bittet sie mich, Nietzsche nicht aufzugeben, aber ich habe für jeden Satz, den ich gelesen, einen Kommentar, und ich weiß, daß hier das Böse gesiegt hat. Es ist sehr traurig durch den Eindruck, den es auf unsere Freunde macht. Der junge Dr. Schemann beklagt das Buch, aber findet es das Schönste, welches geschrieben worden ist. Malwida findet wunderschöne Gedanken darin, und der felsenfeste Wolzogen sagt, daß er nun die früheren Schriften nicht mehr lesen könne. Ich finde von alledem nichts darin, finde nur eine traurigste, einige Jahre aufgehaltene Erfahrung. Wagner selbst meint von Nietzsche, daß aus dieser Knolle eine Blume getrieben hätte. Nun bliebe die Knolle zurück, eigentlich ein garstiges Ding." Ausführliche Berichte über die Stimmung in Bayreuth erhält N vor allem durch seinen Verleger Schmeitzner. Trotz seiner persönlichen Parteinahme für N bleibt Schmeitzner einstweilen Verleger der *Bayreuther Blätter;* er scheint auch gelegentlich eine öffentliche Verschärfung der Polemik zwischen Wagner und N zu wünschen, um den Absatz der Bücher Ns zu fördern. Noch deutlicher spricht er sich über Bayreuth in seinen Briefen an Peter Gast aus: „Das 6. Stück der Bayreuther Blätter wird das letzte sein welches ich drucke, Wagner will, wie er durch den Waschlappen Wolzogen schreiben läßt, nicht das Einheitliche meines Verlages stören *[Schmeitzner hatte außer „Menschliches, Allzumenschliches" die Schrift Rées über den „Ursprung der moralischen Empfindungen" verlegt].* Die verfluchten Duckmäuser! Ach stinken die Alle nach Kirchenluft. Frau Wagner geht in die Kirche, er auch, ‚wenn auch nur selten', wie er sich ausdrückt. Wagner liest Nietzsche's Buch nicht. Er hat es Wolzogen gegeben, der soll das ‚beste' daraus excerpiren. Wagner ist rücksichtslos und herrisch genug um Nietzschen vermeintlich todt zu schweigen. Mir sagte er daß man Nietzschen doch nur lese, soweit er sich an ihn (Wagner) anschmiege. Wagner ist ganz fabelhaft eingebildet. Er erging sich auch noch in Gemeinheiten über Nietzschen, die ich nie vergessen werde, die aber Nietzsche und seine Freunde nie von mir erfahren sollten. Ich habe zahllose Veranlassungen gehabt Wagnern (den Menschen) zu verachten. Man muß Wagners Reden sehr mit dem Verkleinerungsglase ansehen, aber trotzdem kann man nicht anders als sich über ihn ärgern. In Bayreuth wollte man schließlich auch mein persönliches Urtheil, nicht das geschäftliche, über Rée's Buch wissen. Ich merkte die Absicht und sagte ‚gnädige Frau werden gestatten, daß ich Ihnen hier die Antwort schuldig bleibe, ich riskiere nicht hier im Wahnfried ein Urtheil über ein Buch abzugeben, da es zu stümperhaft ausfallen würde'. Sie verstanden mich aber doch ... Die Schimpferei auf die Juden und auf ‚Schnapp auf' (Bismarck) hätten Sie in Bayreuth hören sollen! Juden: ‚Es giebt Wanzen, es giebt Läuse. Gut, sie sind da! Aber die brennt man aus! Die Leute die das nicht thun sind Schweine!' Das ist scheinbar ganz schön gesagt, ist aber doch ein Unsinn. Wenn man in solchen Dingen einen Rath geben will, da ist mit solchem Geschwätz nichts gesagt. Ich kann das leere Gedrätsche nicht leiden. Wolzogen und Frau Wagner merken sich natürlich solche Sentenzen, schreiben sie vielleicht gar auf und treiben Wagnerkultus damit. Ich erhalte unter Anderem kein Manuskript von Wagner hierher, das schreibt Wolzogen jedesmal für Frau Wagner ab. Diese hebt Alles sorgfältig auf. Wie widerwärtig ist doch so ein Kultus mit einem lebenden Menschen! Und wie schädlich für denselben! Wohl dem der nichts mit Wagner zu thun hat! – Ein wie ganz anderer Mensch ist Nietzsche! Sie wissen wohl daß ich vor 4 Wochen mit Nietzsche und Rée in Leipzig zusammengetroffen bin? Ich bin da anfangs ganz betroffen gewesen, von der Liebe und Wärme dieses Menschen." (26. Mai)

Am 30. Mai, „am Tage Voltaire's", trifft bei N eine anonyme Sendung aus Paris ein: die Büste Voltaires, mit einer Karte auf der sich nur die Worte befinden: „l'âme de Voltaire fait ses compliments à Frédéric Nietzsche". Darüber am darauffolgenden Tag berichtend, schreibt N an Gast: „Nehme ich zu Ihnen die Beiden noch hinzu, welche sich wirklich über mein Buch erfreut gezeigt haben, Rée und Burckhardt (der es wiederholt ‚das souveräne Buch' genannt hat), so habe ich einen Wink darüber, wie die Menschen beschaffen sein müßten, wenn mein Buch eine schnelle Wirkung thun sollte ... Von Bayreuth aus ist es in eine Art von Bann gethan: und zwar scheint die große Excommunikation über seinen Autor zugleich verhängt ...“ Burckhardt schreibt später an Fr. von Preen: „... haben Sie bemerkt daß Nietzsche in seinem Buch wieder eine halbe Wendung zum Optimismus vollzieht? Leider ist sein Befinden (gänzliche Augenschwäche und ewiger Kopfschmerz mit heftigen Krisen alle paar Tage) keineswegs die Veranlassung zu dieser Aenderung. Es ist ein außerordentlicher Mensch; zu gar Allem hat er einen eigenthümlichen, selbsterworbenen Gesichtspunct“ (8.–10. Dezember). Aus Paris ein Brief von Gabriel Monod: „...j'ai été bien touché comme Français, et reconnaissant comme ami, de l'envoi de votre livre, publié à l'occasion du centenaire de Voltaire ... Ce que j'ai lu de votre livre m'a vivement intéressé; nous aimons beaucoup en France les moralistes ... Vous avez donné là, sous une forme aisée et variée, toutes vos pensées sur la vie de l'homme, avec le laisser aller et la vivacité souvent paradoxale de la conversation – mais le paradoxe n'est chez vous qu'une forme piquante ou saisissante de la vérité“ (22. Mai). Bestürzung Rohdes wegen *Menschliches, Allzumenschliches*: „Meine Überraschung über dieses neueste Nietzschianum war, wie Du denken kannst, die allergrößte: so muß es sein, wenn man direct aus dem calidarium in ein eiskaltes frigidarium gejagt wird! Ich sage nun ganz aufrichtig, mein Freund, daß diese Überraschung nicht ohne schmerzliche Empfindung war. Kann man denn so seine Seele ausziehen und eine andre dafür nehmen? Statt Nietzsche nun plötzlich Rée werden? ...“ (16. Juni). Auch Franz Overbeck scheint zunächst von dem Werk überrascht zu sein, Rohde schreibt ihm am 16. Juni: „Auch für mich war natürlich Nietzsches neuestes Buch mit dem verunglückten Titel durch die letzten Wochen hindurch und fortwährend der Gegenstand des Erstaunens und zum größten Teil des schmerzlichen Erstaunens. Ich fühle ganz und gar mit Ihnen und brauche daher kaum ein Wort zu dem, was Sie selbst von Ihren Eindrücken schreiben, hinzuzufügen.“ Otto Eiser drückt sich N gegenüber vorsichtig aus (am 30. April), sieht aber *Menschliches, Allzumenschliches* – nach Cosima Wagner – als „einen Anfang von Gehirnzerrüttung“ an. Wie schon Wagners und Rohde, versuchen die meisten Freunde Ns das Buch durch den Einfluß Paul Rées zu erklären. Malwida von Meysenbug aus Ancona: „... Aber Sie werden noch in Ihrer Philosophie manche Phase durchmachen, des bin ich gewiss. Sie sind nicht zur Analyse geboren wie Rée; Sie müssen künstlerisch schaffen und trotzdem Sie sich gegen die Einsicht sträuben, so wird Ihr Genius Sie doch wieder zu derselben führen wie in der Geburt der Tragödie, nur keine metaphysische mehr. Sie sollen bald hören wie ich das meine. Sie können nicht wie Rée mit dem anatomischen Messer Beine und Arme hinlegen und sagen so ist der Mensch zusammengesetzt. Bei Ihnen tritt die Minerva in vollem Strahlenglanze ihrer jungfräulichen Göttlichkeit als vollkommene Gestalt hervor und wohl Ihnen dass das die Eigenart Ihres Genius ist und wohl uns dass Sie, nach einem Streifzug ins Gebiet der Analyse, zu derselben zurückkehren werden." (Juni) Bei der ersten Lektüre ist Reinhart von Seydlitz: „... als säßen Sie mit Ihrem Heft an meinem Bett, und wir läsen uns gegenseitig Aphorismen vor, eine gegenseitige Darbietung von Krankenspeisen, Wildpret für schwache Magen (denn der Geist ist stark, aber der Magen schwach!)" (27. April); dann aber: „Ihr Buch verdaue ich immer noch, mein Widerspruch verstummt an einigen Stellen; aber Ihr Ideal von dem Sie sprachen – finde ich nicht; alles ist gar sehr rée al; dies soll nicht absoluter Tadel sein, sondern nur eine widerrufbare Meinung. Doch aber gestatten Sie einem (der's durch nichts als seine verehrungsvolle Liebe entschuldigen kann) das sehnsüchtige Wort: ... wann endlich – schreiben Sie wieder ein Nietzschesches Buch?" (19. Juni; als die Schwester Ns fünf Jahre später während der Lou-Affäre bei allen Freunden ihres Bruders „Alarm schlug", schrieb ihr Frau Seydlitz: „Es würde uns sehr viel Freude machen, wenn Ihr Bruder mit Dr. Rée die Freundschaft brechen würde, denn mein Mann hat damals in Sorrent schon zu mir gesagt daß dieser Umgang mit Rée für Ihren Bruder Gift sei".) Der 32 Seiten lange Brief an N, mit welchem auch Lipiner im August gegen Rée und *Menschliches, Allzumenschliches* zu Felde zieht, ist nicht mehr vorhanden. Darüber N an Rée: „Alle meine Freunde sind jetzt einmüthig, daß mein Buch von Ihnen geschrieben sei und herstamme: weshalb ich zu dieser neuen Autorschaft gratulire (falls Ihre gute Meinung sich nicht verändert hat) heute ein ungeheurer Brief Lipiners, ganz gegen Sie gerichtet. Es lebe der Réealismus und mein guter Freund!" (10. August) Weitere Reaktionen der Freunde auf Ns neues Buch: Marie Baumgartner am 28. April an N: „Ich habe den Freitag zum Lesen desselben verwendet und werde diesen Tag nicht vergessen; ein Gewitter wüthete am Himmel über unserm Thal, und der Sturm den das Buch in mir weckte war nicht geringer. Ich kann Ihnen nur soviel sagen, daß ich – wie beim Gewitter – vor Bewunderung und Schrecken, abwechselnd gezittert habe; daß ich noch niemals eine solche Ehr-Furcht vor Ihnen empfunden; daß es mir aber heute zu Muthe ist als sei in mir Etwas abgestorben – ich muß ein wenig Zeit haben, um darüber Leid zu tragen, um Athem zu schöpfen, das Weh ist so sehr plötzlich gekommen!" Adolf Baumgartner an Burckhardt: „Ich habe das neue Buch ... mit den besten Erwartungen ernsthaft durchgelesen und mich erstaunt über die Möglichkeit so verkehrter Reden. Er bildet sich leibhaftig ein, er werde mit ein paar mathematischen und chemischen Analogien wirkliche Formeln aufstellen können für das menschliche Herz, und meint, er rücke der Wahrheit ganz besonders nahe, wenn er seine besten Empfindungen zertrampelt und als Reminiszenzen aus irgend einer fabelhaften Tierzeit ausgibt ... Ich kann mit aller Gewalt nicht glauben, daß Nietzsche bei solchen Ansichten bleiben werde ..." (15. Juni) Carl Fuchs spricht Mitte Mai von einer „Krisis ... die Ihre Humanissima in mir hervorrufen (denn kaum läßt es sich anders bezeichnen) ... Sie können sich vielleicht eine Vorstellung machen, welche heftigen Selbstgespräche in mir angesichts Ihrer δεινότατα über Religion entstanden ... Der Parsifal hatte mich der Religion wieder mehr zugewendet ..." Er wird aber „der beste, persönlich ergriffendste Leser Deines Buchs, den Du vielleicht augenblicklich hast" (Overbeck an N, 28. August). Heinrich Romundt schreibt N zwei lange Briefe über das Buch: „Es wird bei dem Versuch der Auflösung der Begriffe in der Weise der historischen Methode eine Kenntniß der Dinge vorausgesetzt, die wir doch vielleicht nicht besitzen und wenn die Metaphysiker, die an die Begriffe wie an ewige Wahrheiten, ideale Thatsachen glauben, sich in Anmaßung und Unmenschlichkeit verirren, so scheint mir diese Auflösung der Begriffe nach naturwissenschaftlicher Methode doch nicht viel mehr dem menschlichen Standpunkt angemeßen, sondern allein der Gebrauch des Denkens zur Erlangung wirklicher Einsicht in die Natur der Dinge, nicht der Begriffe und in unserer Periode der Wissenschaft allenfalls noch eine Erörterung über den richtigen und verkehrten Gebrauch des Denkens für die Erkenntniß und nicht bloß für die Erkenntniß, sondern auch für

Handeln und Glauben, dasselbe Unternehmen, das Kant bezeichnet als eine ‚Moral der gesunden Vernunft'. Es ist mir schmerzlich, aber jedes Mal, wenn ich den Titel: Menschliches, Allzumenschliches wiederlese, stoßen mir diese Bedenken wieder auf und ich frage mich, ob es nicht bloß Allzumenschliches heißen sollte" (aus Osnabrück, 3. Mai). Und im zweiten Brief: „Wenn ich dieses ‚Menschliches, Allzumenschliches' mit dem aufstrebenden Geist der früheren Betrachtungen zusammen nehme, so glaube ich ... daß wir uns auf derselben Straße dem Ziele zu bewegen, die zwischen zwei Abgründen, dem der Verzweiflung an der Wahrheit und dem des Pochens auf die Wahrheit, hindurch führt und auf der die darauf Wandelnden weder Kleinmuth noch Übermuth in sich zulassen, sondern nur einen unerschütterlichen Gleichmuth, der diejenigen nothwendig erfüllen muß, die nach einem übermenschlichen Ziel mit bescheidenen menschlichen Mitteln hinstreben ... Aber Du kennst genau die Abgründe zu beiden Seiten des Wegs und wirfst den Blick in die Tiefe, ich freue mich, wenn ich mich nur auf der Straße halten kann und nur ein wenig vorwärts komme" (aus Osnabrück, 12. Oktober).

Ende Juni endgültige Auflösung des Haushalts mit der Schwester, N zieht in eine Wohnung am Rande der Stadt (Bachlettenstraße 11). Die Schwester zurück nach Naumburg. N an Schmeitzner über Bayreuth: „... Ihre Erfahrungen sind bitter, aber nicht wahr, wir Beide wollen ehrlich darnach streben, dabei selber ‚süss' zu bleiben, als gute Früchte, denen böse Nächte nicht allzusehr zusetzen dürfen? Die Sonne wird schon wieder scheinen – wenn auch nicht die Bayreuther Sonne. Wer kann jetzt sagen, wo Aufgang, wo Niedergang ist und dürfte sich vor Irrthum sicher fühlen? Verhehlen will ich aber nicht, dass ich von ganzem Herzen das Erscheinen meines freigeisterischen Licht-Buches in einem Augenblicke segne, wo die Wolken sich schwarz über Europa's Culturhimmel sammeln und die Verdunkelungs-Absicht fast als Moralität angerechnet wird" (20. Juni). Im selben Brief geht N nicht auf den Vorschlag Schmeitzners ein, seine Basler Antrittsrede, *Homer und die klassische Philologie* (1869 als Privatdruck erschienen), bei ihm zu veröffentlichen. Er versucht, sein Leben nach einem genauen Plan zu organisieren. Als Beispiel eine Aufzeichnung aus dieser Zeit: „200 Wochen. Jede Woche **Wochenplan.** Festsetzung der Kost, der Lesezeiten, der Spaziergänge und -Zeiten, des zu Lesenden. Sonntag früh Wochenbericht mit Kreuzen und neue Woche – alle Monate Revision. – 6–7 Spaziergang. 7–8 Frühstück. 8–9 Vorbereitung. 9–10 Spaziergang. 10–11 Kolleg. 11–12 Pfaltz oder Burckhardt. *[vgl. Anmerkung zu Bd. 8, 27 [15]]* $^{1}/_{2}$ 1–$^{1}/_{2}$ 2 Essen. $^{1}/_{2}$ 2–4 zu Hause Fr⟨eunde⟩ Schlaf Lesen. 4–7 fort. 7–8 Essen. 8–$^{1}/_{2}$ 10 still. – Mittag: Liebig'sche Bouillon $^{1}/_{4}$ Theelöffel vor Mahlzeit. 2 Schinkenbrode und 1 Ei. 6–8 Nüsse mit Brod 2 Äpfel. 2 Ingwer. 2 Biscuits. Abends: 1 Ei mit Brod. 5 Nüsse. Süße Milch mit 1 Zwieback oder 3 Biscuits.“ (N II 7, 142). Am 15. Juli wichtiger Brief Ns an Mathilde Maier über Wagner und Bayreuth: „... es ist nicht zu ändern: ich muß allen meinen Freunden Noth machen – eben dadurch daß ich endlich ausspreche, wodurch ich mir selber aus der Noth geholfen habe. Jene metaphysische Vernebelung alles Wahren und Einfachen, der Kampf mit der Vernunft gegen die Vernunft, welcher in Allem und Jedem ein Wunder und ein Unding sehen will – dazu eine ganz entsprechende Barockkunst der Überspannung und der verherrlichten Maßlosigkeit – ich meine die Kunst Wagner's – dies Beides war es, was mich endlich krank und kränker machte und mich fast meinem guten Temperamente und meiner Begabung entfremdet hätte. Könnten Sie mir nachfühlen, in welcher reinen Höhenluft, in welcher milden Stimmung gegen die Menschen die noch im Dunst der Thäler wohnen ich jetzt hinlebe, *[vgl. Vermischte Meinungen und Sprüche 237]* mehr als je entschlossen zu allem Guten und Tüchtigen, den Griechen um hundert Schritt näher als vordem: wie ich jetzt selber, bis in's Kleinste, nach Weisheit strebend lebe, während ich früher nur die Weisen verehrte und anschwärmte – kurz wenn Sie diese Wandelung und Krisis mir nachempfinden können, oh so müßten Sie wünschen, etwas Ähnliches zu erleben! Im Bayreuther Sommer wurde ich mir dessen völlig bewußt: ich flüchtete nach den ersten Aufführungen denen ich beiwohnte, fort in's Gebirge, und dort, in einem kleinen Walddorfe, entstand die erste Skizze, ungefähr ein Drittel meines Buches, damals unter dem Titel ‚die Pflugschaar‘.“ N an Rée: „Bei allem Guten, was Sie thun und vorhaben, wird auch für mich der Tisch gedeckt, und mein Appetit ist sehr lebendig nach Réealismus ... Meine sonstigen Bekannten und Freunde (mit ganz wenig Ausnahmen) befinden sich, als ob ich ihnen den Milchtopf umgestoßen hätte. Gott helfe ihnen – ich kann nicht anders.“ (gegen Ende

Juli: vgl. Bd. 8, 32 [10]). „Jetzt fort in die Berge, in die höchste Einsamkeit, fort, fast möchte ich sagen: zu mir“ (N an M. Baumgartner, 26. Juli).

Grindelwald, Interlaken, Anfang August–17. September

N beginnt seinen Urlaub im Berner Oberland (Grindelwald, von dort schreibt er an Mutter und Schwester am 2. August). Bismarck erhält *Menschliches, Allzumenschliches* durch Schmeitzner und bedankt sich. N dazu: „Nun, geehrtester Herr Verleger, da haben Sie ja die große Handschrift des großen Mannes. Trotz dem daß er so artig dankt, glaube ich, im Vertrauen gesagt, er wirft, wenn er wirklich im Buche liest, es an die Wand. Dies gilt aber dann mir, nicht Ihnen“ (an Schmeitzner, 6. August). Über den Inhalt des Bismarckschen Briefs Schmeitzner an Gast: „Es wird Sie interessiren, daß ich Nietzsche, Menschliches an Bismarck nach Kissingen geschickt habe. Heute früh traf ein anständiges Dankschreiben von ihm ein, mit der Bemerkung, daß sich aber deutscher Text in lateinischen Lettern gerade so schwer lese, als wie französischer Text in deutschen Lettern ...“ N gegen Mitte August in Interlaken: „Ganz erschöpft durch Krankheit verließ ich den Berg und gieng nach Interlaken. Hier versuche ich, nach Art meiner Badener Lebensweise, mit Bädern und Spazierengehn gesund zu werden: bis jetzt gieng es nicht vorwärts“ (an Mutter und Schwester, 25. August).

Schmeitzner kündigt N am 1. August einen polemischen Aufsatz Wagners gegen ihn an: „Dann erlaube ich mir Sie im Voraus auf die nächste (August-) Nummer der Bayreuther Blätter aufmerksam zu machen. Wagners Artikel Publikum und Popularität ist die Antwort auf Ihr letztes Werk (Menschliches und Unmenschliches, wie es Wagner nennt. Den Verfasser führt er nicht an.) Er kann die ‚historische Schule‘ nicht leiden, nur Darwin getraut er sich nicht rundheraus zu verwerfen. Das Seciren ist ihm, dem Künstler, überaus verhaßt. Was werde ich für die Bayreuther Blätter wohl noch alles drucken müssen?! Nun Lärm wird geschlagen, das giebt neuen Anstoß zum Kaufen und ‚drob freut sich der frivole Verleger‘. Nichts ist dem Verleger nachtheiliger als Schweigen“. N antwortet darauf: „Daß Wagner gegen mich Einwendungen öffentlich macht, ist mir sehr erwünscht, ich hasse alle Dunkelei und Munkelei der Gegnerschaft; anderseits wünsche ich um Alles nicht mit den Tendenzen der Bayreuther Blätter verwechselt zu werden" (an Schmeitzner, 25. August). Schmeitzner noch am 27. August: „Das Geschäftsinteresse zwingt mich leider mit Bayreuth in Verbindung zu bleiben ... Wagner ist Ihr Vorläufer ... in einigen Jahren, denke ich, wird Bayreuth von Ihnen ... abgelöst werden: Es ist doch ein gewaltiger Unterschied zwischen alten und jungen Autoren. Hat man beide, so ist für Gegenwart und Zukunft gesorgt ..." Im August- und Septemberheft der *Bayreuther Blätter* erscheint Wagners Aufsatz *Publikum und Popularität,* in dem er N, ohne ihn zu nennen, angreift. N am 3. September an Schmeitzner: „Gestern las ich Wagner's bitterböse, fast rachsüchtige Seiten gegen mich. Himmel, wie ungeschickte Polemik!" An Overbeck: „... es that mir wehe, aber nicht an der Stelle, wo Wagner wollte. – Gestern machte ich einen Rechnungsabschluß über die letzten Jahre und war glücklich dabei – ich habe in fünf, sechs wesentlichen Punkten mir Freiheit und Unabhängigkeit erobert, mit großen Opfern freilich. Nun muß die Gesundheit vorwärts, dann kommt auch wieder mehr Freude" (3. September). Am 10. September schreibt N an Schmeitzner: „Bitte: senden Sie mir die Bayreuther Blätter nicht allmonatlich ... Wozu sollte ich mich verpflichten, Monatsdosen Wagner'schen Ärger-Geifers einzunehmen! Ich möchte auch fürderhin über ihn und seine Größe rein und klar empfinden: da muß ich mir sein Allzumenschliches etwas vom Leibe halten."

Die zweite Auflage der *Geburt der Tragödie* im Buchhandel; nach dem Bankrott von E. W. Fritzsch im März 1878 übernahm Schmeitzner die von Fritzsch schon 1874 gedruckte, aber nicht ausgelieferte zweite Auflage (750 Exemplare) zusammen mit 170 Restexemplaren der ersten Auflage und liefert sie mit „überklebter Verlagsfirma" und dem Erscheinungsjahr 1878 aus.

An Overbeck: „Seit ich die letzte Karte schickte *[d. h. seit dem 3. September],* ist es mir so schlecht ergangen, daß ich wie auf der Flucht bin und kaum weiß, wo ich mein Haupt niederlegen soll" (17. September). Am 17. September reist N von Interlaken nach Basel. Am 18. bei Frau Baumgartner, am 20. in Zürich bei Overbecks im Haus Falkenstein.

Naumburg, 24. September–17. Oktober

Am 24. September N in Naumburg. Schmeitzner besucht ihn am 29. September: „Nietzsche war sehr kaputt und sah schrecklich aus. Er war ganz eingefallen“ (Schmeitzner an Gast, 7. Oktober). Nach „sehr schlechten Wochen“ in Naumburg reist N am 17. Oktober nach Basel ab.

Basel, 18. Oktober–Ende Dezember

Vorlesungen WS 1878/79: Ausgewählte Fragmente der griechischen Lyriker. Einleitung in das Studium Platons. Im Seminar: Thukydides. (Ns letztes akademisches Semester.)

Paul Rée krank in Stibbe: „... ich ... verwünsche Ihr Kranksein, weil mein bestes Hoffen und Wünschen zugleich dabei krank wird.“ (N an Rée, 20. Oktober) Bernhard Förster in Basel auf der Durchreise nach Italien: „Gestern Dr. Förster bei Overbecks gegrüsst“ (an Mutter und Schwester, 21. Oktober). Trostlose „Wochenberichte“ Ns nach Naumburg. 21. Oktober: „... seit 9 Tagen ununterbrochen Kopfschmerz. Sonnabend Nachmittag gieng ein Anfall los wie Donnerstag, vor Schmerz Nacht nicht geschlafen. — Heute erstes Colleg gehalten. Sehr übles Baslerisches Wetter, matt, feucht ...“ 28. Oktober: „Die erste Collegien-Woche tapfer durchgesetzt. Dafür lag ich gestern ... krank zu Bette, die alte Geschichte.“ 3. November: „Gestern mußte ich, mit bitterem Gefühle, zum ersten Male das Colleg aussetzen, denn von Donnerstag Abend an gieng es böse. Heute (Samstag) habe ich wieder gelesen ...“ 9. November: „... die ganze Nacht durch schlaflos. Das Colleg eben gehalten, die Woche ist überstanden. — Den vorigen Sonntag kam plötzlich ein sehr heftiger Anfall, so wie am Tage der Abreise: es sind jetzt 10 Sonntage hintereinander. (Also trotz dem Freitag vorher!)“. 23. November: „zwei Anfälle in Einer Woche (Sonntag Abend und Montag) und dann wieder Donnerstag Abend und Freitag ...“ 30. November: „Alle drei Tage starke Anfälle. Jedes gelungene Colleg, jeder plötzliche Temperaturwechsel wirft mich nieder“. 7. Dezember: „Dienstag und Mittwoch waren es diesmal: sehr böse!“ 14. Dezember: „... es geht mir nicht gut, Dienstag wieder ein sehr schmerzhafter 30stündiger Anfall, und seit gestern werde ich einen leichteren Kopfschmerz nicht los." 21. Dezember: „Die Bäume brechen fast vor Schnee. Scheint mir gesund zu sein: die Woche ohne Anfall, alle Collegien gehalten ..." 27. Dezember: „... von Sonntag an bis jetzt Anfall über Anfall." 31. Dezember: „Nun, meine Lieben, voran in's neue Jahr guten Muths und mit Geduld, so sage ich Euch und mir ‚schon Schlimmeres hat man überstanden'. In summa: ich halte es immer noch aus, so haltet es auch treulich mit mir aus: denn ein Kranker macht wenig Freude und viel Noth."

Umgang mit Overbecks und Marie Baumgartner; diese schreibt das Druckmanuskript der *Vermischten Meinungen und Sprüche* für N ab. „Ich habe meinem Amte und meiner Aufgabe zu leben – einem Herrn und einer Geliebten und Göttin zugleich: viel zu viel für meine schwache Kraft und tief erschütterte Gesundheit. Äußerlich gesehen, ist es ein Leben wie das eines Greises und Einsiedlers: völlige Enthaltung von Umgang, auch dem der Freunde, gehört dazu. Trotzdem bin ich muthig, vorwärts, excelsior!" (an Seydlitz, 18. November). Schmeitzner bemüht sich, Leute ausfindig zu machen, die für Ns Bücher Lärm machen: „Vor lauter Hochachtung werden Sie ... von Ihren Freunden todtgeschwiegen ..." (an N, 15. November). Im selben Brief berichtet Schmeitzner von 16 Spalten Albert Lindners in der *Nationalzeitung* über die *Geburt der Tragödie*: „... dankbar, wenn er Sie auch recht ‚zerfleischt' hat", und von der Besprechung eines „M. Lequime" von *Richard Wagner à Bayreuth* (die französische Übersetzung der vierten *Unzeitgemäßen Betrachtung*) im Brüsseler *Artiste.* N daraufhin: „Das litterarische Centralblatt Zarncke's (das erste Gelehrtenblatt Deutschland's) soll ja sehr anständig von M. A. geredet haben. In Edlinger's Litteraturzeitung Schimpfartikel über G. d. Tr. und ‚Strauß'. Ich sehe nichts davon und will's nicht. Ich liebe die Trommel nicht, aber ich verstehe auch, daß Sie nichts gegen Janitscharenmusik hätten?" (23. November) Der „Schimpfartikel" war ein posthumer Aufsatz von Emil Kuh *(Professor Friedrich Nietzsche und David Strauß. Eine kritische Studie)* im *Literaturblatt* (Oktober/November 1878). Der junge klassische Philologe Hermann Pachnicke bekennt sich als Verehrer. N an Rée: „Zehnmal täglich wünsche ich bei Ihnen, mit Ihnen zu sein." (14. Dezember). Adolf Baumgartner besucht N: Von ihm und seiner Mutter bekommt N als Weihnachtsgeschenk Leopardi in der Übersetzung von Paul Heyse. Über diesen Besuch bei N Baumgartner später (3. August 1879) an Overbeck: „Mit Prof. Nietzsche weiß ich freilich nicht recht, wo ich daran bin. Meine Anhänglichkeit an ihn hat durch eine pädagogische Ansprache, die er mir an Weihnachten hielt, allerdings einen großen Stoß erlitten, und weiß ich nicht, ob sie noch viel aushalten würde." Baumgartner studiert (seit Herbst 1877 in Jena und seit Herbst 1878 in Tübingen) bei Rohde, welcher über ihn folgendes Urteil abgibt: „Er gefällt mir eigentlich wenig: er hat viel mehr Eitelkeit und αὐθάδεια als sich zu seinen wirklichen Kräften passen will" (an N, 22. Dezember). N schickt das Druckmanuskript der *Vermischten Meinungen und Sprüche* an Schmeitzner: „Hier kommt, als Neujahrsgruß, das Manuscript. Um des Himmels Willen, geben Sie sofort Nachricht, wenn es in Ihren Händen ist! Ich lebe in Angst und Bangen bis dahin. Ende Januar kann der Druck fertig sein, nicht wahr? 8 Bogen und Alles wie beim Hauptbuch, auch unsre Bedingungen" (31. Dezember).

Über N im Winter 1878/79 liegt ein Zeugnis vor in den Erinnerungen, die Louis Kelterborn in Form eines Briefes aus Boston (August 1901) für Elisabeth Förster-Nietzsche aufschrieb: „Eines Tages im Dezember kam er während eines Schneesturms fast athemlos in mein Amtslocal und bat mich ihm mein Foulard zu leihen, da er fürchte sich auf dem Heimweg nach seiner entfernten Wohnung in Binningen (einem Dorfe in Basels Umgebung) zu erkälten. Sein ganzes Aussehen schnitt mir in's Herz und ich nahm mir vor, ihn baldigst zu besuchen. Zunächst schickte ich ihm zu Neujahr ein neues Foulard und sandte ihm schriftlich meine herzlichen Grüße und Wünsche, berichtete dabei auch von dem warmen Interesse, welches der mir nahe befreundete hochbegabte Componist Hans Huber an seinen Schriften nahm. Nietzsche war die Musik desselben nicht unbekannt, seitdem er in einem der ersten Abonnementskonzerte jenes Winters mit mir die Erstaufführung seines Violinkonzerts mit ersichtlicher Freude angehört hatte." (Ergänzend dazu eine Stelle aus dem von Kelterborn genannten Brief an N vom 31. Dezember: „Die Manfredmeditation hat Huber wie mir bedeutend Eindruck gemacht und ich hoffe, daß wir bald das Stück Ihnen vortragen können. Als wir es durchgespielt, sagte Huber: was für ein ganz andrer Musikphilosoph ist das als Herbart, holte eine Sonate desselben mit Hummel'schem Figurenwerk und Zupfcantilene, und nun sahen wir erst recht den Werth der modernen Musik, wenn sie einen gehörigen Inhalt hat. Ich erinnerte mich dann wieder an Ihre Auseinandersetzung des Unterschieds zwischen Faust und Manfred und daß Schumanns Musik eher eine Faustmusik wäre. Ich kann mir denken, daß unter Ihren Geisteskindern diese Musikstücke von Ihnen nicht am wenigsten geliebt werden"; zu dem versprochenen Vortrag mit Huber kam Kelterborn nicht; Huber war seit 1872/73 – in Leipzig – ein leidenschaftlicher Verehrer Ns.) „An einem der nächsten Sonntag-Nachmittage spazierte ich durch die Schneelandschaft hinaus nach Binningen, um endlich N selbst in seiner neuen Wohnung zu besuchen. Er, der früher in einer gewissen behaglichen Eleganz eingerichtet gelebt hatte, bewohnte nun hier fern vom Lärm der Stadt ein kleines bescheiden möbliertes Zimmer in der obern Etage eines kleinen Dorfhauses. Ich fand ihn auf dem Ruhbett liegend, blaß, abgemagert, und der erste Blick ließ mich ahnen welche furchtbare Leiden und Schmerzen der Arme von Zeit zu Zeit durchzumachen hatte. Er empfieng mich mit der alten ausgesuchten und doch so natürlichen Liebenswürdigkeit und bat mich bald nach der ersten Begrüßung und Beantwortung meiner Fragen nach seinem Ergehn, ihm aus den ihm eben in der Hand befindlichen Gesprächen Lucian's in der Wieland'schen Übersetzung gewisse Partien vorzulesen. Es war eine Schilderung von Rom in der Kaiserzeit, und lachend meinte N, ob das nicht gerade sei, als ob unser Eins ins moderne Paris aus einem Fenster sehe und das Leben in den Straßen und die bunte Menge der vorbeiwandelnden Individuen beobachtete. Zugleich rühmte er die vortreffliche, sprachgewandte, bei aller Freiheit doch sinngetreue Übersetzung Wieland's *[vgl. „Der Wanderer und sein Schatten" 109].* Ich empfahl mich nach einem Stündchen ... Leider sollte ich in jenem Winter nur 1 oder 2mal noch mit ihm zusammentreffen, und zwar bei flüchtiger Begegnung auf der Straße." Über *Menschliches, Allzumenschliches* schreibt Kelterborn in seinen Erinnerungen: „„... das Buch berührte mich gewißermaßen als ein neuer, transformirter oder wiedergeborener Nietzsche, der aber nun ganz und gar nur Nietzsche, ganz er selbst war ... Die erste Aphorismen-Sammlung Nietzsches fand begeisterte Aufnahme in manchen Kreisen, von denen der Verfasser vielleicht nie etwas erfuhr, und ich könnte manche hervorragende Gelehrte, Künstler, Musiker in verschiedenen Schweizer Städten nennen, die das Buch mit Entzücken lasen und sich enthusiastisch über die Fülle der von ihm ausgehenden Anregung aussprachen ..." Kelterborn nennt noch im folgenden den Maler „Carl Brunner, damals *[1880]* in Basel wohnhaft welcher sein Atelier mit einer ganzen Reihe von Aphorismen aus ‚M. A.' geschmückt hatte."

1879

Basel, Januar–März

„Sylvester und Neujahr böse böse Tage für mich." (N an M. Baumgartner, 5. Januar) Weitere Verschlechterung der Gesundheit Ns in den ersten Monaten des Jahres. Dazu folgende (erhaltene) Berichte an Mutter und Schwester nach Naumburg. 11. Januar: „Neujahrstag war ein sehr böser Eintritt ins neue Jahr! Seitdem habe ich alle meine Vorlesungen gehalten: erwarte aber, nach bestimmten Anzeichen, von morgen nichts Gutes." 18. Januar: „Schlimmste Winterwoche hinter mir! Montag schlecht, Dienstag der Anfall, Mittwoch schlecht, Donnerstag und Freitag neuer sehr heftiger, gar nicht enden wollender Anfall, heute caput und müde ... das Collegienaussetzen ist mir gar zu ärgerlich gewesen." 9. Februar: „Drei Tage konnte ich nicht eine Zeile schreiben, wieder sehr schlimm, auch die ganze Woche schlecht, obschon ich aussetzte. Nun, es muß wieder besser kommen. Das Colleg macht mir aber doch zuviel Nachdenkens nöthig, ich thue sonst rein nichts; nie habe ich einen Winter so ganz im Sinne des Gesundwerdens gelebt; er ist deshalb sehr belehrend für mich. Mit dem Magen ist es glänzend gelungen. Das Kopfleiden nimmt aber zu, die Krampferscheinungen (welche mich nöthigen das rechte Auge viele Stunden halb zu schließen) verbreiten sich an den Haupttagen über den ganzen Körper." 17. Februar: „Schlimme Woche ... Magen in Ordnung, Lebensweise so besonnen wie möglich. Die Augen reichen aber nicht mehr zum Colleg aus, vom Kopf zu schweigen. (Ich hatte 6 Tage Kopfschmerz, außer wenn ich schlief.)" 28. Februar: „... seitdem habe ich unbeschreiblich gelitten. Ein 4tägiger und ein 6tägiger Anfall der allerhärtesten Art – Erbrechen über Erbrechen dabei ... Ein einziges Colleg hatte ich gewagt – jetzt wieder unmöglich auf eine Woche.“ 9. März: „Jetzt Kaltwasserkur, daher eine Erleichterung des Zustandes. Es gab eine Nacht, welche ich nicht zu überleben meinte.“ 14. März: „... ein Ausruhen von mindestens 5 Jahren wäre vielleicht noch zu versuchen (ich glaube an keine Genesung mehr; von der Erschütterung des Gehirns, dem Erlöschen der Augen könnt Ihr Euch keine Vorstellung machen. Weniger als 5 Jahre sei ein Unsinn, meint Overbeck).“ 19. März: „Noch ein **schrecklicher** Anfall (der zweite im Winter mit Erbrechen), der mich zerknickt hat: ich mußte die Vorlesungen ganz abbrechen.“

Peter Gast, seit Ende September 1878 in Florenz, hilft N bei der Korrektur der *Vermischten Meinungen und Sprüche*. Schmeitzner am 8.–9. Januar in Bayreuth wegen der *Bayreuther Blätter*, deren Verlag ihm entzogen wird; seine Gespräche mit Joseph Rubinstein über N und Rée; er kündigt die bevorstehende Erscheinung der *Vermischten Meinungen und Sprüche* an. Schmeitzner an N, 16. Januar: „Rubinstein wollte von einem Riß zwischen Ihnen und Wagner gar nichts wissen. Ihr Buch sei nur ein ‚Durchgangsstadium‘ und daß Wagner in einem Artikel ‚über Publikum und Popularität‘ auch einige Stellen aus Ihrem Buche verwendet habe, sei doch weiter nichts gewesen. – Gelesen hat man in Bayreuth Ihr Buch und das auch sehr oft, das sagte mir Rubinstein“. Briefwechsel der Schwester Ns mit Cosima Wagner über *Menschliches, Allzumenschliches:* der „schwächliche Versuch, Wagner und meinen Bruder wieder zu versöhnen“ wird zurückgewiesen. N an Gast, 22. Januar, zur Zeit der gemeinsamen Korrektur der *Vermischten Meinungen und Sprüche:* „... so geht es wieder hin und her, zwischen Ihnen und mir ... Wenigstens hoffe ich Sie mit meinen Einfällen zu unterhalten – ich glaube, was in diesem Anhange zusammensteht, ist nichts Schlechtes: es wurde größten Theils in einer Höhe von 7200 Fuß über dem Meeresspiegel erdacht und niedergeschrieben. Vielleicht ist es das einzige Buch der Welt, das eine so hohe Abkunft hat. Nun dürfen Sie spotten! Meine Gesundheit ist abscheulich-schmerzenreich, wie früher, mein Leben viel strenger und einsamer; ich selber im Ganzen lebe fast wie ein ganzer Heiliger, aber fast mit den Gesinnungen des ganzen ächten Epikur – sehr seelenruhig und geduldig und dem Leben doch mit Freude zusehend." An die Schwester: „Overbeck hat mich bestimmt, die ganze nächste Woche die Collegien auszusetzen. Ich richte mich wirklich sonst zu Grunde. Die letzte Zeit war fürchterlich. Auch an guten Tagen verliere noch öfters zwei Stunden mit Unbehagen aller Art. Bitte die gute Mutter, daß sie nicht mit andern Menschen darüber redet, daß es mir schlecht geht. Bitte dringend! – Mein Buch hat nichts damit zu thun. Es entstand im August, 7200 Fuß über dem Meere und wurde im September von Frau Baumgartner fertig abgeschrieben. Die Correktur besorgt Köselitz." (3. Februar)* „In Betreff von Bayreuth halten Sie wacker Stand; ich thue es auch, wie Sie wohl sehen – ruhig und milde in der Form: was die Sache betrifft, so strebe ich nach Gerechtigkeit, wie sie auch laute und wie sie in fremde Ohren hineinklingen möge: da lasse ich mich keinen Schritt breit von dem abdrängen, was mir jetzt die Wahrheit über die große Erscheinung der Wagnerschen Kunst erscheint. – Mit Leibeskräften bemühe ich mich, es im Ausdruck zur Vollkommenheit zu bringen: ich elender Patient sinne und zersinne mich bei allen Schmerzen noch – über ‚Ausdrücke'! Der Mensch ist ein seltsam Ding!!" (an Schmeitzner, 13. Februar) In seinem vorhergehenden Brief (11. Februar) berichtete Schmeitzner über die Verhandlungen mit Bayreuth, welche zu einer Entschädigung wegen der Kündigung des Vertrags für den Verlag der *Bayreuther Blätter* führen sollten. „Ich bin recht begierig darauf, wie Ihr neues Buch in Bayreuth aufgenommen werden wird. Für Wagners Unduldsamkeit und die Intoleranz seiner Umgebung dürfte doch manche Stelle viel Anstoß geben". Im selben Brief meldete er auch das Verbot von *Menschliches, Allzumenschliches* in Rußland: „Seite 127 Zeile 19–26 ist die Ursache davon! *[Vgl. Aph. 141, Bd. 2, 136, 27–34:* Man ... gehängt?*]* Nun ja, was ist bei einem russischen Censurbeamten, der vielleicht gar nicht einmal deutsch versteht, nicht alles möglich! Ich könnte aber die Russen für dieses Verbot umarmen; denn das ist mir doch zehnmal mehr werth als zehn Rezensionen. – Jetzt übersieht Niemand mehr dieses Buch mit dem schönen Kreuzbandstreifen." Ende Februar ist die Arbeit an der Korrektur der *Vermischten Meinungen und Sprüche* zu Ende: „Nun, lieber guter hülfreicher Freund, bleibt Ihnen nur noch üb-

* Dieser Brief ist nur als „Urabschrift" vorhanden, da er – nach dem merkwürdigen Vermerk der Schwester – von der Mutter verbrannt wurde. Was aber veranlaßte Ns Schwester, den Brief vorsorglich abzuschreiben? Der Text ist somit zweifelhaft.

rig, an mir selber die Correctur zu machen – in Venedig! ... Sie bekommen das erste fertige Exemplar des Buches. Lesen Sie's jetzt noch einmal im Ganzen: damit Sie sich als Verbesserer des Buches wiederfinden (und auch mich: zu guter letzt habe ich mir noch viel Mühe gegeben). Lieber Himmel, vielleicht ist es mein letztes Produkt. – Es ist wie mir vorkommt, eine verwegene Ruhe darin." (an Gast, 1. März) N muß auf die Reise nach Venedig – für den 25. März geplant – verzichten. Gast antwortet, noch aus Florenz, am 7. März: „Den ganzen Tag bin ich bewegt gewesen, da ich gestern Ihren lieben, theuren Brief erhielt. Ich kann von der Empfindung nicht reden, die er mir verursachte: die tiefe Freude! – und dann Ihr Wort, daß das Buch vielleicht Ihr letztes Werk gewesen! Mich trieb es auf die Anhöhen, und immer dachte ich an Sie! Ich habe geheult wie ein Kind, ich glaube: ohne Schauspielerei vor mir selber. Ich empfand deutlich, daß ich mich Ihnen verwandt fühlen darf, daß ich Sie über alles lieben darf, über Vater und Mutter, – wenngleich ich Sie nur verehren darf!"

Mitte März erhalten Freunde und Bekannte Ns die ersten Exemplare der *Vermischten Meinungen und Sprüche*. Die Empfänger reagierten verschieden. Hier einige Beispiele. Paul Rée: „Ich habe mir in meinem Studientag ... ein Allerheiligstes eingerichtet, in dem Sie verehrt werden ... Nicht ganz kann ich mit 13 übereinstimmen. Da, wie Sie so sinnreich sagen, im Anfang der Unsinn war, so sind auch die Institutionen der Völker von diesem Unsinn durchzogen, ja sie sind sogar auf ihn gebaut. Die später kommende Wahrheit wird jenem Unsinn verderblich, und mit ihm den Institutionen, deren Fundament er ist. Sollte Göthe das meinen wenn er sagt: ‚jedes Volk geht an seiner Geschichte zu Grunde'? Ist Athen zum Theil vielleicht wirklich an den Wahrheiten des Socrates zu Grunde gegangen? – Der Satz daß unsere Mängel das Ideal sehen, ist so wahr, daß jede Geschichte der moralischen Empfindungen ihn zum Ausgangspunkt nehmen muß. Ja, erst sehen wir das Ideal und dann nennen wir die Eigenschaften, welche nicht mit ihm stimmen, Mängel. So schaffen unsere Mängel einerseits das Ideal und anderseits das radikal böse ..." (22. März) Malwida von Meysenbug: „Es ist rührend und schön, an den einsamen Wanderer zu denken, welcher unverdrossen, auf rauhem Pfade, der Höhe zustrebt, auf der man im reinen Geistesäther athmet. Da, mein Freund, wird Ihnen dann auch Manches wieder klar und werth werden, was Ihnen einst theuer war und was Sie jetzt, bei der nothwendigen Einseitigkeit des Weges, gar nicht mehr, oder nicht im rechten Lichte erblicken. Dank für Ihr Buch. Ich habe ihm leider noch nicht viel Zeit widmen können ...“ (28. März) Jacob Burckhardt: „Den Anhang zu ‚Menschliches‘ habe ich durch Herrn Schmeitzner richtig erhalten und mit neuem Staunen über die freie Fülle Ihres Geistes gelesen und durchgenascht. In den Tempel des eigentlichen Denkens bin ich bekanntlich nie eingedrungen, sondern habe mich zeitlebens in Hof und Hallen des Peribolos ergötzt, wo das Bildliche im weitesten Sinne des Wortes regiert. Und nun ist in Ihrem Buche gerade auch für so nachlässige Pilger, wie ich bin, nach allen Seiten hin auf das reichlichste gesorgt. Wo ich aber nicht mitkommen kann, sehe ich mit einer Mischung von Furcht und Vergnügen zu, wie sicher Sie auf den schwindelnden Felsgraten herumwandeln, und suche mir ein Bild von dem zu machen, was Sie in der Tiefe und Weite sehen müssen. Wie käme es auch Larochefoucauld, Labruyère und Vauvenargues vor, wenn sie im Hades Ihr Buch zu lesen erhielten? und was würde der alte Montaigne sagen? Einstweilen weiß ich eine Anzahl von Sprüchen, um welche zum Beispiel Larochefoucauld Sie ernstlich beneiden würde.“ (5. April) Reinhart von Seydlitz: „... freundlichsten Dank für Ihr Buch das mir um so lieber ist als ich Ihnen (zwar nicht immer in der Meinung zu folgen vermag) dafür aber etwas von dem Wesen Ihrer Anschauung abzulauschen beginne. Ich meine fast ich werde Ihnen immer weiter folgen können. Und dabei freilich höre ich auch immer mehr auf Sie zu vertheidigen, gegen solche namentlich die mehr verstehen könnten wenn sie nur wollten, und weniger über Sie schwatzen sollten als denken ... Ich bin entschlossen ... nicht nach Bayreuth zu gehen. Von letzterer Idee bin ich erwacht mit dem Gefühl als sei ich einer großen Gefahr knapp entronnen. Weiteres einmal mündlich. Oder lieber nichts. Denn Sie werden verstehen: Zum Absolutismus passe ich nicht, kann nicht neben dem schon vorhandenen Oberbonzen eine magre Derwischexistenz führen. Ich käme in Gefahr dort mein Wagnerianerthum zu verlieren.“ (7. April) Erwin Rohde schreibt nicht direkt an N, sondern an Overbeck erst am 31. Mai: „So von Körperplage und Arbeitslast geplagt, habe ich denn auch über Nietzsches letztes Buch meine Empfindung niederzuschreiben, keine freie Stunde gefunden. Mein dissensus trug daran wahrlich keine Schuld. Ich finde im Gegenteil – daß Nietzsche aus seiner Kreisbahn aus den Gegenden, wo nur einzelne Paradoxe wohnen, sich in diesem ‚Nachtrag' wieder bewährten und weniger übertrieben heißen oder kalten Gegenden nähert. Das Réetum ist weniger dogmatisch geworden und das ist ein Glück: denn durch ein solches Festhalten an dogmatisch genommenen Paradoxen gewinnt man freilich die Möglichkeit, durch einfaches Durchfigurieren dieser Paradoxen in den Anhang auf alle möglichen Verhältnisse sehr leicht eine Reihe geistreich aussehender Sentenzen (die im Grund immer wesentlich dasselbe sagen) zu schmieden. Aber man verbaut sich doch dadurch jede freie Aussicht in die Dinge und das Menschenleben: ich kann nicht finden, daß dabei der ‚freie Geist' besonders viel gewinnt. Von diesem Dogma aber nun scheint Nietzsche in dem neuesten Buch etwas zurückgekommen zu sein, er sieht freier um sich und gewinnt sein eigentümliches Wesen wieder, das er vorher offenbar durch forcierte Freigeisterei niedergekämpft. Ob es freilich recht ist, alle diese Wandlungen nun gleich vor dem Publikum zu vollziehen, ist zweifelhaft: ganz naturgemäß verliert, wer allen solchen Wegen folgt, das rechte Vertrauen zu einem Geiste, der mit solcher Virtuosität alle möglichen Standpunkte nach Belieben einnehmen kann, und sich dessen noch rühmt, was unsereiner als einen Mangel empfindet, nämlich die Freiheit von jenem Zwange, die Welt in einer ganz bestimmten Beleuchtung zu sehen, welcher vom Talent das Genie so gut wie freilich auch den Dummkopf unterscheidet. Immerhin will man einmal ein ‚freier Geist' sein (ein wunderlicher, rein negativer, unfruchtbarer Begriff), so soll man denn auch keinen Dogmenzwang dulden: Nietzsche hat, so scheint, den kalten Föhn des Réeismus, nach dem heißen des Wagnertums schon zum größten Teil überwunden." Hans Herrig, dem ein Rezensionsexemplar zugeschickt wurde, gibt in seiner Antwort aus Berlin u.a. eine Schilderung der Aufnahme der freigeisterischen Schriften Ns seitens der dortigen Wagnerianer: „Ich kann mich nun einmal vom Metaphysischen nicht losmachen, und werde nur immer bestärkt, daran festzuhalten ... Jeder consequente Versuch einer nicht metaphysischen Weltanschauung, wie ihn z.B. die Engländer unternommen, läuft aber ... auf größere Undenkbarkeiten und weit absurdere Mythologeme hinaus, als alle Metaphysik ... Ihr Buch hatten sich hier mehrere sogenannte ‚Wagnerianer' gekauft. Mit Einzelnen sprach ich darüber und merkte zu meiner Freude, daß diese guten Leute von dem, was nach ihrer Ansicht doch geradezu der Teufel sein muß, gar nichts gemerkt hatten – ihnen war das Alles nicht einmal eine Weiterentwicklung sondern ein Appendix Ihrer früheren Schriften. Unglaublich, aber wahr! Nun bin ich zwar noch derselbe Verehrer Wagners wie früher, aber es ärgert mich doch, daß die Hanswürste der Gegenpartei fortfahren, Sie als ‚Wagnerianer' zu behandeln, zufrieden wenn sie auf einen Namen irgend einen bekannten Stempel gedrückt haben. Und so will ich wenigstens in einem mir zu Gebote stehenden Literaturblatte einen kleinen Protest dagegen erheben ..." (22. April) Auch Emerich Du Mont läßt sich nach einigen Monaten vernehmen: „Ich habe den Anhang genauso wie das Hauptwerk wiederholt gelesen ... Im ganzen hat mich das Werk peinlich gerührt. Ihr Abfall von Schopenhauer und Ihre Bekehrung durch Paul Rée hat mir weh gethan, in einzelnen Dingen aber stimme ich Ihnen vollkommen bei, und selbst dort, wo ich Ihnen widersprechen muß, kann ich Ihnen meine Bewunderung nicht versagen ..." (aus Ehrenhausen/Steiermark, 5. September)

Von Marie Baumgartner läßt sich N die „gelegentlichen litterarischen Urtheile Mérimées aus den lettres à une inconnue übersetzen", von seiner Schwester aus Ximénès Doudan, *Mélanges et lettres.* Am 21. März verläßt N Basel nach Genf.

Genf, 22. März–21. April

Frühjahrsferien in Genf. Keine Besserung im Gesundheitszustand. An Overbeck: „Alles ist trüb und kalt. Die Einsamkeit schwer zu ertragen, der Magen schlecht, der Kopf immer voller Schmerzen" (23. März). An Mutter und Schwester: „Einer der härtesten Anfälle mit vielem Erbrechen. Der Magen immer zerstört." (26. März) Er versucht eine Kur mit Duschen. „Mein Leben ist mehr Tortur als Erholung ... ‚Wäre ich blind!' dieser alberne Wunsch wird mir jetzt eine Philosophie. Denn ich lese und soll's nicht – wie ich auch nicht denken soll – und ich denke!" (an Overbeck, 30. März) „Ich denke über den Stil nach. Bitte, schreiben Sie zu meinem Nutz und Frommen mir einige Thesen über meinen jetzigen Stil (Sie sind dessen einziger Kenner) – was ich kann und nicht kann, über die Gefahr von Manieren usw." (an Gast, 5. April) An Mutter und Schwester: „Ich lag 2 böse Tage zu Bett: Erbrechen dazu. Heute ist es schon wieder im Anzuge." (5. April) Freude Ns über den Brief Burckhardts zu den *Vermischten Meinungen und Sprüchen*. An Overbeck: „Ceterum censeo Basileam esse derelinquendam. Ich habe Urtheile aller Stände aus den verschiedensten Gegenden der Schweiz: man stimmt überein, dass Basel eine schlechte drückende, zu Kopfleiden disponirende Luft habe. Ich habe dort nie, seit Jahren, einen ganz freien Kopf, wie ich z.B. hier seit einigen Tagen habe. Sodann: ich vertrage Lesen und Schreiben nur bis zu 20 Minuten. Ergo: Academia derelinquenda est." (11. April) An Mutter und Schwester: „Luft und Wasser und Bäder thun mir sehr wohl. Ach das schändliche schädliche Basel, wo ich meine Gesundheit verloren habe und mein Leben verlieren werde" (12. April). An Paul Rée: „Vielleicht daß ich die Universität verlassen muß, namentlich der Augen und des Kopfes wegen. Aber immer knüpfe ich im Geiste meine Zukunft mit der Ihrigen zusammen." (15. April) N läßt trotzdem seine Vorlesungen durch Overbeck anzeigen: „Anfang Samstag den 26. April, um 9 Uhr, in Auditorium III" (18. April). Über den Umgang Ns während dieses zweiten Genfer Aufenthalts ist wenig bekannt. Lediglich einige Briefe von Marie Köckert an N liegen vor. Sie erhielt von ihm sein neuestes Buch: „Fast allen meinen Lieblingen begegne ich darin – sogar Claude Lorrain", schreibt sie darüber an N; mit N besucht sie ein Konzert; sie versucht vergeblich für N einen „Vorlesenden Übersetzenden" ausfindig zu machen und trifft sich einige Male mit ihm.

Basel, Schloß Bremgarten, Zürich, 21. April–Ende Mai

Am 21. April N wieder in Basel. „Mein Zustand ist eine Thierquälerei und Vorhölle, ich kann's nicht leugnen. Wahrscheinlich hört es mit meiner akademischen Thätigkeit auf, vielleicht mit der Thätigkeit überhaupt, möglicherweise mit – – usw: aber erst in diesem Falle mit der Freundschaft, liebster treuer Freund!" (an Rée, 23. April) „Anfälle über Anfälle ... Bis jetzt außer Stande, Vorlesungen zu halten. – Schieß hat gestern von Neuem die erhebliche Abnahme meiner Sehkraft ... constatirt." (an Mutter und

Schwester, 25. April) Am 2. Mai richtet N an die Erziehungsbehörde sein Entlassungsgesuch. Der Regierungsrat des Kantons Baselstadt erteilt N die Entlassungsurkunde am 14. Juni; am 16. Juni wird sie vom Erziehungsrat N zugestellt mit Worten des Danks und Bedauerns. Das Ruhegehalt Ns beträgt 3000 fr. jährlich: 1000 fr. vom Regierungsrat, 1000 fr. von der Universität aus dem Heuslerschen Fonds, weitere 1000 fr. von der „academischen Gesellschaft" zu diesem Zweck bewilligt. Das letzte Gehalt Ns: 4500 fr. Als Nachfolger Ns wird sein ehemaliger Schüler Jacob Wackernagel berufen. „Ich habe meine Professur niedergelegt und gehe in die Höhen – fast zur Verzweiflung gebracht und kaum noch hoffend. Die Leiden waren zu schwer, zu anhaltend", schreibt N an Paul Widemann (am 6. Mai) in Chemnitz, ihn um „ein rasches Wort" über Befinden und Pläne und um die Adresse Peter Gasts bittend; vielleicht auf die Gesellschaft von Widemann oder Gast als Vorleser hoffend. Reger Briefwechsel zwischen Schmeitzner, Widemann, Gast, Overbeck (diesem auch im Namen Ns), wie N am besten zu helfen sei. Widemann will zunächst zu ihm in die Schweiz eilen; Schmeitzner denkt an die Gründung von Nietzsche-Vereinen „analog den Wagnervereinen"; auch eine Unterstützung durch die „Schillerstiftung" in Dresden wird erwogen, während Bernhard Förster eine geheime Subskription organisieren will, bis von Overbeck die Nachricht kommt, daß die Universität N 2/3 seines Gehalts zahle. Peter Gast kann Venedig nicht verlassen, aber wiederholt seinen Vorschlag, N in Venedig beizustehen, mit genauer Beschreibung der klimatischen Vorteile namentlich des Venediger Lido. Von den anderen Freunden melden sich Rohde und Gersdorff bei Overbeck, um Auskunft über die Zukunft Ns zu holen. N entschließt sich zuletzt für einen einsamen Sommer. Die Kunde von Ns Amtsniederlegung erregt auch in Bayreuth Mitgefühl; Cosima Wagner an Gersdorff: „Die traurigsten Nachrichten kamen zu uns über N. Sichere Erblindung in Aussicht, Niederlegung der Professur, Furcht vor äusserster Noth! Gott, mit wie offenen Herzen und Armen hätten wir unser Heim angeboten, und wie hätte er noch an unserer Sache, als bedeutendster Faktor sich betätigen können! Diese Freude durfte uns aber nicht werden, denn das Leben ist grausam!" (6. Juli)

Von Overbeck aufgefordert, kommt Ns Schwester am 10. Mai nach Basel, um den Haushalt Ns aufzulösen: Die Möbel werden zum Teil verkauft oder verschenkt, der größte Teil von Ns Bibliothek wird bei der Schwiegermutter Overbecks in Zürich untergebracht. Zunächst aber fährt die Schwester mit N am 12. Mai nach Schloß Bremgarten bei Bern; nach einiger Zeit ist sie in Basel, um alle praktischen Angelegenheiten des Bruders mit Hilfe des Ehepaars Overbeck zu regeln. Marie Baumgartner kauft einige Stücke von Ns Mobiliar. N bis Ende Mai in Zürich, bei Frau Rothpletz, die ihm dann den ganzen Sommer hindurch mit allerlei Besorgungen von Zürich aus behilflich ist.

Wiesen, St. Moritz, Ende Mai–17. September

N verlebt drei Wochen in Wiesen bei Davos: „Schmerz, Einsamkeit, Spazierengehen, schlechtes Wetter – das ist mein Kreislauf. Keine Spur von Aufregung. Vielmehr eine Art gedankenlosen betäubten Übelbefindens" (an Overbeck, 8. Juni). Er bestellt sich von Schmeitzner die *Volkswirthschaftslehre* Careys. Schmeitzner berichtet „über einen abscheulichen Mißerfolg meines Hauptbuchs *[Menschliches, Allzumenschliches]*, nach der Ostermessen-Abrechnung. Es sind, statt 1000 Ex. wie er erwartet nur 120 verkauft" (N an Overbeck, 15. Juni). Aus Wiesen wünscht sich N Romundt herbei, dieser aber kann seinem Wunsch nicht nachkommen (an N, 22. Juni). In diesen Sommermonaten versucht Schmeitzner noch einmal „Lärm für Ns Schriften zu schlagen". Er schickt z.B. an Eduard Hanslick *Menschliches, Allzumenschliches* und *Publikum und Popularität* von Wagner, sich daraus einen nützlichen „Skandal" versprechend. Den gleichen Versuch macht er bei Paul Lindau, welcher eine Besprechung in *Nord und Süd* verspricht. Peter Gast verfaßt – im Auftrag Schmeitzners und ohne Wissen Ns – anonyme Besprechungen, so z.B. im *Grätzer Tageblatt.* O. Busse, jetzt mit Schmeitzner bekannt, will die *Nationalzeitung* für Rezensionen gewinnen, u. dgl. mehr. Karl Hillebrand, der auch von Schmeitzner befragt wird, schreibt im Juli: „Ich nehme das größte Interesse an Nietzsche's Person und Schriften und mache unter der Hand soviel Propaganda dafür als möglich. Nachdem ich aber zwei ausführliche Essays über zwei seiner Schriften (historisches Wissen und Schopenhauer) veröffentlicht und auf sein letztes Werk energisch hingewiesen, dürfte es als eine Koteriesache herauskommen, träte ich noch einmal, anders als parentethisch, in seiner Sache auf. Das muß bei der großen Gegnerschaft, die er hat, auf das strengste vermieden werden. Dagegen werde ich ihn vorübergehend so oft als möglich als einen der bedeutendsten jüngeren Schriftsteller citiren. Ich weiß, es ist ein schlechtes Geschäft gediegene Autoren zu geben, allein es zahlt doch, freilich spät, aber dann um so sicherer: in zehn, fünfzehn Jahren werden Nietzsche's Schriften eine gewaltige Nachfrage finden, daher seien Sie sicher und verlieren Sie den Muth nicht. Ich werde mich noch sonst für Nietzsche bemühen, ohne daß er's erfährt." In dieser Zeit erwägt Schmeitzner die Gründung einer Zeitschrift, deren Redakteur Peter Gast sein sollte; er denkt, ein „dickes Monatsheft" herauszugeben, in welchem Projekt er eine Verwirklichung der *Jahrbücher der Freunde,* die N ein Jahr zuvor für die fernere Zukunft geplant hatte (an Carl Fuchs, Ende Juli 1878), sieht. Außerdem hält Schmeitzner nach neuen Autoren Umschau und gewinnt ein Werk Eugen Dührings *(Robert Mayer, der Galilei des XIX. Jahrhunderts)* und eine Dokumentation über die letzten Tage Ferdinand Lassalles von A. Kutschbach *(Lasalle's* [sic!] *Tod)* für seinen Verlag.

Nach drei „herzlich schlechten Wochen", N am 21. Juni in St. Moritz. „Mir ist es als wäre ich im Lande der Verheißung. Ein beständiger sonniger Oktober. Zum ersten Male Gefühl der Erleichterung", schreibt er über St. Moritz an die Schwester (24. Juni). Peter Gast, Overbeck, die Mutter, die Schwester werden gebeten, seine Adresse streng geheim zu halten. An Paul Rée: „Der September und erste Theil des Oktober soll am schönsten hier sein — da steigen Wünsche nach dem sehr ersehnten Freunde auf, aber ich will nicht unbescheiden sein. Für unser Zusammensein — falls ich dieses Glück doch noch erleben sollte — ist Viel in mir präparirt. Auch ein Kistchen Bücher steht für jenen Augenblick bereit, Réealia betitelt, es sind gute Sachen darunter, über die Sie sich freuen werden. Können Sie mir ein lehrreiches Buch womöglich englischer Herkunft, aber ins Deutsche übersetzt und mit gutem großen Druck zusenden? — Ich lebe ganz ohne Bücher, als Sieben-Achtel-Blinder, aber ich nehme gerne die verbotene Frucht aus Ihrer Hand ... Friedrich Nietzsche, ehemals Professor jetzt fugitivus errans" (Juli). Klagt mit der Schwester über die „Höhenpreise", aber „St. Moritz ist das Rechte für mich. Ich bin viel krank, habe 4 Tage schon zu Bett gelegen, und jeder Tag hat seine

Elends-Geschichte – und trotzdem! Ich halte es besser aus als irgendwo. Mir ist als hätte ich lange lange gesucht und endlich gefunden. An Besserung denke ich gar nicht mehr, geschweige denn an Genesung. Aber aushalten-können ist sehr viel ... Ich wohne ganz allein in einem Hause, und ruhig. Gutes Bett." (6. Juli) Neue Aufzeichnungen *(St. Moritzer Gedanken-Gänge).* Mit der Schwester berät er brieflich die zukünftige zeitliche Verteilung seiner Aufenthaltsorte, mit Vorschlägen verschiedenster Art: Winter in Neapel oder in Norddeutschland (um „mit Rée zusammen zu leben und einiges zu lernen"), Frühjahr und Herbst in Naumburg mit Gärtnerei beschäftigt; Chur und Venedig werden außerdem für den Winter erwogen, aber auch Riva am Gardasee, Meran, Bozen, Gastein, Ariccia bei Rom, Genua. Von B.-C. Martha liest er: *Les Moralistes sous l'empire romain, philosophes et poètes* (an Overbeck, 12. August). Verschlimmerung seines Zustands in der ersten Hälfte August: „... von 11 Tagen ... 8 Anfallstage, 5 davon im Bett zugebracht" (an die Schwester, 14. August). Ida Overbeck übersetzt auf Veranlassung Ns aus Sainte-Beuves *Causeries du lundi.* Overbeck, beunruhigt durch die Berichte Ns, besucht ihn in St. Moritz vom 20.–23. August: „der gute Freund war hier, es gieng aber schlimm, wie auch seitdem immer fort" (an die Schwester, 28. August). Alfons Bilharz dankt N für den „Genuß", den ihm die *Unzeitgemäßen Betrachtungen* verschafft haben, und macht ihn auf sein Werk *Der heliozentrische Standpunkt der Weltbetrachtung* (Stuttgart 1879, in Ns Bibliothek) aufmerksam (aus Sigmaringen, 31. August). Am 10. September schickt N an Gast zwei Hefte mit der Reinschrift seiner St.-Moritzer Aufzeichnungen, damit er daraus eine Abschrift als Druckmanuskript verfertige. Am 17. September, auf der Reise nach Naumburg, trifft N in Chur mit der Schwester zusammen.

Naumburg, 20. September–Ende Dezember

Der „Hauptgedanke des Winterkur-Programms" Ns in Naumburg ist: „möglichste Ruhe vor meinen beständigen inneren Arbeiten, Erholung von mir selber, die ich seit Jahren nicht gehabt" (an Overbeck, 22. September). In den ersten Wochen des Naumburger Aufenthalts scheint eine gewisse Besserung im Zustand Ns einzutreten, „sehr gnädig im Vergleich zu dem abscheulichen Zustande der letzten St. Moritzer Wochen"; um sein „Winterprogramm" durchzuführen, verzichtet N auf einen Besuch seitens Rées: „Verzeihung, wenn ich auf diesen Grad von Entsagung etwas stolz bin!" (an Overbeck, 29. September) Am 30. September sendet N an Gast „die letzten Blätter aus dem Engadin" zur Abschrift. „... ich leide an Gedankenlosigkeit und bin im Grunde mit diesem Leiden zufrieden" (an die Schwester, Ende September). Die Schwester bleibt den Winter über in der Schweiz. Am 5. Oktober meldet N Schmeitzner das neue Werk an. Den ganzen Oktober bleibt der Zustand Ns „erträglich und viel besser als im Sommer": In seinen Briefen werden zwei Anfälle ausdrücklich verzeichnet: am 16. und am 19. Oktober. Am 18. Oktober Zusammentreffen in Leipzig mit Schmeitzner und Widemann, N übergibt das Druckmanuskript zu *Der Wanderer und sein Schatten* seinem Verleger. Von Rée kommen Bücher, zum Vorlesen durch die Mutter: Lermontow, Macaulay, Möser, Pestalozzi. Weiter werden N im Laufe dieses Winters von der Mutter vorgelesen: Gogol, Bret Harte, Mark Twain, Poe. N verzichtet auf die „Gemüsebauerei", wozu er im Sommer „der Stadt Naumburg ein kleines burgartiges Stück der mittelalterlichen Stadtbefestigung abgepachtet hatte". Gegen Ende Oktober Beginn der Korrektur von *Der Wanderer und sein Schatten;* wie immer hilft Gast N dabei aus Venedig. An Rée: „Mein Hauptgedanke ist jetzt, daß die Hauptursache der irdischen Gebrechlichkeit in kleinen Unwissenheiten besteht – Verzeihung, daß ich die Nutzanwendung auch auf unser Kranksein mache! Wir müssen durchaus gesund werden, sobald wir begriffen haben, wie wir krank wurden." (31. Oktober) Nach einem vergeblichen Versuch, N in Naumburg zu besuchen, schreibt ihm Otto Busse: „Das neue Buch ‚Menschliches – Allzumenschliches' habe ich ... mit ganzer Liebe in mir aufgenommen. Es hat mir liebgewordene Anschauungen zerrissen, aber es hat mir mehr gegeben, als ich verloren ..." (aus Berlin, 31. Oktober) Wagner an Overbeck: „Daß ich aber so gänzlich davon ausgeschlossen sein soll, an Nietzsches Leben und Nöten teil zu nehmen, betrübt mich. Würde ich unbescheiden sein, wenn ich Sie herzlich ersuchte, mir einige Nachricht über unseren Freund zukommen zu lassen?" (19. Oktober) Gegen Ende Oktober verbreiteten sich Gerüchte über den Tod Ns. Es ist nicht auszumachen, aus welcher Quelle sie stammten. Malwida von Meysenbug schreibt an Reinhart von Seydlitz: „Ist es wahr, was mir durch 3te Hand zukam, daß N todt ist? Es hat mich tief bewegt und doch, wenn es wahr ist, so freue ich mich daß er erlöst ist, denn genesen konnte er nicht und seine Zukunft war Qual. Aber Schade daß er mit diesem Buch schied." (aus Paris, 30. Oktober) Dieser Brief befindet sich im Nachlaß Ns; doch die uns bekannten Briefe Ns enthalten von diesem Vorfall keine Spur. Einen ähnlichen Brief schreibt Malwida an Meta von Salis, welche – ohne selber N zu kennen – in Naumburg bei einer Freundin der Familie Nietzsche (Frau von Wöhrmann) lebt. Über einen anderen angeblichen Tod, den von Eugen Dühring, korrespondiert N mit Schmeitzner um diese Zeit; die Briefe des letzteren sind ein wichtiges Zeugnis über Dühring und seine Umgebung.

Das Befinden Ns verschlechtert sich seit Anfang November „langsam, aber sicher", doch „geht der Schmerz über eine gewisse Grenze des ‚Erträglichen' noch nicht hinaus" (an Ida Overbeck und an die Schwester, 5. November). Der zunehmend schlechte Zustand bewirkt auch eine Verzögerung in der Korrektur. Seit Mitte November „immer krank, die Anfälle fürchterlich (mit Erbrechen usw.) viele Tage zu Bett" (an Overbeck, 11. Dezember). Abschluß der Korrektur. „Ein Wort des Dankes, werthester Herr Schmeitzner, zugleich mit meinen Wünschen zu Ihrem Geburtstage, der in diesen Tagen sein muß. Sie haben sich mit Ihrem ‚ersten Verlagsbericht' ein schönes Geschenk gemacht: gute Saat, die hoffentlich eine gute Ernte bringt! Der Bericht ist vorzüglich geschrieben, sehr vornehm (ich sehe augenblicklich davon ab, **wie** von mir darin geredet wird: möge es wahr werden! möchte es wahr sein! usw. usw.) Ich leide außerordentlich und beständig, Anfälle über Anfälle. Ich denke an eine Flucht nach dem Süden – vielleicht nach dem Gardasee. Aber vielleicht giebt es keinen ‚Süden' mehr ... Der vollendete ‚Wanderer' ist mir fast etwas Unglaubliches – am 21. Juni kam ich nach St. Moritz – und heute –! Die ganze ‚Menschlichkeit' mit den 2 Anhängen ist aus der Zeit der bittersten und anhaltendsten Schmerzen – und scheint mir doch ein Ding voller Gesundheit. Dies ist mein Triumph." (N an Schmeitzner, 18. Dezember)

Gegen den 20. Dezember erhalten die Freunde Ns das neue Werk *Der Wanderer und sein Schatten.* Marie Baumgartner: „... Während ich las, kam es mir vor als redeten Sie selbst wieder zu mir mit dem alten ruhigen und doch stolzen Vertrauen, und als hörte ich wieder den behaglichen Gruß den ich so gerne hörte wenn Sie die Treppe hinaufstiegen: ‚hier bin ich!‘ ...“ (20. Dezember). Paul Rée: „Darf ich nennen, was mich bis jetzt am meisten gepackt hat, so ist es ‚jedes Wort ist ein Vorurtheil‘! Das ist die beste Sentenz welche je gemacht wurde. Sie enthält eine ganze Philosophie; jedoch, wenn auch wohl überall anwendbar, so doch nirgends so sehr, wie in den Angelegenheiten der Moral“ (an Franziska Nietzsche, 20. Dezember). Erwin Rohde: „Ich denke zurück an die lange vergangenen Zeiten, wo wir in Leipzig uns zusammenfanden, an Deine nächtlichen Clavierphantasien, an viele wunderliche Stunden, dann an unsre gelegentlichen Baseler Zusammenkünfte, an alle die Stunden und Tage, die wir im Schatten Wagners mit einander zugebracht haben: vielleicht in sehr verschiedenen Welten, so gleich auch die Stimmung schien, – ich denke immer an Dich, wenn ich die besten und folgereichsten Momente meiner Jugend ... mir ins Gedächtniß heraufsteigen lasse. Ich kann Dich nie verlieren, mögest Du die fernsten Gedankengebirge erklettern; was man im vorigen Jahrhundert die ‚sympathie‘ nannte, zieht mich mit, ein Verständniß, das nicht nur aus dem Kopfe, sondern aus der ganzen Composition des Wesens stammt und sich fast wie ein Zwang auferlegt ... Der Schluß Deines Buches reißt Einem durch die Seele; es sollen und müssen noch sanftere Accorde nach dieser abgerissenen Disharmonie kommen ... Lebe wohl, mein lieber Freund; Du bist immer der Gebende, ich immer der Empfangende: was könnte ich Dir geben und sein? wenn nicht Dein Freund, der unter allen Umständen Dir gleich zugethan und angehörig bleibt ...“ (22. Dezember) N antwortet am 28. Dezember: „Habe Dank, theurer Freund! Deine alte Liebe, neu besiegelt – das war das köstlichste Geschenk am Abende der Bescheerung. Selten ist mir’s so gut gegangen: gewöhnlich war das persönliche Schlußergebniß eines Buches für mich, daß ein Freund mich gekränkt verließ (wie es mein Schatten macht). Ich kenne das Gefühl der freundelosen Vereinsamung recht gut, das herrliche Zeugniß Deiner Treue hat mich ganz erschüttert.“

Im Dezember entscheidende Verschlechterung: „Mein Zustand ist so fürchterlich und unheimlich wie nur je. Daß ich die letzten 4 Wochen überlebte, begreife ich nicht“ (an Marie Baumgartner, 28. Dezember). „Der Zustand war zum Entsetzen, der letzte Anfall von dreitägigem Erbrechen begleitet, gestern eine bedenklich lange Bewußtlosigkeit" (an Overbeck, 28. Dezember). „Es liegt eine schwere schwere Last auf mir. Im letzten Jahre hatte ich 118 schwere Anfallstage" (an die Schwester, 29. Dezember). „Meine Existenz ist eine fürchterliche Last: ich hätte sie längst von mir abgeworfen, wenn ich nicht die lehrreichsten Proben und Experimente auf geistig-sittlichem Gebiete gerade in diesem Zustande des Leidens und der fast absoluten Entsagung machte – diese erkenntnißdurstige Freudigkeit bringt mich auf Höhen, wo ich über alle Marter und alle Hoffnungslosigkeit siege. Im Ganzen bin ich glücklicher als je in meinem Leben: und doch! Beständiger Schmerz, mehrere Stunden des Tages ein der Seekrankheit eng verwandtes Gefühl einer Halb-Lähmung, wo mir das Reden schwer wird, zur Abwechslung wüthende Anfälle (der letzte nöthigte mich 3 Tage und Nächte lang zu erbrechen, ich dürstete nach dem Tode)", so beschreibt N seinen Zustand in der Antwort auf die Neujahrswünsche von Otto Eiser.

1880

Naumburg, Januar–Anfang Februar

An Malwida von Meysenbug, 14. Januar: „Man hat mir erzählt, daß er *[Wagner]* gegen mich schriebe ... Zu allem Verkehren und gar zu einem Wiederanknüpfen bin ich ganz untauglich. Es ist zu spät ..." Als Geschenk von Gast sendet Schmeitzner an N die Memoiren von Mme de Rémusat. Ende Januar sechstägiger Besuch Paul Rées in Naumburg. N an Overbeck: „Es gieng schlecht, ich konnte nicht diese paar Zeilen schreiben ... Dr. Rée war auf fünf Tage bei mir, mit beruhigenderem Zustande der Gesundheit und zu großer Herz-Erquickung für mich ... Oh dieser Winter! (Im letzten Jahre hatte ich 118 schwere Anfallstage)."

Riva del Garda, 13. Februar–13. März

Um den 10. Februar Abreise von Naumburg nach Riva del Garda. Zwei Tage in Bozen krank. Am 13. in Riva, wo ihn Peter

Gast, aus Venedig kommend, erreicht. Gast an Cäcilie Gussenbauer über N in Riva (24. Februar, zitiert nach Podach, *Gestalten um Nietzsche*): „Nietzsches Aussehen ist seinen Verhältnissen nach leidlich gut: er muß sich in jeder Hinsicht schrecklich in Acht nehmen, nach ganz bestimmten von ihm selbst gefundenen Regeln leben, im Sprechen und Denken, im Sehen und Hören maßhalten; nur in der körperlichen Bewegung darf er so maßlos sein als er will, dies erhält ihn noch aufrecht."

Venedig, 14. März–29. Juni

Am 14. März begibt sich N mit Gast nach Venedig; Ende März zieht N in ein von ihm gefundenes Logis, „nach meinen Bedürfnissen nicht in den engen Lagunen gelegen, sondern frei wie am Meere, mit dem Blick auf die Todteninsel" (an Overbeck). N über seine Lebensweise in Venedig: „Die Lebensweise ist sehr gut eingerichtet, ich werde wohl den Sommer hier bleiben. Köselitz *[alias Peter Gast]* liest mir vor, er kommt 1/4 nach 2 Uhr und Abends halb acht, jedesmal auf 1 bis 1 1/2 Stunden ..." (an die Mutter und Schwester, 2. April). Lektüre von Stifters *Nachsommer.* Von Anfang Mai bis Ende Juni diktiert N Gast die *Ombra di Venezia.* Lektüre aus dieser Zeit: H. Spencer, *Die Thatsachen der Ethik;* verschiedene Schriften von J. St. Mill; J. Lubbock, *Die Entstehung der Zivilisation;* A. Siebenlist, *Schopenhauers Philosophie der Tragödie.* Besonderer Gegenstand seiner Studien ist das Christentum: liest die *Christlichkeit* von Overbeck wieder; leiht sich von Overbeck H. Lüdemann, *Anthropologie des Paulus* und Moritz von Engelhardt, *Das Christenthum Justin des Märtyrers.* „Im Fall Du die Bücher, von denen ich neulich schrieb, entbehren kannst sende sie, ich bitte; ich habe inzwischen so oft über christliche Moralität nachgedacht, daß ich förmlich heißhungrig nach einigem Stoff für meine Hypothesen bin" (an Overbeck, 7. Juli).

Marienbad, Anfang Juli–Ende August

Nach der „unangenehmsten Irrfahrt ... in Krain, Kärnten, Tirol" N in Marienbad (an Gast, 5. Juli). N an Gast über seinen Aufenthalt in Marienbad: „Denken Sie, daß es seit dem 24. Juli jeden Tag geregnet hat, und oft tagelang. Regenhimmel, Regenluft, aber gute Wege im Walde. Meine Gesundheit gieng dabei wieder rückwärts; in summa bin ich aber mit Venedig und Marienbad zufrieden. Es ist gewiß hier seit Goethe noch nicht so viel gedacht worden, und auch Goethe wird nicht so principielle Dinge sich haben durch den Kopf gehen lassen, – ich war über mich selber weit hinaus. Einmal, im Walde, fixirte mich ein Herr, der an mir vorübergieng, sehr scharf: ich empfand in diesem Augenblicke, daß ich den Ausdruck strahlenden Glücks im Gesichte haben müsse und daß ich schon zwei Stunden mit ihm herumlaufe. Ich lebe incognito, wie der bescheidenste aller Curgäste; in der Fremdenliste stehe ich als ‚Herr Lehrer Nietzsche'. Es giebt viel Polen hier und diese – es ist wunderlich – halten mich durchaus für einen Polen, kommen mit polnischen Grüßen auf mich zu und – glauben's mir nicht, wenn ich mich als Schweizer zu erkennen gebe. ‚Es ist die polnische Rasse, aber das Herz ist Gott weiß wohin gewendet' – damit verabschiedete sich einer von mir, ganz betrübt" (28. Juli). Lektüre: H. Lüdemann, M. von Engelhardt, Byron, J. J. Baumann, P. Mérimée, Sainte-Beuve.

Naumburg, Anfang September–8. Oktober

Anfang September in Naumburg. Keine Zeugnisse über diesen Aufenthalt. Am 8. Oktober verläßt er Naumburg in Richtung Stresa (Lago Maggiore). Auf der Fahrt Station in Heidelberg (wegen Unwohlseins), dann einige Stunden in Basel bei Overbecks; Anfall auf der Mitte des Gotthard, drei Tage in Locarno „im übelsten Zustande".

Stresa, 13./14. Oktober–15. November

An Rée, der inzwischen in Nordamerika gewesen ist: „Vielleicht ... sind Sie wieder heimgekehrt und haben sich und Ihre Philosophie vor den Gefahren des Meeres und des Amerikanerthums gerettet. Ich denke mit wahrer Sehnsucht an Sie, ohne irgend eine Aussicht zu haben, dieselbe zu befriedigen; denn ich mußte mich wieder nach dem Süden zurückziehen und diesmal, wie ich mir gelobt habe, auf länger. Als Recept sowohl wie als natürliche Passion erscheint bei mir immer deutlicher die Einsamkeit und zwar die vollkommene – und den Zustand, in dem wir unser Bestes schaffen können, muß man herstellen und viele Opfer dafür bringen können. Für einen solchen Einsamen ist aber ‚der Freund' ein köstlicherer Gedanke als hier die Vielsamen" (31. Oktober). An Gast: „Immer krank, viel zu Bett, vom Winter überfallen, täglich zweihundertmal sagend: ‚Was liegt an mir!'" (7. November)

Genua, Mitte November–Ende Dezember

Ab Mitte November längerer Aufenthalt in Genua. „Jetzt ist mein ganzes Dichten und Trachten darauf aus, eine idealische Dachstuben-Einsamkeit zu verwirklichen, bei der alle jene nothwendigen und einfachsten Anforderungen meiner Natur, wie viele, viele Schmerzen sie mich gelehrt haben, zu ihrem Recht kommen" (an Overbeck). „Hier habe ich Gewühl und Ruhe und hohe Bergpfade und Das, was schöner ist als mein Traum davon, das Campo santo" (an Gast). Durch Gast knüpft N seine Beziehungen mit Gersdorff wieder an. Über den Winter in Genua: „Es fehlt mir der Ofen, wie Ihnen. Aber bis jetzt konnte man Tag und Nacht im Freien sitzen (und liegen – ich komme eben von der einsamen Felsenküste)" (an Gast). Ende des Jahres Bearbeitung der *Morgenröthe.* Hauptlektüre im Herbst 1880: Stendhal, Mme. de Rémusat, Pascal, Emerson.

1881

Genua, Januar–Ende April

Am 25. Januar sendet N das Manuskript zur Abschrift an Gast. „Nun heißt es wieder ‚Freund, in Ihre Hände befehle ich meinen Geist!' und noch mehr: ‚in ihren Geist befehle ich meine Hände!' Ich schreibe zu schlecht und sehe alles krumm. Wenn Sie nicht errathen was ich denke, so ist das Manuscript unentzifferbar." Gast an Cäcilie Gussenbauer über sein Abschreiben: „Ich habe mich vergangene Woche an dem Manuskript Nietzsches und den ganzen Winter an meinen eigenen Sachen fast blind geschrieben. Schreibe doch, bitte liebe Cäcilie, in einer Woche ein Buch von mehr als 200 Druckseiten ab, und zwar aus einem fast nicht lesbaren Manuskript eines fast blinden Mannes – und sage mir dann, ob Dir der Kopf weh thut oder nicht" (zitiert nach Podach, *Gestalten*). Bis Mitte März wird die Vorbereitung des Druckmanuskriptes zu Ende geführt. N läßt durch Gast Gersdorff fragen, ob letzterer Lust habe, mit ihm auf ein bis zwei Jahre nach Tunis zu gehen. In seinem Buch *Zur Orientierung über die Bismarck'sche Aera* nennt Bruno Bauer N „den deutschen Montaigne, Pascal und Diderot". N. kommentiert: „Wie wenig Feinheit in solchem Lobe, also: wie wenig Lob!" (an Gast) Brief an Rohde, 24. März: „Ich hätte gerne etwas recht, recht Persönliches von Dir wieder einmal in Händen". N über sein Befinden: „Der Übelstand meiner Augen ist groß; jetzt z.B. nach der Arbeit dieses Winters muß ich viele Tage verstreichen ohne ein Wort zu lesen und zu schreiben; und kaum begreife ich's, wie ich mit diesem Manuscript fertig geworden bin" (an Gast). N verzichtet auf seine Reise nach Tunis wegen des dort ausbrechenden Krieges. Von Gast darauf hingewiesen, liest er J.R. Mayer, *Mechanik der Wärme:* „... in solchen herrlichen schlichten und fröhlichen Büchern wie dem Robert Mayer's giebt es eine Harmonie der Sphären zu hören: eine Musik, die nur für den wissenschaftlichen Menschen bereitet ist" (an Gast). Rohde beantwortet Ns Brief vom 24. März. N über Rohde an Overbeck: „Freund Rohde hat einen langen Brief über sich geschrieben, an dem mir aber zweierlei fast wehe that 1) die Art Gedankenlosigkeit in Betreff der Richtung des Lebens bei einem solchen Menschen! und 2) die Masse schlechten Geschmacks in Wort und Wendung (vielleicht nennt man's auf deutschen Universitäten ‚Witz' – der Himmel behüte uns davor!)".

Recoaro, Anfang Mai–Anfang Juli

Ende April verläßt N Genua; er trifft sich am 1. Mai mit Peter Gast in Vicenza. Gast geht vor ihm (2. Mai) nach Recoaro, „um ihm die niedrigen Scherereien mit Wohnung, Gepäck und allem Möglichen zu ersparen". Am 3. Mai ist auch N in Recoaro. Sie arbeiten gemeinsam an der Korrektur der *Morgenröthe.* N läßt sich von Overbeck Kellers *Grünen Heinrich* nach Recoaro schicken. „Köselitz ist ein Musiker ersten Ranges“ (an Overbeck). Ende Mai verläßt Gast Recoaro, N an Overbeck: „Es ist so nöthig – für uns Beide. Meine Gesundheit verträgt, trotz aller Vorsicht, ein solches Zusammensein nicht mehr, es gab Anfälle von der übelsten Basler Manier.“ An Gast, 5. Juni: „Ich bin Ihnen sehr dankbar für die Überwindung, nach Recoaro zu gehen und hier so lange auszuhalten. Noch nie gab es für mich einen Mai, der es so sehr gewesen wäre, wie dieser! Es ist so Vieles offenbar geworden, und was noch alles von dem alten lieben Gastus absconditus an's Licht hinaus will, das ist gar nicht mehr abzusehen!“ Mitte Juni gratuliert N Gast für die „Beendigung unsrer unausstehlichen Correktur“. Spätere Aufzeichnung Gasts über das Zusammensein mit N in Recoaro: „Ich bin nur einmal mit N auf einige Zeit an fremden Ort gereist: Recoaro! Schrecklich! Hatte es bald verschworen, die Sache zu wiederholen“ (Peter-Gast-Nachlaß, Goethe- und Schiller-Archiv, Weimar). In einer anderen solchen Aufzeichnung nennt Gast als epochemachendes Ereignis in Ns Leben auch: „Recoaro, Gast kom⟨ische⟩ Oper“, d.h. die Komposition von Goethes Singspiel *Scherz, List und Rache,* die N begeisterte.

Sils-Maria, Anfang Juli–Ende September

Anfang Juli N in Sils-Maria (erster Aufenthalt); er läßt sich von Overbeck Hellwalds *Culturgeschichte* und *Die Erde und ihre Bewohner,* sowie den Band Kuno Fischers über Spinoza schicken. Ende Juli an Overbeck zu Spinoza: „Ich habe einen Vorgänger und was für einen!“ Anfang August, Gedanke der „ewigen Wiederkunft des Gleichen“, vgl. Bd. 9, 11 [141]. Er schwankt zwischen niedergeschlagenen und euphorischen Seelenzuständen. Beschäftigung mit den Naturwissenschaften. Am 18. September an Overbeck: „... missis his jocis, dicam quod tacere velim, sed non jam tacere possum. Sum in puncto desperationis. Dolor vincit vitam voluntatemque. O quos menses, qualem aestatem habui!“ An Gast, 22. September: „Gefährliche Zeiten waren es, der Tod schaute mir über die Achsel, ich habe den ganzen Sommer über fürchterlich gelitten: wohin soll ich mich wenden!“ Am 1. Oktober verläßt N

Sils-Maria und begibt sich nach Genua. Lektüre: W. E. H. Lecky, W. Roux, J. R. Mayer, J. G. Vogt, O. Liebmann.

Genua, Oktober–Dezember

Anhaltend schlechtes Befinden: „Ich führe täglich einen Kampf durch, von dem niemand einen Begriff hat, die Anfälle meiner Schmerzen sind so mannichfaltig und verlangen von mir so viel, viel Energie, Geduld, Nachdenken und Erfindung – ja es ist fast lächerlich: Erfindung!" (an Gast) Hört im Theater Rossinis *Semiramide* und Bellinis *Giulietta e Romeo, Sonnambula.* Am 28. November an Gast: „Hurrah! Freund! Wieder etwas Gutes kennen gelernt, eine Oper von François Bizet (wer ist das?!): Carmen." „Recht krank inzwischen ..." (an Gast, 5. Dezember) Mitte Dezember unternimmt N die „Fortsetzung der Morgenröthe". „Huldigungsschreiben" aus Baltimore, USA, von Fritz Fincke (Professor am Peabody Institute), dessen Frau Elise, geb. Fischer, und Charles Fischer. Intensive Lektüre Emersons.

1882

Genua, 1. Januar–29. März

N sendet am 25. Januar Gast die „Fortsetzung der Morgenröthe" nach Venedig. „Der Januar ist der schönste meines Lebens" (an Gast). N an Overbeck, 29. Januar: „Gestern sandte ich das neue Manuscript an Herrn Köselitz nach Venedig ab. Es fehlen noch das 9. und 10. Buch, welche ich jetzt nicht mehr machen kann – es gehört frische Kraft dazu und tiefste Einsamkeit ...Vielleicht finde ich einen Monat in diesem Sommer, der mir beides giebt, in irgend einem Walde: ich habe an die Wälder Corsica's gedacht, aber auch an den Schwarzwald (St. Blasien?). Vielleicht aber muß ich mit dieser schwersten aller meiner Aufgaben bis zum Winter warten. ... Habt Ihr auch einen solchen ‚Frühling' wie wir? Die wahren ‚Wunder des heiligen Januarius!'" Ende Januar erscheint das erste Heft der *Internationalen Monatsschrift* mit einer Einleitung von Bruno Bauer; N an Gast: „Ist dieser Grundgedanke seiner Einleitung – das Europäerthum mit der Perspektive der Vernichtung der Nationalitäten – ist dies nicht mein Gedanke?“ (5. Februar) Vom 4. Februar an Besuch Rées; er bringt N eine Schreibmaschine mit. Mit ihm zusammen sieht N im Theater Sarah Bernhardt als *La Dame aux camélias*. Mehrere Ausflüge mit Rée nach Pegli, Nervi, Santa Margherita. N an Gast: „Wir *[N und Rée]* waren zwei Tage in Monaco; ich, wie billig, ohne zu spielen. Doch wäre mir den Abend in diesen Sälen zu verbringen die angenehmste Art der Geselligkeit. Die Menschen sind mir dort ebenso interessant als das Gold gleichgültig.“

Am 13. März fährt Rée nach Rom ab, wo er Lou von Salomé bei Malwida von Meysenbug kennenlernt. Erster (verlorengegangener) Brief Rées über Lou an N; daraufhin N: „Grüssen Sie diese Russin von mir, wenn dies irgend einen Sinn hat: ich bin nach dieser Gattung von Seelen lüstern. Ja ich gehe nächstens auf Raub danach aus – in Anbetracht dessen, was ich in den nächsten zehn Jahren thun will, brauch ich sie! Ein ganz anderes Capitel ist die Ehe. – Ich könnte mich höchstens zu einer zweijährigen Ehe verstehen, und auch dies nur in Anbetracht dessen, was ich in den nächsten zehn Jahren zu thun habe“ (21. März). Gleichzeitig schreibt N an Overbeck: „,... ich brauche einen jungen Menschen in meiner Nähe, der intelligent und unterrichtet genug ist, um mit mir arbeiten zu können. Selbst eine zweijährige Ehe würde ich zu diesem Zwecke eingehen – für welchen Fall freilich ein Paar andere Bedingungen in Betracht zu ziehen wären ...“ Von seiner Schwester erfährt N, daß der Antisemit Bernhard Förster in Berlin als sein Anhänger auftritt. Brief Malwida von Meysenbugs an N über Lou (27. März). „Ein sehr merkwürdiges Mädchen (ich glaube Rée hat Ihnen von ihr geschrieben) welche ich, unter vielen anderen, meinem Buch verdanke, scheint mir ungefähr im philosophischen Denken zu denselben Resultaten gelangt zu sein, wie bis jetzt Sie, d.h. zum praktischen Idealismus, mit Beiseitelassung jeder metaphysischen Voraussetzung und Sorge um die Erklärung metaphysischer Probleme. Rée und ich stimmen in dem Wunsch überein Sie einmal mit diesem ausserordentlichen Wesen zusammen zu sehen, aber leider kann ich nicht zu einem Besuch Rom's rathen, da die Bedingungen des Lebens hier für Sie nicht wohlthuend sein dürften ...“ Am 29. März schifft sich N nach Messina ein.

Messina, Anfang April bis kurz vor dem 24. April

N an Overbeck aus Messina: „... zuletzt bin ich mit einem kühnen Sprunge, direkt, als einziger Passagier hierher nach Messina gereist und fange an zu glauben, daß ich mehr Glück als Verstand dabei gehabt habe – denn dies Messina ist wie geschaffen für mich; auch die Messinesen zeigen mir eine Liebenswürdigkeit und Entgegenkommen, daß ich schon auf die wunderlichsten Nebengedanken gerathen bin (z.B. ob nicht Jemand hinter mir herreist, der die Leute für mich besticht?)" Neuer Brief Rées über Lou: „... Sie haben am meisten die junge Russin durch diesen Schritt *[die Abfahrt nach Messina]* in Erstaunen und Kummer versetzt. Dieselbe ist nämlich so begierig geworden, Sie zu sehen, zu sprechen, daß sie deshalb über Genua zurückreisen wollte, und sie war sehr zornig, Sie so ganz entrückt zu sehen. Sie ist ein energisches, unglaublich kluges Wesen mit den mädchenhaftesten, ja kindlichsten Eigenschaften. Sie möchte sich so gern, wie sie sagte, wenigstens ein nettes Jahr machen, und das sollte nächsten Winter sein. Dazu rechnet sie als nöthig Sie, mich und eine ältere Dame, wie Fräulein von Meysenbug, (haben Sie diesen Brief noch bekommen?), aber diese hat keine Lust. Könnte man nicht dieses Zusammensein arrangieren – aber wer als ältere Dame? Ort müßte wohl Genua sein oder könnten Sie sich auch zu einem andern entschließen? Es könnte doch zu nett werden. Hier in Rom ist etwas viel Geselligkeit ... Ich halte bei Fräulein von Meysenbug Vorträge über mein Buch, was mich einigermaßen fördert, zumal auch die Russin zuhört, welche Alles durch und durch hört, so daß sie in fast ärgerlicher Weise schon immer vorweg weiß, was kommt, und worauf es hinaus soll. Rom wäre nicht für Sie. Aber die Russin müssen Sie durchaus kennenlernen" (20. April).

Rom, 24.–Ende April

N am 24. (vielleicht schon 23.) April in Rom, wo er Lou von Salomé kennenlernt. Mit Rée und Lou Pläne zu einer gemeinsamen Studienzeit, die trotz eines abgewiesenen Heiratsantrags Ns an Lou nicht aufgegeben werden. Der Brief aus Rom, mit dem N

Ende April seiner Schwester – hinter dem Rücken der Mutter – seine Bekanntschaft mit Lou mitgeteilt haben soll, ist eine Fälschung. Dieses beweist der von Schlechta bekanntgegebene Umstand, daß von diesem an sich tendenziösen Brief nur eine Abschrift im Nachlaß vorhanden ist, aber noch vielmehr eine bisher unbekannte, im Goethe- und Schiller-Archiv, Weimar aufbewahrte Postkarte, die Elisabeth am 5. Mai (!) an N nach Messina (!) adressierte: „Mein lieber Fritz bitte gieb doch einmal Nachricht von Dir, ich habe so lange lange Zeit nichts von Dir gehört ... Weißt Du vielleicht die Adresse von Rée in Zürich? In treuer Liebe deine E. N." Die Schwester wußte also am 5. Mai nichts, weder von einem Aufenthalt Ns in Rom, noch von der Bekanntschaft mit Lou. Am 1. Mai reisen Lou und ihre Mutter von Rom nach Norditalien ab. Paul Rée bleibt bei N, den ein Anfall seiner Krankheit einige Tage in Rom aufhält.

Orta, Basel, Luzern, 5.–16. Mai

N und Rée am 5. Mai in Orta mit Lou und deren Mutter: „... Wir machten dann zusammen zwischendurch Station, z. B. in Orta an den oberitalienischen Seen, wo der nebengelegene Monte sacro uns gefesselt zu haben scheint; wenigstens ergab sich eine unbeabsichtigte Kränkung meiner Mutter dadurch, daß Nietzsche und ich uns auf dem Monte sacro zu lange aufgehalten hatten, um sie rechtzeitig abzuholen, was auch Paul Rée, der sie inzwischen unterhielt, sehr übel vermerkte" (Lou Andreas-Salomé, *Lebensrückblick*). N am 8. Mai in Basel bei Overbecks. Am 13. in Luzern wieder mit Lou und Rée; im Löwengarten wird sein erneuerter Heiratsantrag von Lou abgewiesen. Ausflug nach Tribschen. Freundschaftliche Trennung unter Aufrechterhaltung der Studienpläne zu dritt für den Winter. Auf der Reise nach Naumburg N wieder in Basel bei Overbecks (16. Mai); er fühlt sich „allzusehr angegriffen". Abreise nach Naumburg.

Naumburg, etwa 18. Mai–24. Juni

N an Lou: „... besuchen Sie doch Professor Overbeck's ... Hier in Naumburg bin ich bisher in Bezug auf Sie und uns ganz schweigsam gewesen ... Wenn ich ganz allein bin, spreche ich oft, sehr oft Ihren Namen und – zu meinem größten Vergnügen!" (gegen den 23. Mai). Die *Idyllen aus Messina* erscheinen. An Rée: „Ich habe einen alten Kaufmann, der Bankerott gemacht hat, engagirt: er schreibt täglich 2 Stunden, während meine Schwester das Manuscript *[zur Fröhlichen Wissenschaft]* diktirt und ich zuhorche und berichtige: die einzige Rolle, die ich jetzt spielen kann" (gegen den 23. Mai). An Ida Overbeck: „... wie sollte ich mich vor dem Schicksal fürchten, namentlich wenn es mir in der gänzlich unerwarteten Gestalt von Lou entgegentritt? – Beachten Sie, daß Rée und ich mit gleichen Empfindungen unserer tapfern und hochherzigen Freundin zugethan sind – und daß er und ich sehr großes Vertrauen zueinander auch in diesem Punkte haben ... Fräulein Lou wird diesen Dienstag Nachmittag *[30. Mai]* zu Ihnen kommen ... Sprechen Sie über mich mit jeder Freiheit ... Sie wissen und errathen ja, was mir um mein Ziel zu erreichen, am meisten noth thut – Sie wissen auch, daß ich kein ‚Mensch der That' bin und in bedauerlicher Weise hinter meinen besten Absichten zurückbleibe. Auch bin ich, eben wegen des erwähnten Zieles, ein böser Egoist – und Freund Rée ist in allen Stücken ein besserer Freund als ich (was Lou nicht glauben will)" (28. Mai). Zu ihrer Unterredung mit Lou von Salomé schreibt Ida Overbeck in ihr Tagebuch: „Ich habe mit Frl. S⟨alomé⟩gesprochen, was ich mir vorgenommen hatte zu sagen stimmte mit Anweisungen überein die mir Nietzsche noch im letzten Augenblick brieflich zukommen liess. Ich ergründete zuerst ihre Stellung zu ihrer Familie. Sie ist von ihr materiell und gesetzlich vollständig abhängig und hat um ihren Hang nach Wissen und Erkenntniss zu befriedigen die wohlbegründeten bürgerlichen Vorurtheile derselben zu berücksichtigen. Hang zur Abenteuerlichkeit scheint bei ihr gar nicht vorhanden, sondern viel schöne, hingebende Weiblichkeit. Ich machte sie auf die Schwierigkeiten der Aufgabe aufmerksam der sie sich unterzieht ... Wie schön wäre es aber wenn dieses ernste Wesen alles überwände und die grosse Achtung genösse die eine derartige übernommene Aufgabe verdiente ... Sie hat einen Blick für Nietzsches zweideutiges Wesen, wohl ihr. Er hatte ihr über das Verhältniss zu seiner Schwester die unrichtigsten, schwärmerischsten Vorstellungen erregt. Da er mich früher aufgefordert hatte ihr auch darüber Klarheit zu geben die ihm selber nicht fehlt, die sich voll und in jedem Augenblick zuzugestehen er die Energie, den Muth nicht hat – that ich es dem Mädchen und der Sache wegen. Auch da schien sie rasch und scharf zu fassen und zu fühlen, dass es darauf ankomme Frl. N⟨ietzsche⟩ draus zu lassen" (Eintragung von 2. Juni 1882). Am 28. Mai Wiedersehen Ns mit Heinrich Romundt in Naumburg. N an Lou: „Von Overbecks kam ein acht Seiten langer Brief an; darin war viel Liebe und Bewunderung für Sie und viel Sorgfalt und Besorgniß für uns Beide. Das ist nichts Geringes, daß der gute Menschenverstand solcher nüchternen und braven Freunde unserem Vorhaben günstig ist" (7. Juni). Die Pläne der „Dreieinigkeit" (Lou, Rée, N) für ein gemeinsames Leben in Wien in Herbst/Winter scheinen sich (besonders in den Augen Ns und Lous) zu festigen. Am 16. Juni versucht N vergeblich sich mit Lou in Berlin zu treffen; sie reist aber am selben Tag nach Stibbe (zu Paul Rée und dessen Familie) ab. In diesen Tagen wird „durch den größten Esel aller Schreiber" das Druckmanuskript zur *Fröhlichen Wissenschaft* fertig gemacht. Aus Boston verehrungsvoller Brief des Geigers Gustav Dannreuther.

Tautenburg, 25. Juni–27. August

N zieht sich für den Sommer in Tautenburg, „eine halbe Stunde abseits von der Dornburg, auf der der alte Goethe seine Einsamkeit genoß" und „inmitten schöner Wälder" zurück, wohin er Lou von der Schwester für den Monat August einladen läßt. Noch in Naumburg soll N seine „Stillschweigerei" über die Pläne der „Dreieinigkeit" gebrochen haben: „Allen Ernstes, so ist es besser. Auf die Dauer wäre mein Stillschweigen unmöglich gewesen; es war nur für die allernächste Zeit nöthig, wie ich es auch mit Overbecks verabredete. Ich selber mußte erst meinen Angehörigen wieder etwas ‚angehören', nach monatelanger und sehr innerlicher *[?]* Trennung. Von vorne herein wäre ich ihnen mit einem solchen Unterfangen (wie unsere Wiener Pläne) ganz unverständlich gewesen", heißt es in einem Briefentwurf (an Paul Rée?) aus den Tagen kurz vor der Abreise nach Tautenburg. An Lou: „Inzwischen habe ich alles, was Sie betrifft, meiner Schwester mitgetheilt ... meine ganze Stillschweigerei war nicht nöthig, werden Sie jetzt meinen? Ich analysirte sie heute und fand als letzten Grund: Mißtrauen gegen mich selber. Ich bin nämlich durch das Ereigniß, einen ‚neuen Menschen' hinzuerworben zu haben, förmlich über den Haufen geworfen worden – in Folge einer allzustrengen Einsamkeit und Verzichtleistung auf alle Liebe und Freundschaft. Ich mußte schweigen, weil mich von Ihnen zu reden jedesmal umgeworfen hätte (es passirte mir bei den guten Overbecks) Nun, das erzähle ich Ihnen zum Lachen. Es geht bei mir immer sehr menschlich-allzumenschlich zu und meine Thorheit wächst mit meiner Weisheit" (27. Juni). Zusage Lous. Mit Gasts Hilfe Korrektur der *Fröhlichen Wissenschaft*. „Lou ist die Tochter eines russischen Generals, und zwanzig Jahre alt; sie ist scharfsinnig wie ein Adler und muthig wie ein Löwe und zuletzt doch ein sehr mädchenhaftes Kind, welches vielleicht nicht lange leben wird. Ich verdanke sie Fräulein von Meysenbug und Rée. Jetzt ist sie bei Rée's zu Besuch, nach Bayreuth kommt sie zu mir nach Tautenburg, und im Herbst siedeln wir zusammen nach Wien über. Wir werden in Einem Hause wohnen und zusammen arbeiten; sie ist auf die erstaunlichste Weise gerade für meine Denk- und Gedankenweise vorbereitet ... Zuletzt: was sind denn bisher meine werthvollsten Menschen-Funde? Sie – dann Rée – dann Lou" (an Gast, 13. Juli). Umgang mit dem Musiker Arthur Egidi.

N in Naumburg, um die Schwester (und Lou) auf den *Parsifal* vorzubereiten. „Mit einem wahren Schrecken bin ich mir wieder bewußt worden, wie nahe ich eigentlich mit Wagner verwandt bin" (an Gast, 25. Juli). Ns Schwester trifft am 24. Juli in Leipzig mit Lou von Salomé zusammen, Weiterfahrt nach Bayreuth zu den „Parsifal-Festspielen". Am 1. August Elisabeth wieder in Naumburg; sie gibt dem Bruder gegenüber ihrer (und Malwidas) moralischen Indignation über Lous Verhalten in Bayreuth Ausdruck. Daraufhin briefliche Vorwürfe Ns an Lou, die von dieser (brieflich) abgewiesen werden. Zuletzt N an Lou: „Ich wollte allein leben. – Aber da flog der liebe Vogel Lou über den Weg, und ich meinte es sei ein Adler. Und nun wollte ich den Adler um mich haben. Kommen Sie ja, ich bin zu leidend, Sie leidend gemacht zu haben. Wir ertragen es miteinander besser" (4. August). Lou, von Bayreuth kommend, trifft am 7. August mit Elisabeth in Jena zusammen. Auf Elisabeths Vorwürfe reagiert Lou sehr heftig, u.a. indem sie ihr Ns Bereitschaft zu einer „wilden Ehe" entdeckt. Größte Empörung der Schwester, die von diesem Augenblick an zu einer verschworenen Feindin Lous wird. Trotzdem treffen die beiden Frauen zusammen in Tautenburg ein. Die Schwester berichtet N über den Vorfall in Jena. Auseinandersetzung Ns mit Lou. Diese schreibt in ihr Tagebuch: „Ich wußte, daß wenn wir verkehren würden, was wir Anfangs beide im Sturm der Empfindung vermieden, wir uns bald genug, über alles kleinliche Geschwätz hinweg, in unsern tiefverwandten Naturen finden würden ... Und so war es ... Er hat so viel Freude an Unterhaltung daß er mir gestand, selbst in unserm ersten Streite hier, als ich ankam, wobei ihm sehr elend im Herzen gewesen wäre, habe er eine nebenhergehende Lust über meine Art zu widerlegen nicht unterdrücken können ... Ich habe übergroßes Vertrauen zu seiner Lehrerkraft. Wir verstehen uns so sehr gut. Aber ob es gut ist, daß er den ganzen Tag von früh bis spät mit mir und im Gespräch ist, also nicht bei seiner Arbeit –; ich sagte es ihm heute, er nickte und sagte: ‚ich habe es ja so selten und ich genieße es wie ein Kind'. Denselben Abend sagte er aber: ‚ich darf nicht lange in Ihrer Nähe leben'. Die Erinnerung an unsere italienische Zeit kommt uns oft ... ‚monte sacro ⟨– sagte er –⟩ den entzückendsten Traum meines Lebens danke ich Ihnen' – Wir sind sehr heiter miteinander, wir lachen viel ... Ich freue mich, daß der gramvolle Zug aus seinem Gesicht geschwunden ist, der mir so weh that, und daß die Augen ihr altes Leuchten und Aufleuchten haben" (14. August). „Wie sehr gleich denken und empfinden wir darüber und wie nehmen wir uns die Worte und Gedanken förmlich von den Lippen. Wir sprechen uns diese 3 Wochen förmlich todt und sonderbarer Weise hält er es jetzt plötzlich aus circa 10 Stunden täglich zu verplaudern ... Seltsam, daß wir unwillkürlich mit unsern Gesprächen in die Abgründe gerathen, an jene schwindligen Stellen, wohin man wohl einsam geklettert ist um in die Tiefe zu schauen. Wir haben stets die Gemsenstiege gewählt und wenn uns Jemand zugehört hätte, er würde geglaubt haben, zwei Teufel unterhielten sich" (18. August). Vgl. dazu die spätere Aufzeichnung (1913) Lous über Mitleid und Grausamkeit: „Insofern als grausame Menschen immer auch Masochisten sind, hängt das Ganze mit einer gewissen Bisexualität zusammen. Und es hat einen tiefen Sinn –. Als ich zum ersten Mal im Leben mit jemanden dies Thema besprach, war es Nietzsche (dieser Sadomasochist an sich selber). Und ich weiß, daß wir hinterher nicht wagten, uns anzusehn" (Lou Andreas-

Salomé, *In der Schule bei Freud*, hg. von Ernst Pfeiffer, Zürich 1958, 155f.). Elisabeth fühlt sich zurückgesetzt und ist außerdem entsetzt über die „vollständige Morallosigkeit" Lous, die ihr als die „personificierte Philosophie" ihres Bruders erscheint. Lou: „Sind wir uns ganz nah? Nein, bei alledem nicht. Es ist wie ein Schatten jener Vorstellungen über mein Empfinden, welche N noch vor wenigen Wochen beseligten, der uns trennt, der sich zwischen uns schiebt. Und in irgend einer verborgenen Tiefe unseres Wesens sind wir weltenfern von einander –. N hat in seinem Wesen, wie eine alte Burg, manchen dunklen Verließ und verborgenen Kellerraum der bei flüchtiger Bekanntschaft nicht auffällt und doch sein Eigentlichstes enthalten kann. Seltsam, mich durchfuhr neulich der Gedanke mit plötzlicher Macht, wir könnten uns sogar einmal als Feinde gegenüberstehen" (Tagebucheintragung vom 18. August).

Am 20. August erhält N die ersten gedruckten Exemplare der *Fröhlichen Wissenschaft*. Nach München (anstelle von Wien) wird jetzt Paris als Ort für die Winterpläne der „Dreieinigkeit" ins Auge gefaßt. Am 26. August Lous Abschied von Tautenburg. Am darauffolgenden Tag reist N nach Naumburg ab; die Schwester bleibt in Tautenburg zurück, damit die Mutter nicht ihren Kummer und ihre „verweinten Augen sehe", N soll „der Mama Alles selbst erzählen".

Naumburg, 27. August–7. September

Von Naumburg aus unternimmt N einige Schritte für die bevorstehende Übersiedlung mit Rée und Lou (und Frau Rée) nach Paris. „In zwei, drei Tagen ... geht es fort", schreibt er Anfang September an die Schwester; er will auf der Durchreise über Frankfurt seinen Freund und Arzt Otto Eiser besuchen. Doch wird die Übersiedlung der „Dreieinigkeit" nach Paris anscheinend (und aus unbekannten Gründen) vertagt. Versöhnlicher Brief an Elisabeth in Tautenburg: „Ich höre mit Betrübniß, daß Du noch immer an der Nachwirkung jener Scenen zu leiden hast, die ich Dir von Herzen gern erspart hätte. Halte aber nur diesen Gesichtspunkt fest: durch die Aufregung dieser Scenen kam an's Licht, was sonst vielleicht lange im Dunkeln geblieben wäre: daß L⟨ou⟩ eine geringere Meinung von mir und einiges Mißtrauen gegen mich hatte; und wenn ich genauer die Umstände unsres Bekanntwerdens erwäge, so hatte sie vielleicht dazu ein gutes Recht (eingerechnet die Wirkung einiger unvorsichtigen Äußerungen von Freund R⟨ée⟩) Nun denkt sie aber jetzt ganz gewiß besser von mir – und das ist doch die Hauptsache, nicht wahr, meine liebe Schwester? Im Übrigen, wenn ich an die Zukunft denke, so wäre es mir hart, annehmen zu müssen, daß Du mit mir in Bezug auf Lou nicht gleich empfändest. Wir haben eine solche Gleichartigkeit der Gaben und Absichten, daß unsre Namen irgend wann einmal zusammen genannt werden müssen; und jede Verunglimpfung, die sie trifft, wird mich zuerst treffen ... Ich danke Dir nochmals von ganzem Herzen für alles, was Du mir Gutes in diesem Sommer angethan hast – und ich erkenne Dein schwesterliches Wohlwollen wahrhaftig recht sehr in dem auch, wo Du mit mir nicht gleichempfinden konntest. Ja, wer darf sich auch mit mir widermoralischen Philosophen ohne Gefahr einlassen! Zweierlei verbietet mir meine Denkweise unbedingt: 1) Reue, 2) moralische Entrüstung. – Sei wieder gut, liebes Lama!" N komponiert Lous Lebensgebet, indem er es der Musik seines *Hymnus an die Freundschaft* (1873/74) adaptiert (später *Hymnus auf das Leben*). Auseinandersetzung der Mutter mit ihrem Sohn: „Warum schreibt und kommt Lieschen nicht, ich bin sicher das arme Kind grämt sich über diese Person, welche sich an Eure Rockschöße gehängt hat" (nach Elisabeths Darstellung). Sie ist auch entrüstet über das Luzerner Bild von Rée, N und Lou (als Wagenleiterin) und weigert sich – aufgrund einer solchen Photographie –, das Mädchen in ihrem Haus zu haben (nach Elisabeths Worten). Der Streit zwischen Mutter und Sohn geht so weit, daß sie ihn eine „Schande für das Grab seines Vaters" nennt. Daraufhin verläßt N Naumburg am 7. September.

Leipzig, 7. September–15. November

N in Leipzig, „um einige Bücher kennen zu lernen, bevor es wieder in die Ferne geht". Zu Lou: „Das Nützlichste, was ich diesen Sommer gethan habe, waren meine Gespräche mit Lou. Unsre Intelligenzen und Geschmäcker sind im Tiefsten verwandt

– und es giebt andererseits der Gegensätze so viele, daß wir für einander die lehrreichsten Beobachtungs-Objekte und -Subjekte sind. Ich habe noch Niemanden kennengelernt, der seinen Erfahrungen eine solche Menge objektiver Einsichten zu entnehmen wüßte, Niemanden, der aus allem Gelernten so viel zu ziehn verstünde. Gestern schrieb mir Rée ‚Lou ist entschieden um einige Zoll gewachsen in Tautenburg' – nun, ich bin es vielleicht auch. Ich möchte wissen, ob eine solche philosophische Offenheit, wie sie zwischen uns besteht, schon einmal bestanden hat" (an Overbeck, kurz vor Mitte September). An Rée: „Meine Schwester hat inzwischen die Feindseligkeit ihrer Natur, die sie gewöhnlich gegen ihre Mutter ausläßt, mit aller Kraft gegen mich gekehrt und sich förmlich von mir gelöst, in einem Brief an meine Mutter, aus Abscheu vor meiner Philosophie, und ‚weil ich das Böse liebe, sie aber das Gute' und dergleichen Tollheit. Mich selber hat sie mit Spott und Hohn überschüttet – nun, die Wahrheit ist, ich bin gegen sie mein Leben lang geduldig und milde gewesen, wie ich es nun einmal gegen dies Geschlecht sein muß: und das hat sie vielleicht verwöhnt" (vermutlich 15. September). Die Schwester schlägt Alarm bei Freunden und Bekannten, damit „nicht ein ganz grober Verstoß gegen alle sittliche Reinheit" stattfinde. Sie wird darin vor allem durch Malwida von Meysenbug bestärkt, welche ihr aus Le Havre schreibt: „Gehen Sie nun Ihren eignen Weg, suchen Sie Ihr Ideal aus sich selbst heraus zu bilden, das Götterbild im eignen Herzen zu enthüllen und, frei von den inhaltlos gewordenen Dogmen, in schönen Thaten des Mitleids und der heiligen Liebe zu beweisen, daß es außerhalb der Kirche, auch ein ethisches Dasein giebt, welches weit entfernt ist von jener widerwärtigen Weltanschauung, der sich das Drei-Bündniß, welches uns nahe steht, zuwendet. Diese Weltanschauung war es, die mich schon nach und nach immer mehr von Rée entfernte. Mit Schmerz sah ich Ihren Bruder sich auch noch nach dieser Seite wenden ... Bei Lou fand ich ganz die entgegengesetzte Richtung und das fesselte mich so an sie. Aber als Rée kam und leider uns Vorträge über sein Buch hielt, entzündete sich plötzlich auch in ihr diese Ansicht und ebenso wie Rée's Einfluß auf Ihren Bruder verderblich gewesen ist, wurde es nun auch für Lou" (15. September).

Jacob Burckhardt antwortet mit einem verbindlichen und für N sehr bedeutenden Brief auf die Zusendung der *Fröhlichen Wissen-*

schaft. Lou von Salomé und Paul Rée vom 1. Oktober bis 5. November in Leipzig. Der Zweifel an einer echten Geltung seines Denkens und seiner „Ziele" in den Augen seiner beiden Freunde (mehr noch als die latente leidenschaftliche Neigung zu Lou) bei N; die Abwehr einer geistigen Besitznahme und die Ahnung jener leidenschaftlichen Neigung von seiten Ns bei Lou von Salomé; vollends die gänzliche Skepsis gegen Ns Philosophie und eine ebenso hoffnungslose wie eifersüchtige Liebe für Lou bei Paul Rée – das alles überschattet dieses letzte Zusammensein der „Dreieinigkeit". In dieser Zeit Besuche von Peter Gast (vergeblicher Versuch für ihn als Komponisten, durch N betrieben); Heinrich Romundt; Heinrich von Stein (der aber N verfehlt). Melancholischer Abschied; die Pariser Pläne werden formell beibehalten. N schreibt an die Generalin von Salomé (Lous Mutter) und nach Paris (Louise Ott und August Sulger). In diese Zeit fällt ein als Fragment überlieferter Brief der Mutter, voller Insinuationen und Verdächtigungen gegen Lou von Salomé: „Es lässt mir doch keine Ruhe mein alter lieber Sohn, Dich auf die Gefahr in welcher Du Dich befindest aufmerksam zu machen, denn Niemand wagt es, Dir etwas darüber zu sagen und so halte ich es zu thun, für meine Pflicht als Mutter, da Du die ganze Geschichte, die uns ans Leben geht, nicht von den richtigen Standpunkt, sondern von der phantastischen Seite auffaßt. Wenn das Mädchen so krank ist warum wird sie nicht von ihrer Mutter gepflegt, da Ihr bei dieser Art von Krankheit, doch die unpassendsten Pfleger von der Welt seid. Wenn sie etwas so ‚Außerordentliches' ist, so müsste sie das doch ohne Eure Hülfe zeigen, aber das wird es wohl sein, sie bringt allein nichts fertig und ihr Haupttalent soll ja darin bestehen anderer Personen Geist für sich auszuquetschen und es dann als eigene Münze ausgeben, deshalb geht sie auch aus einem Verhältniß mit Männern in das andere über. Ihr beiden guten Einsiedler lasst Euch eben so leicht täuschen, wenn Ihr mehr in der Welt und unter intressanten Männern gelebt hättet, so würdet Ihr nicht aus zweiter Hand nehmen wollen, was Ihr besser aus erster Hand empfangen könntet. Übrigens wünscht Lieschen nichts sehnlicher als daß sie irgend eine außerordentliche Arbeit zu Tage brächte, ganz egal, wenn auch Ihr die eigentlichen wirklichen Verfasser wäret, wenigstens würde dann das ganze Verhältniß nicht das Anstößige haben als jetzt. Es ist so traurig daß auch wir, durch die unanständigen Reden dieses Mädchens nicht mehr dieses Verhältniß, als ein unanstösiges auffassen können, während wenn wir nur von Dir davon gehört hätten, so würden wir den Glauben daran behalten haben. Warum ferner mein Fritz tritts⟨t⟩ Du mit der Generalin in Correspondenz, da doch das Mädchen gegen Lieschen zwei bis dreimal erklärt hat ‚Was kümmert sich meine Mutter um Deinen Bruder die fragt blos nach Rées'. Ich sage mir immer und immer wieder: warum läuft Dein Sohn so würdelos den *[sic!]* Mädchen nach, was ihn so geringschätzig behandelt wie noch kein Mensch auf der Welt, was uns und frage einmal Gelzers wahrhaft empört. Schon in Bayreuth wo L⟨ieschen⟩ alles gethan hat um Euren Winterplan zu verwirklichen und so ideal und anständig als möglich hinzustellen, verletzte sie die damals noch verhüllte Geringschätzung, auch Hr. v. Seydlitz soll davon frappiert gewesen sein. Aber wenn nun gar Jemand mit dem Finger an die Stirn gelegt von Dir sagt ‚Er ist ein Verrückter der nicht weiß was er will' ‚Ein gemeiner Egoist der meinen Geist ausbeuten will' – – –"

Noch gegen Mitte November schreibt N an Overbeck: „Ich schrieb nicht, um die Entscheidung in mehreren Dingen abzuwarten, und heute schreibe ich, nur um Dir dies zu sagen; denn es ist noch nichts entschieden. Noch nicht einmal in Betreff meiner Reise- und Winter-Pläne. Paris steht immer zwar noch im Vordergrund, aber es ist kein Zweifel, daß mein Befinden unter dem Eindrucke dieses nordischen Himmels sich verschlechtert hat; und vielleicht habe ich nie so melancholische Stunden durchgemacht, wie in diesem Leipziger Herbst – obwohl ich doch Gründe genug um mich habe guter Dinge zu sein. Genug, es gab manchen Tag, wo ich im Geiste über Basel wieder meerwärts reiste. Ich fürchte mich vor dem Lärme von Paris etwas und möchte wissen, ob es genug heiteren Himmel hat. Andererseits würde in einer erneuten Genueser Einsamkeit manche Gefahr liegen. – – Ich gestehe, ich würde überaus gerne Dir und Deiner lieben Frau einen längeren Bericht über die Erfahrungen dieses Jahres gemacht haben: es giebt sehr viel zu erzählen, und wenig zu schreiben ... Mit der Gesundheit von Lou steht es bejammernswürdig, ich gebe ihr nun viel kürzere Zeit als noch in diesem Frühjahr. Wir haben unser gut Theil Sorge; Rée ist wie geschaffen für seine Aufgabe in dieser Sache. Für mich persönlich ist L⟨ou⟩ ein wahrer Glücksfund, sie hat alle meine Erwartungen erfüllt – es ist nicht leicht möglich, daß zwei Menschen sich verwandter sein können als wir es sind ..." (gegen Mitte November) Am 15. November ist bei N der Entschluß gefallen, die Reise nach Paris auf unbestimmte Zeit zu verschieben (Briefe unter diesem Datum an Sulger und Louise Ott). Abreise am selben Tag nach Basel.

Basel, 16.–18. November

Zu Overbecks Geburtstag N in Basel (16. November). Darüber ein Zeugnis Ida Overbecks: „Über die Ursache des Auseinandergehens im November 1882 bin ich nicht unterrichtet. Er sprach sich darüber nicht aus. Er sagte nur bei seinem dritten Besuche des Jahres bei uns, es sei wohl zwischen ihnen alles aus. Er erwartete noch Briefe und knüpfte noch Erwartungen an sie, fragte, ob ich keine für ihn erhalten habe, befürchtete sogar, ich könnte ihm etwas vorenthalten. Er war schmerzlich ergriffen, verstand es nicht, sich durch Aussprache zu helfen, durch Zuspruch helfen zu lassen" (Bernoulli I 339).

Santa Margherita, Rapallo, 19./20. November–Dezember

Kurzer Aufenthalt in Genua. Dann, bis Anfang Dezember, in Santa Margherita. An Rée: „Ich gehöre Ihnen Beiden mit meinen herzlichsten Gefühlen – ich meine dies durch meine Trennung mehr bewiesen zu haben als durch meine Nähe ... Von Zeit zu Zeit werden wir uns schon wiedersehn, nicht wahr? Vergessen Sie nicht, daß ich von diesem Jahre an plötzlich arm an Liebe und folglich sehr bedürftig der Liebe geworden bin. Schreiben Sie mir etwas recht Genaues über das, was uns jetzt am meisten angeht, – was ‚zwischen uns steht', wie Sie schreiben" (von Santa Margherita aus). Die gemeinsamen Pläne scheint N aus eigener Initiative (wahrscheinlich durch einen Brief von Basel aus) aufgegeben zu haben; darüber soll Rée sein eigenes und Lous Bedauern in einem Brief aus Berlin ausgedrückt haben (vgl. darüber E. Pfeiffer, *Dokumente,* 249). Die angestrebte Klärung des gegenseitigen Verhältnisses (N-Rée, N-Lou) wird sich – nicht zuletzt durch fremde Intervention – als unmöglich erweisen. N ist seiner Einsamkeit preisgegeben.

Nach einigen Tagen Aufenthalt in S. Margherita Ligure („Mein Zimmer eisig-kalt", N an Overbeck, 23. November) zieht N nach Rapallo um: „Mein Reich erstreckt sich jetzt von Portofino bis Zoagli; ich wohne in der Mitte, nämlich in Rapallo, aber meine Spaziergänge führen mich täglich an die genannten Grenzen meines Reichs. Der Hauptberg der Gegend, von meiner Wohnung an aufsteigend, heißt ‚der fröhliche Berg' Monte Allegro: ein gutes Omen – hoffe ich" (an Gast, 3. Dezember). Im Dezember verschärft sich die Krise in den Beziehungen zu Lou und Rée. Die einzelnen Phasen dieser Krise sind sehr lückenhaft bezeugt. Selbstmordgedanken, Mißbrauch von Narkotika. Briefwechsel mit Heinrich von Stein, der ihm als Antwort auf die *Fröhliche Wissenschaft* die Aushängebogen seines Werkes *Helden und Welt* schickt. An Hans von Bülow: „... die veränderte Art zu denken und zu empfinden, welche ich seit sechs Jahren auch schriftlich zum Ausdruck brachte, hat mich im Dasein erhalten und mich beinahe gesund gemacht. Was geht es mich an, wenn meine Freunde behaupten, diese meine jetzige ‚Freigeisterei' sei ein exzentrischer, mit den Zähnen festgehaltener Entschluß und meiner eigenen Neigung abgerungen und angezwungen? Gut, es mag eine ‚zweite Natur' sein: aber ich will schon noch beweisen, daß ich mit dieser zweiten Natur erst in den eigentlichen Besitz meiner ersten Natur getreten bin" (Dezember). N bricht die brieflichen Beziehungen zu Mutter und Schwester ab. Letztere unternimmt zudringliche Versuche bei den Freunden Ns, um wieder in das Leben ihres Bruders eingreifen zu können (u. a. lächerliche, lange Briefe an Ida Overbeck und Peter Gast). „Dieser letzte Bissen Leben war der härteste, den ich bisher kaute und es ist immer noch möglich, daß ich daran ersticke. Ich habe an den beschimpfenden und qualvollen Erinnerungen dieses Sommers gelitten wie an einem Wahnsinn ... Es ist ein Zwiespalt entgegengesetzter Affekte darin, dem ich nicht gewachsen bin ... Wenn ich nicht das Alchemisten-Kunststück erfinde, auch aus diesem Kothe Gold zu machen, so bin ich verloren ..." (N an Overbeck zu Weihnachten)

1883

Rapallo, Januar–23. Februar

Gegen Ende Januar, begünstigt durch „eine ganze Reihe vollkommen reiner Tage", schreibt N die Reinschrift von *Also sprach Zarathustra* (1. Teil) nieder. „Inzwischen, im Grunde in ganz wenig Tagen, habe ich mein bestes Buch geschrieben, und, was mehr sagen will, jenen entscheidenden Schritt gethan, zu dem ich im vorigen Jahre noch nicht den Muth hatte" (an Overbeck, 3. Februar). Malwida von Meysenbug lädt N nach Rom ein, sie stellt ihm u. a. Cécile Horner als „bereitwilligen Schreiber" in Aussicht; Malwida, die gleichzeitig mit Elisabeth korrespondierte, hoffte, dadurch auf eine Versöhnung Ns mit der Schwester hinzuwirken. N kann sich „nicht entschließen" (an Overbeck, 11. Februar); er bleibt schließlich in Ligurien und schreibt selber das Druckmanuskript zum *Zarathustra.* In Genua – von wo er wahrscheinlich das Druckmanuskript an Schmeitzner abschickt – erfährt er am 14. Februar vom Tod Wagners (13. Februar). Brief an Cosima Wagner (nur als Entwurf überliefert). Kurz darauf schreibt N an Malwida von Meysenbug: „... so geht es! Ich warte Tag um Tag um Ihnen schreiben zu können „ich komme!", weil ich Tag um Tag denke, es wird besser gehn. Aber es geht immer schlechter und jetzt, nach dem Tode Wagner's zumal, ganz schlecht. Meine Gesundheit ist jetzt, wie vor drei Jahren: es ist Alles krank an mir, und ich will und mag keinen Menschen sehn und sprechen. Es soll mein altes strenges Selbst-Régime noch einmal versucht werden: denn mein Erfahrungs-satz ist, ‚wenn ich mir selbst nicht allein helfe, werde ich keine Hülfe finden'. Das heisst also: ich komme nicht nach Rom. Wagner's Tod hat mir fürchterlich zugesetzt; und ich bin zwar wieder aus dem Bett, aber keineswegs aus der Nachwirkung heraus. – Trotzdem glaube ich, daß dies Ereignis, auf die Länge hin gesehn, eine Erleichterung für mich ist. Es war hart, sehr hart, sechs Jahre lang Jemandem Gegner sein zu müssen, den man so verehrt und geliebt hat, wie ich Wagner geliebt habe; ja, und selbst als Gegner sich zum Schweigen verurtheilen müssen – um der Verehrung willen, die der Mann als Ganzes verdient. Wagner hat mich auf eine tödtliche Weise beleidigt – ich will es Ihnen doch sagen! – sein langsames Zurückgehn und -Schleichen zum Christenthum und zur Kirche habe ich als einen persönlichen Schimpf für mich empfunden: meine ganze Jugend und ihre Richtung schien mir befleckt, insofern ich einem Geiste, der dieses Schrittes fähig war, gehuldigt hatte. Dies so stark zu empfinden – dazu bin ich durch unausgesprochene Ziele und Aufgaben gedrängt. Jetzt sehe ich jenen Schritt als den Schritt des alt werdenden Wagner an; es ist schwer zur rechten Zeit zu sterben. Hätte er noch länger gelebt, oh was hätte noch zwischen uns entstehen können! Ich habe furchtbare Pfeile auf meinem Bogen, und Wagner gehörte zu der Art Menschen, welche man durch Worte tödten kann. – Dies war bei weitem der härteste und qualvollste Winter meines Lebens, und mein Leid gieng außerordentlich in die Tiefe und die Abgründe; die Anlässe dazu sind fast gleichgültig. Es gab irgend eine große Nothwendigkeit für mich, einmal gemartert zu werden und zu sehn, ob mein Ziel mich leben lässt und am Leben festhalten lässt. Der Tod Wagner's gab in diese Empfindungen hinein einen tiefen dumpfen Donner; aber vielleicht geht mein Ungewitter jetzt seinem Ende zu ... Ich habe an Cosima geschrieben. Sie werden dies billigen?" Am 24. Februar siedelt er nach Genua über.

Genua, 24. Februar–3. Mai

Umgang mit dem deutschen Komponisten August Bungert, der dem engsten Kreis um die rumänische Königin (Carmen Sylva) angehörte. Paul Deussen schickt ihm sein Werk über die Vedânta-Lehre: „Es macht mir großes Vergnügen, einmal den klassischen Ausdruck der mir fremdesten Denkweise kennenzulernen: dies leistet mir Dein Buch" (an Deussen, 16. März). Er verbittet sich die Widmung von Paul Rées *Entstehung des Gewissens* (erst 1885 erschienen); damit setzt er dem Verkehr mit Rée (und Lou) ein Ende, „aus dem manche unheilvolle Verwechslung entstanden ist" (an Overbeck, März). „Die Loslösung von meinen Angehörigen fängt an, sich mir als wahre Wohlthat darzustellen; ach wenn Du wüßtest, was ich in diesem Capitel (seit meiner Geburt —) Alles zu überwinden gehabt habe! Ich mag meine Mutter nicht, und die Stimme meiner Schwester zu hören, macht mir Mißvergnügen; ich bin immer krank geworden, wenn ich mit ihnen zusammen war" (im selben Brief an Overbeck). Stimmung und Gesundheit Ns bleiben schlecht: „Ich begreife gar nicht mehr, wozu ich auch nur ein halbes Jahr leben soll, alles ist langweilig, schmerzhaft dégoûtant" (an Overbeck, 24. März). „Glaubensbekenntnis" Peter Gasts nach der Lektüre der ersten Korrekturen von *Also sprach Zarathustra:* „Diesem Buch ist die Verbreitung der Bibel zu wünschen, ihr kanonisches Ansehen, ihr Commentarengefolge, auf dem dieses Ansehen zum Theil mit beruht. Aber ach – die langen Zeitstrekken! Es macht mich schon traurig, zu wissen, daß der nächste Venusdurchgang am 2. Juni 2004 Statt findet; wie traurig würde ich, wenn ich erführe, wann Ihr Buch in der Verbreitung und dem Ansehen der Bibel stehn würde!" (an N, 2. April) Daraufhin N: „... beim Lesen Ihres letzten Briefes überlief mich ein Schauder. Gesetzt, Sie haben Recht – so wäre also mein Leben doch nicht mißrathen? Und gerade jetzt am wenigsten, wo ich es am meisten geglaubt habe?" (an Gast, 6. April) An Overbeck: „Das Wetter ist herrlich, meine Gesundheit und mein Muth immer im Wachsen ... Es giebt viele ängstliche Zeiten für mich, über die ich schwer hinwegkomme; da zweifle ich denn auch am Werthe meiner Überlegungen und Entschlüsse. Sobald Gesundheit und Wetter sich aber aufheitern, gestehe ich mir immer ein, daß ich mit einem äußerst schmerzhaften Leben doch auf ein Ziel lossteure, um dessentwillen es sich schon lohnt, hart und schwer zu leben" (19. April). In dieser neuen Stimmung nimmt N den Briefwechsel mit der Mutter wieder auf und entschließt sich, nach Rom zu gehen und dort mit der Schwester zusammenzutreffen.

Rom, 4. Mai–14. Juni

Versöhnung mit der Schwester; diese schreibt an die Mutter: „Es ist Alles so einfach und natürlich gekommen. Er schrieb neulich an Frl. Meysenbug er wolle sich nun in eine vollständige Einsamkeit begeben und darauf schrieb ich ihn er solle doch lieber herkommen, wir wollten uns nicht mehr angrunzen es hätte keinen Zweck, es freue Niemanden und hätte auch keinen Grund mehr. Darauf schrieb er auch ganz einfach und natürlich und änderte seine ganzen Pläne und kam hierher. Es ist reiner Unsinn Alles so schwer aufzufassen und einfache Dinge zu übertreiben ... Was für eine Albernheit die Geschichte *[d. h. die Lou-Affäre]* so tragisch aufzunehmen, nie mache ich es wieder! ... Wir haben keine rührende Szene gemacht, das lieben wir nicht, aber wir sind gleich gerade so warm und herzlich gewesen wie früher" (6./7. Mai). N: „Rom ist kein Ort für mich – so viel steht fest. Ich nehme diesen Monat hin als eine menschliche Erquickung und ein Ausruhen. Niemals noch habe ich so gut gewohnt; zum ersten Male war es, daß es als eine Ehre bezeichnet und empfunden wurde, mich im Hause zu haben: und natürlich war es eine Schweizer Familie, welche mich dermaßen auszeichnete ..." „Ich bin sehr bewegt und bringe viel Zeit in heiterer Gesellschaft zu; sobald ich allein bin, fühle ich mich so erschüttert wie noch nie im Leben ..." (an Gast, 10. und 20. Mai) Er wohnt bei dem Schweizer Maler Max Müller, Piazza Barberini. *Also sprach Zarathustra* an Jacob Burckhardt, Karl Hillebrand und Gottfried Keller. Mit der Schwester von Rom bis Mailand (14. Juni).

Sils-Maria, 18. Juni–5. September

Nach Zwischenstation in Bellagio (15. Juni) zweiter Aufenthalt Ns in Sils-Maria. Im Juli Niederschrift von *Also sprach Zarathustra* (2. Teil). Arbeit an einer *Moral für Moralisten.* Von der Schwester gereizt durch angebliche Enthüllungen über das Verhalten Lous und Rées zu ihm, schreibt N eine Reihe heftiger Briefe gegen Lou und besonders gegen Rée. Auch in diesem Fall ist das Briefmaterial unvollständig erhalten. Das Fazit der ganzen Affäre zieht N in einem Brief an Ida Overbeck: „Ich habe mich gewiß nicht gegen Sie über meine Schwester beklagt, sondern über das Fatalistische darin, daß Alles, was sie in dieser Sache gethan hat – und zwar zur Rettung meiner Ehre (eingerechnet ihre eigne Genugthuung) – sich gegen mich wendet ... Und nun noch ein Wort über Fräulein Salomé. Ganz abgesehen von der idealistischen Beleuchtung, in der man *[N spielt auf Malwida von Meysenbug an]* mir sie vorgeführt hatte (als eine Märtyrerin der Erkenntniß fast von Kindesbeinen an und noch mehr Heldin als Märtyrerin) ist und bleibt sie mir ein

Wesen ersten Ranges, um die es ewig schade ist. Gemäß der Energie ihres Willens und der Originalität ihres Geistes war sie zu etwas Großem angelegt: nach ihrer thatsächlichen Moralität mag sie freilich eher ins Zuchthaus oder Irrenhaus gehören. Mir fehlt sie, selbst noch mit ihren schlechten Eigenschaften: wir waren verschieden genug, daß aus unsern Gesprächen immer etwas Nützliches herauskommen mußte, ich habe Niemanden so vorurtheilsfrei, so gescheut und so vorbereitet für meine Art von Problemen gefunden. Mir ist seitdem als ob ich zum Stillschweigen oder zu einer humanen Heuchelei im Verkehr mit allen Menschen verurtheilt sei" (gegen Ende August). Er trifft sich mit Overbeck in Schuls bei Tarasp; mit dem Freund bespricht er u.a. den Plan, an der Leipziger Universität Vorlesungen zu halten: „Der Gedanke der Vorlesungen in Leipzig war ein Gedanke der Verzweiflung ... Aber der Gedanke ist bereits wieder beiseite gethan: und Heinze, der jetzige Rektor der Universität *[und Freund Ns]*, hat mir klaren Wein darüber eingeschenkt, daß mein Gesuch in Leipzig scheitern werde (und wohl auch an allen deutschen Universitäten); die Fakultät werde es nicht wagen, mich dem Ministerium vorzuschlagen – von wegen meiner Stellung zum Christenthum und den Gottes-Vorstellungen. Bravo! Dieser Gesichtspunkt gab mir meinen Muth wieder" (an Gast, 26. August).

Naumburg, September–Anfang Oktober

Am 5. September reist N nach Naumburg, wo er fünf Wochen lang bleibt; neue Zwistigkeiten mit seinen Angehörigen. Verlobung Elisabeths mit dem bekannten Antisemiten Bernhard Förster.

Basel, Genua, La Spezia, Genua Oktober–Ende November

Anfang Oktober N in Basel bei dem Ehepaar Overbeck (drei Tage). In Genua, dann in La Spezia, in der Hoffnung, mit der Meysenbug zusammenzutreffen, wieder in Genua. Schlechter Gesundheitszustand. „Nicht in Deutschland leben und nicht mit meinen Angehörigen zusammen ist mir freilich ebenso wichtig wie die Martern des Wenig-Essens" (an Overbeck, 27. Oktober). „Es geht, wie ich leider melden muß, betrüblich genug. Anfälle über Anfälle, jeder Tag eine Krankengeschichte, und manche Stunde, wo ich mir sage: ‚ich weiß mir nicht mehr zu helfen'. Jetzt erst merke ich ganz, wie arm und abgeschnitten von äußeren Begünstigungen mein Leben nun eine ganze Reihe von Jahren hingerollt ist – jetzt wo die stille Hoffnung mich verlassen hat, daß diese Erleichterungen und Begünstigungen zu mir kommen müßten. Ich bin fortwährend noch wüthend darüber, sobald mir einfällt, daß mir ein Mensch fehlt, mit dem ich über die Zukunft der Menschen nachdenken kann – wirklich, ich bin durch die lange Entbehrung zu mir gehöriger Gesellschaft inwendig ganz krank und wund. Nichts kommt mir zu Hülfe, Niemand denkt sich etwas aus, das mich erheitern und erheben könnte, es will sich nichts dazwischen stellen und mich von all den beschimpfenden Eindrücken erlösen, mit denen mich die letzten Jahre überhäuft haben. Ich bin an den Augen viel gehinderter als sonst, es giebt so viel Zeit, wo mir die Einsamkeit zur Last wird. Dazu will es mit Genua durchaus nicht mehr gehen, es lärmt zu sehr und hat seine Spaziergänge in gar zu großen Entfernungen. Ich merke, man kann nichts zum zweiten Male thun. Um zu genesen, brauche ich neue erstmalige Eindrücke" (an Overbeck, 11. November).

Villafranca, Nizza, Ende November–Dezember

Nach einer Woche in Villafranca weilt N in Nizza; hier wird er in den nächsten Jahren (bis 1887/88) den Winter verleben. Erste Besuche von Joseph Paneth, einem jungen Wiener Gelehrten (intimem Freund von Siegmund Freud, „mein Freund Josef" der *Traumdeutung*). Briefe von Paul Lanzky aus Vallombrosa (bei Florenz): „Es ist der Erste, der mich brieflich anredet: ‚Verehrtester Meister!' (was mich mit den verschiedensten Empfindungen und Erinnerungen getroffen hat.)" (an Overbeck, 26. Dezember). „Krank, krank, krank! Was kann die vernünftigste Lebensweise ausrichten, wenn alle Augenblicke einmal die Vehemenz des Gefühls dazwischen schlägt wie ein Blitz und die Ordnung aller leiblichen Funktionen umstößt (ich glaube namentlich die Blutcirkulation verändert)" (an Overbeck im selben Brief).

1884

Nizza, Januar–20. April

Im Januar ist *Also sprach Zarathustra* (3. Teil) beendet. Gast an N: „Ja, dieser Zarathustra! er giebt Einem das Gefühl, als sollte man von ihm an die Zeit neu datieren. Man wird und muß Sie einst höher verehren als die asiatischen Religionstifter, und hoffentlich auf weniger asiatische Art und Weise!“ (29. Februar) N an Overbeck über diesen Brief Gasts: „Der Anfang seines Briefes handelt von meinem Zarathustra, in einer Manier, die Dich eher beunruhigen als befriedigen wird. Himmel! wer weiß, was auf mir liegt und was für Stärke ich brauche, um es mit mir selber auszuhalten! Ich weiß nicht, wie ich gerade dazu komme – aber es ist möglich, daß mir zum ersten Male der Gedanke gekommen ist, der die Menschheit in zwei Hälften spaltet. Dieser Zarathustra ist nichts als eine Vorrede, Vorhalle – ich habe mir selber Muth machen müssen, da mir von überall her nur die Entmuthigung kam: Muth zum Tragen jenes Gedankens! Denn ich bin noch weit davon entfernt, ihn aussprechen und darstellen zu können. Ist er wahr oder vielmehr: wird er als wahr geglaubt – so ändert und dreht sich Alles, und alle bisherigen Werthe sind entwerthet. – Von diesem Sachverhalt hat Köselitz eine Ahnung, einen Vorgeruch“ (10. März). Nach wiederholten Besuchen und Gesprächen nimmt Paneth Abschied von N. Neuer Bruch Ns mit der Schwester: „Die verfluchte Antisemiterei ... ist die Ursache eines radikalen Bruchs zwischen mir und meiner Schwester ...“ (an Overbeck, 2. April) Resa von Schirnhofer, eine österreichische Studentin, besucht ihn auf Veranlassung von Malwida von Meysenbug.

Venedig, 21. April–12. Juni

In Venedig mit Peter Gast. „Ich will so Viel von mir, daß ich undankbar gegen das Beste bin, was ich schon gethan habe; und wenn ich es nicht so weit treibe, daß ganze Jahrtausende auf meinen Namen ihre höchsten Gelübde thun, so habe ich in meinen Augen Nichts erreicht. Einstweilen – habe ich auch noch nicht einen einzigen Jünger" (an Overbeck, 21. Mai). „Wer weiß wie viele Generationen erst vorüber gehen müssen, um einige Menschen hervorzubringen, die es in seiner ganzen Tiefe nachfühlen, was ich gethan habe! Und dann selbst noch macht mir der Gedanke Schrecken, was für Unberechtigte und gänzlich Ungeeignete sich einmal auf meine Autorität berufen werden. Aber dies ist die Qual eines jeden großen Lehrers der Menschheit: er weiß, daß er unter Umständen und Unfällen, der Menschheit zum Verhängniss werden kann, so gut als zum Segen. Nun ich selber will Alles thun, um zum Mindesten keinem allzugroben Missverständniss Vorschub zu leisten; und jetzt, nachdem ich mir diese Vorhalle meiner Philosophie gebaut habe, muß ich die Hand wieder anlegen und nicht müde werden, bis auch der Haupt-Bau fertig vor mir steht ..." (an Malwida von Meysenbug, Juni; dieser Brief, der heftige Vorwürfe gegen die Schwester sowie auch anerkennende Worte über Lou von Salomé und Paul Rée enthielt, wurde – wie Karl Schlechta nachgewiesen hat – von Elisabeth verfälscht und als ein an sie selber adressierter Brief publiziert).

Basel, Val Piora, Zürich, 15. Juni–15. Juli

Vom 15. Juni bis 2. Juli N in Basel bei dem Ehepaar Overbeck. Besuch bei J. Burckhardt. „Basel, oder vielmehr mein Versuch, in alter ehemaliger Weise mit den Baslern und der Universität umzugehn – hat mich tief erschöpft. Eine solche Rolle und Verkleidung kostet jetzt meinem Stolze zu viel" (an Overbeck aus Piora). Nach einigen Tagen in Val Piora bei Airolo N in Zürich (12. – 15. Juli). Besuch von Resa von Schirnhofer, Bekanntschaft mit Meta von Salis.

Sils-Maria, 18. Juli–25. September

Dritter Aufenthalt Ns in Sils-Maria. „Ich stecke mitten in meinen Problemen drin; meine Lehre, daß die Welt des Guten und Bösen nur eine scheinbare und perspektivische Welt ist, ist eine solche Neuerung, daß mir bisweilen dabei Hören und Sehen vergeht ... Es sollte Jemanden geben, der für mich, wie man sagt, ‚lebte' ... Die Abende, wo ich ganz allein, im engen niedrigen Stübchen sitze, sind harte Bissen zum Kauen" (an Overbeck, 25. Juli). Umgang mit Fürstin Mansuroff, Resa von Schirnhofer, Helen Zimmern. 26.–28. August Besuch H. von Steins: „... einstweilen noch trop wagnetisé, aber durch die rationale Zucht, die er in der Nähe Dührings erhalten hat, doch sehr zu mir vorbereitet!" (N an Overbeck, 14. September)

Zürich, 26. September–Ende Oktober

Neue Versöhnung mit der Schwester in Zürich, die bei ihm bis zum 14. Oktober bleibt. Persönliche Bekanntschaft mit Gottfried Keller. Friedrich Hegar, Musikdirektor in Zürich, spielt mit seinem Orchester für N als einzigen Zuhörer die Ouvertüre des *Löwen von Venedig* (Peter Gasts Oper). Zahlreiche dichterische Versuche: „Ich habe den Kopf voll der ausgelassensten Lieder, die je durch den Kopf eines Lyrikers gelaufen sind" (an Gast, 30. September). Bekanntschaft mit Helene Druscowicz. Vom 29. Oktober an Peter Gast auf Ns Veranlassung in Zürich, um bei F. Hegar das Dirigieren und die Einstudierung seiner Oper zu üben. Ns Klage über Gasts „zu plebejische Sitten". Tod Karl Hillebrands, „der Einzige, der bisher Etwas für mein Bekanntwerden gethan hat!" (an Mutter und Schwester, 30. Oktober). Am 31. Oktober verläßt N Zürich in Richtung Mentone.

Mentone, November

„... landschaftlich ist Mentone mir viel zuthunlicher als Nizza – stiller, großartiger, alles Gebirge und Grün mehr zur Hand, so daß man nicht erst wie in Nizza einen Anlauf von 40 Minuten zu machen hat, um in's Freie zu kommen ... Was die Einwirkung von Meer und Himmel betrifft: so ist mir zu Muthe, als sei ich seit dem Verlassen von Nizza im Frühling immer krank gewesen, die Züricher Wochen abgerechnet, wo Himmel und ‚Mensch' sich verschworen hatten, mir's wohl sein zu lassen. Ich bin hier so viel geduldiger und warte der Dinge, die da ‚kommen' sollen (aus mir nämlich!)“ (an Mutter und Schwester, 7. November). Über Ns gesundheitlichen Zustand in dieser Zeit liegt folgendes Zeugnis der Schwester in einem Brief vom 8. Oktober an die Mutter vor: „Siehst Du ich will Dich nicht unnöthig ängstigen aber bei der Zartheit von Fritzens Kopf und Augennerven und bei der enormen geistigen Thätigkeit, in welcher sich Fritz den größten Theil des Jahres befindet, kann sehr schnell einmal eine Gehirnentzündung oder zeitweise Augenverdunkelung eintreten. Man dürfte ihn da doch niemals Fremden überlassen und Du mußt dann in Deinem Haus oder anderswo alle Zeit für ihn haben ... Habe nur dies immer in Augen meine gute Mama aber laß Dir nichts dem lieben Fritz gegenüber merken, damit er nicht selbst ängstlich wird. Auch ist er für die zwei nächsten Jahre auch noch auf eine etwas leichtere Art beschäftigt aber nachher fürchte ich, daß der Bogen leicht einmal überspannt sein könnte. Jetzt wie gesagt ist er strahlend und voller Pläne und Hoffnungen aber dieser eigenartige Zusammenfall einer Art Lähmung, welche auf kurze Zeit ihn befällt, ist doch sehr eigen“.

Auf der Suche nach einem neuen Verleger (für den vierten Teil seines *Zarathustra*) erwägt N die Namen Breitkopf und Härtel, Oppenheim, Engelmann in Leipzig: „Ich will erreichen, daß Schmeitzner meine Schriften so schnell als möglich verkauft: ich habe mich in Zürich ... überzeugt, daß diese Schriften in seinem Winkel gleichsam verfaulen: seit langem ist mein Name in den sämtlichen wissenschaftlichen Zeitschriften des In- und Auslandes nicht mehr genannt worden ... ich bringe keinen Verleger dazu den 4ten Theil zu drucken, wenn nicht die 3 ersten in seinen Händen sind“ (an die Schwester, November 1884). N schickt das Gedicht *An den Mistral. Ein Tanzlied* an Peter Gast (22. November) und – wenig später – *Einsiedlers Sehnsucht* (von Nizza aus) an Heinrich von Stein. Das Experiment mit Mentone scheitert: „Ich will und muß an Nizza festhalten, zum Zweck meiner zukünftigen ‚Colonie‘, welche mir jetzt möglicher erscheint (ich meine: sympathische Menschen, vor denen ich meine Philosophie doziren kann) So allein, wie hier, oder im Engadin, bin ich beständig krank. – Zwischen Nizza und Mentone handelt es sich um eine gewisse Luft-Feuchtigkeitsdifferenz! Ich bin ein feines Thier“ (an Mutter und Schwester, 28. November). Ende des Monats zieht N nach Nizza um.

Nizza, Dezember

In Nizza wohnt N in der Pension de Genève mit Paul Lanzky: „Er hat einen Begriff davon, wer ich bin. Im Ganzen aber, um mich französisch auszudrücken: il m'ôte la solitude, sans me donner la compagnie. – So wird es denn diesen Winter nichts mit dem 4. Zarathustra werden" (an Mutter und Schwester, 4. Dezember). Am 7. Dezember dirigiert Peter Gast in Zürich in einem Konzert von Hegars Gesangverein seine Ouvertüre zum *Löwen von Venedig*: „Das Publikum fand an der Musik Gefallen, und ich hatte die Freude, meinen Beifall im übrigen sich verlieren zu lassen" (Overbeck an N, 21. Dezember). N an Overbeck: „... die Thatsache dieses Winters heißt leider Augenleiden – und folglich äußerste Beschränkung alles Schreibens und Lesens. Über die Ursache dieses Leidens bin ich außer Zweifel: mein Zimmer in Engadin hat kein Licht, einer schwarzen Felswand ganz nahe, Ein einziges kleines Fenster – das Zimmer darf nicht wieder von mir bewohnt werden! Vielleicht habe ich auch im Sommer zu viel schlecht gedruckte Bücher gelesen (deutsche Bücher über Metaphysik!) – – Der Versuch mit Mentone mißrieth, aber das Mißrathen war mir sehr lehrreich. Nizza übt genau wie im vorigen Winter einen überraschendschnell wohlthätigen Einfluß – und ich begreife nunmehr, daß es die Lufttrockenheit ist, welche mich Nizza und Oberengadin lieben läßt: ich meine, der lufttrockenste Ort der Riviera und der Schweiz, also Nizza und Oberengadin thun meinem Kopfe am wohlsten. Daß die genannten Gegenden auch eine große Menge heller und reiner Tage aufweisen, hängt indirekt mit der erwähnten großen Lufttrockenheit zusammen ... Es geht besser, die Anfälle sind hier viel seltener. An sich ist mir die Stadt Nizza gräßlich, ich verhalte mich defensiv und wie als ob sie nicht da wäre: mir liegt an der Luft und dem Himmel von Nizza ... Sodann wohnt Herr Paul Lanzky in meiner Pension, ein großer Verehrer von mir: ehemals Redakteur der Rivista Europea, in summa also ein Litterat. Als er mir aber gestern einen langen Essay über mich (gedruckt in einem ungarischen Blatt!) zu lesen gab, blieb mir nichts übrig als zu thun, wie voriges Jahr mit Herrn Dr. Paneth, ebenfalls einem großen Verehrer und Anbeter: nämlich ihn zu verpflichten **nicht** über mich zu schreiben. Ich habe ganz und gar keine Lust eine neue Art von Nohl, Pohl und ‚Kohl' um mich aufwachsen zu lassen – und ziehe meine absolute Verborgenheit tausend Mal dem Zusammensein mit mittelmäßigen Schwarmgeistern vor. – Hast Du Stein's ‚Helden und Welt' gelesen? – Bitte, thu's. Ich lasse mir einen größeren Aufsatz Emerson's, der einige Klarheit über seine eigne Entwicklung giebt, ins Deutsche übersetzen (schriftlich)* ... Ich weiß nicht, wie viel ich darum gäbe, wenn ich nachträglich bewirken könnte, daß eine solche herrliche große Natur, reich an Seele und Geist, eine strenge Zucht, eine wirkliche wissenschaftliche Cultur durchmachte. So wie es steht, ist uns in Emerson ein Philosoph **verloren** gegangen!" (22. Dezember)

1885

Nizza, 1. Januar–9. April

„Mit den Augen geht es immer schlimmer ... Die Wahrheit zu sagen: seit meinem letzten Briefe ging es immerfort schlecht, das Wetter änderte sich und damit war es für mich aus. Ewige Anfälle, Erbrechen über Erbrechen; jetzt weiß ich vor jeder Mahlzeit nicht mehr, ob essen oder nicht essen. Die Schwäche des Magens ist in einer eklatanten Weise wieder zum Vorschein gekommen, und in einer Pension ist da schlimm sich einrichten ... Dann ist Nizza auf die Dauer nicht möglich, die große Stadt, das unerträgliche Gelärm der Wagen usw. Eben so habe ich die Herrn Mit-Pensionäre satt, man ist eigentlich in einer gar zu schlechten Gesellschaft und darf kaum hinsehen, wie der liebe Tisch-Nachbar bei Tisch Messer und Gabel führt. Von dem, was bei Tisch geredet wird, nicht zu reden! Ich denke an meine ehemalige Genueser Isolirtheit mit Trauer und Sehnsucht zurück, obgleich ich wie der ärmste Schlucker gelebt habe; aber ich war nicht von solchem mittelmäßigen ‚Pack' umgeben, es war stolzer und mir angemessener. Herr Lanzky ist ein rücksichtsvoller mir sehr ergebener Mensch – aber die alte Geschichte: während ich Jemanden nöthig habe, der mich unterhält, läuft es darauf hinaus, daß ich unterhalte. Er schweigt, seufzt, sieht

* Veröffentlicht durch S. L. Gilman in Nietzsche-Studien 9 (1980), S. 406–431.

auch aus wie ein Schuster, und versteht weder zu lachen noch Geist zu zeigen. Unausstehlich auf die Länge" (an Mutter und Schwester, Anfang Januar). Enttäuschung Ns über die Anwort Heinrich von Steins auf die Zusendung des Gedichts *Einsiedlers Sehnsucht* (erste Fassung des Nachgesangs von *Jenseits von Gut und Böse*): „Was hat mir der gute Stein für einen dunklen Brief geschrieben! Und das zum Danke dafür, daß ich ihm ein Gedicht von mir schickte. Es weiß Keiner mehr sich zu benehmen" (an Mutter und Schwester, Anfang Januar). Briefentwurf an Stein: „Es ist schwer zu erkennen, wer ich bin; warten wir hundert Jahre ab – vielleicht giebt es bis dahin irgend ein Genie von Menschenkenner, welches Herrn F. N. ausgräbt".

Der vierte Teil von *Also sprach Zarathustra* wird fertig. Durch den Bruch mit Schmeitzner, der sein Schuldner ist, befindet sich N in finanziellen Schwierigkeiten; er bittet Gersdorff um Hilfe für die Kosten eines Privatdrucks; der Jugendfreund ist dazu nicht imstande. An Peter Gast in Zürich: „Unter uns gesagt: es giebt etwas Neues als ‚Frucht' dieses Winters, aber ich habe keine Verleger, vor allem aber gar keine Lust mehr daran, neue Dinge gedruckt zu sehn. Die ungeheure Albernheit, so etwas wie meinen Zarathustra herauszugeben, ohne es nöthig zu haben, ist mir mit entsprechender Albernheit vergolten worden: wie es billig war. / **Mittag und Ewigkeit** / von / Friedrich Nietzsche / Erster Theil: die Versuchung Zarathustra's. Übrigens vielleicht undruckbar: eine ‚Gotteslästerung', gedichtet mit der Laune eines Hanswursts. – Wer aber hübsch gegen mich ist und mir mit Köselitzischer Musik schmeichelt, soll das Ding privatissime zu lesen bekommen" (14. Februar). Briefwechsel mit Resa von Schirnhofer (in Paris): „Mag ich denn die Franzosen? Einige von ehemals, vor Allem Montaigne. Aus diesem Jahrhunderte im Grunde nur Beyle, und was auf seinem Boden gewachsen ist ... Es soll nämlich in Frankreich eine Art von Stendhal-Schwärmern geben, man spricht mir von solchen, die sich ‚Rougistes' nennen. Machen Sie, ich bitte, etwas Jagd darauf ... Und machen Sie doch die Bekanntschaft des lebendsten Schülers von Stendhal, Hr. Paul Bourget und erzählen Sie mir, welche Aufsätze er neuerdings geschrieben hat (ich zeigte Ihnen hier in Nizza seine gesammelten essays zur psychologie contemporaine) Er ist wie mich dünkt, der rechte Schüler jenes Genie's, das die Franzosen 40 Jahr zu spät entdeckt haben (von Deutschen bin ich der Erste, der ihn erkannt hat, und nicht auf eine Anregung von Frankreich her) Die sonstigen berühmten Litteratur-Menschen dieses siècle zb. Sainte-Beuve und Renan sind mir viel zu süßlich und undulatorisch; aber was ironisch, hart, sublim-boshaft ist, von der Art, wie Mérimée, – oh wie das meiner Zunge wohl schmeckt!" (11. März)

Gast verläßt am 14. März Zürich und zieht wieder nach Venedig um. N an Gast: „Mit den Augen steht es schlimm und schlimmer. – Es kommt vielleicht dieser Tage ein Druckbogen bei Ihnen an: seien Sie nicht ungeduldig, lieber Freund und helfen Sie mir auch dies Mal noch. Es ist der vierte und letzte Theil von ‚Also sprach Zarathustra'; der Titel, welchen ich Ihnen das letzte Mal brieflich meldete, war eine Verlegenheits-Auskunft in Hinsicht auf einen neuen Verleger. Damals nämlich suchte ich einen Verleger, und billigerweise hätte ich keinen ‚vierten Theil' anbieten können. Für das, was ich noch zu sagen habe comme poète-prophète, brauche ich eine andre Form als die bisherige; und es war eine harte Sache, mich um eines Verlegers willen zu einem solchen Titel zu entschließen. Genug, ich fand keinen Verleger und drucke nun mein Finale auf eigne Kosten. Dafür nur in wenig Exemplaren und nicht für die ‚Öffentlichkeit'. Bitte, schreiben und sprechen auch Sie nicht davon, daß es einen 4ten Zarathustra giebt" (21. März).

Zur bevorstehenden Heirat der Schwester mit dem Antisemiten Bernhard Förster schreibt N seinem Freund Overbeck am 31. März: „Dr. Förster ist aus Paraguay zurückgekehrt, großer Jubel in Naumburg. Vielleicht entsteht aus der Verheirathung meiner Schwester auch für mich Etwas Gutes: sie wird die Hände voll zu thun haben und Jemanden besitzen, dem sie völlig vertrauen darf und dem sie wirklich nützen kann: was Beides, bisher, in Bezug auf mich, nicht immer möglich war". Am 9. April Abreise von Nizza.

Venedig, 10. April–6. Juni

Einen Tag in Genua; am 10. April abends trifft N in Venedig ein. Im Peter-Gast-Nachlaß (Weimar) finden sich zahlreiche Notizen Gasts aus späterer Zeit (1908/09?) mit zahlreichen biographischen

Einzelheiten über N. Über Ns Aufenthalt in Venedig 1885 erzählt Gast folgende Episode: „N schrieb an Förster, ich (Gast) hätte ihn, als er den IV. Zarath. fertig hatte, in Venedig bei einer Hure einquartirt! – Nietzsche war im Stande, sich mit so wahrheitswidrigen Worten an einem zu rächen. Die Wahrheit ist nur, daß N an mich geschrieben hatte (6. April 85) ich möchte mich für ihn nach einer Wohnung umsehen ‚lassen Sie den Zufall walten, thut er's nicht, thue ich's etc'. Auf eine solche Rede hin war ich allerdings lässig im Suchen auch infolge früherer Erfahrungen mit N, ich fand auch Nichts, was mir passend schien, – und meine früheren Mühen in dieser Hinsicht waren auf ziemliche Aussetzungen N's gestoßen (N fand etwas ausgezeichnet, was ich mesquin fand, und tadelte was mir gar nicht so übel schien – kurz unberechenbar, Alles Illusion, wie in Allem bei N: Don Quichote, pneumatische Auslegung). Als N ankam, sagte ich ihm, daß ich leider nichts für ihn gefunden und bewog ihn vorläufig die Casa Fumagalli zu beziehen. Am nächsten Tag schon ging er auf die Suche; ihm imponirte die Rialtobrücke, dort ging er, wenn man vom Campo S. Bartolomeo kommt, in das Haus rechts am Brückenaufgang und miethete sich stracks ein. Nachmittags mußte ich mit hin, um mir's zu besehn. Nun, das Erste war mein Bedenken gegen den nächtlichen Lärm, denn über Rialto geht der Verkehr ununterbrochen und Nachtruhe im deutschen Sinne giebt es nicht (Singen, Schreien, Disputiren). Bett und Zimmer schienen reinlich, die Frau, mittlere 30erin, ernst und anständig. Aber dies letztere war Schein gewesen. Nach einigen Tagen kam N zu mir und sagte ‚Freund Gast, ich glaube ich wohne bei einer Hure! Sie empfängt Officiersbesuche. Teufel auch, zur Feier von Zarathustra's Fertigwerden bei einer putana veneziana wohnen, das ist toll!' Gegen N, dessen würdiger Ernst ihr imponirte, spielte sie sich natürlich auf die honnette Dame hinaus; aber sie war, wie ich dann von anderwärts erfuhr, allerdings eine Courtisane. – Im Ärger darüber, daß ich für keine Wohnung gesorgt, schrieb dann N nach Hause, ich hätte ihn bei einer solchen einlogirt!" Die gemeinsame Korrektur am vierten Teil *Zarathustras* wird am 13. April beendet.

Am 22. Mai (Wagners Geburtstag) heiraten Elisabeth und Bernhard Förster in Naumburg. Dazu N aus Venedig: „Nun habe ich gleich an Overbeck geschrieben, von wegen des Dürerschen Blattes, das freilich mir viel zu düster vorkommt; dann will ich Dir auch noch mein buntes persisches Handexemplar meines Zarathustra schicken, Du kannst es in irgend einem amerikanischen Urwalde aufstellen, als Fetisch. Auch sende ich zugleich 2 Exemplare des vierten Theils, für Dich und Herrn Dr. Förster, mit der ausdrücklichen Bitte, daß dieser vierte Theil überallhin verschwiegen wird, wie als nicht vorhanden ... Deine Vorschläge für die Zukunft klingen nicht übel auf meinem Resonanz-Boden wieder; für die Sorge, die sich darin ausdrückt, weiß ich nicht genug zu danken. Meine Gegen-Bemerkung ist, daß vielleicht alle Sorgen für meine Zukunft mit Einem Male abgethan sein könnten. Ich ertrage Vormittags das Leben, aber kaum mehr Nachmittags und Abends, und es scheint mir sogar, daß ich genug gethan habe, unter ungünstigen Umständen, um mich mit Ehren aus dem Staube machen zu können. – Dann werde ich zu blind, um noch lesen und schreiben zu dürfen, es fällt mir fast jeden Tag genug ein, daß deutsche Professoren daraus zwei dicke Bücher machen könnten. Aber ich habe Niemanden, für den das Zeug paßt. Es ist so viel Unerlaubtes darunter; es thut Andern wehe. Ich gestehe, daß ich ganz gerne hier und da eine Vorlesung halten würde, ganz ziemlich und schicklich, als Moralist und großer ‚Erzieher', der nicht auf den Kopf gefallen ist; aber Studenten sind so dumm, Professoren sind auch dumm! Und wo! In Jena? Ich habe jetzt keinen Ort mehr, wo ich gern bin, ausgenommen Venedig: nur daß der hohe Gehalt der Feuchtigkeit der Luft, 90 procent, mich malträtirt. Nizza und Oberengadin sind sehr trocken. Und dann wäre ich besser daran in Venedig, wenn mein werther Freund K⟨öselitz⟩, der große Musiker, nicht hier wäre. Er ist ein Tölpel und zum Verkehre ungeschickt; ich habe zu viel zu überwinden, was mir wider den Geschmack geht. Freilich seine Musik ist ein Ding ersten Rangs, von mozartischer Güte und Verklärung: daran kann der Meister Richard nicht rühren. – Übrigens rührt es mich, daß Ihr den 22. Mai gewählt habt: mir ist immer zu Muthe, als ob Du Dich, in allen möglichen Beziehungen, auf einen Fleck Erde niedergelassen und festgesetzt hast, wo ich einmal früher gesessen habe; alles, was Du thust ist mir Erinnerung, Nachklang. Ich selber – ich bin schrecklich davongelaufen, und habe Niemanden mehr, dem ich auch nur erzählen möchte, wohin. Glaube ja nicht, daß mein Sohn Zarathustra meine Meinungen ausspricht. Er ist eine meiner Vorbereitungen und Zwischen-Akte ... Lanzky schrieb, zu meinem großem Erstaunen, kürzlich einen großen Dankesbrief hierher, wie ein ganz umgewandelter Mensch –, und ich soll daran schuld sein! So sind die Bemühungen dieses Winters doch nicht so umsonst gewesen, wie andre Bemühungen. – Ein alter Holländer *[van Eeden]* aus Haarlem hat mir einen ‚Huldigungsschreiben' geschickt: daß, nach dem Tode ‚Schopenhauers', ich usw. – Die Leute wissen und riechen nicht genug, wohin es mit mir geht. Ich bin ein gefährliches Thier und eigne mich schlecht zum Verehrtwerden" (April). An Overbeck: „Sehr erbaut durch Deinen Brief und sehr beruhigt: denn mitunter kam mir der Verdacht, Du möchtest gar den Verfasser des Zarathustra für übergeschnappt halten. Meine Gefahr ist in der That sehr groß aber nicht diese Art Gefahr: wohl aber weiß ich mitunter nicht mehr, ob ich die Sphinx bin, die fragt, oder jener berühmte Oedipus der gefragt wird – so daß ich für den Abgrund zwei Chancen habe. Das geht nun seinen Gang ... Mit den Augen steht es hier noch schlimmer als in Nizza; ich habe nach einer einträglichen Wohnung gesucht und gesucht und nichts gefunden, – in solchen Dingen kann mir auch unser K⟨öselitz⟩ nicht recht rathen und zu Hülfe kommen. Es ist ein ungeschickter Mensch, mit dem man seine Noth hat; und zum Verkehre nicht gemacht, aber deshalb mir nicht weniger lieb" (4. Mai).

Sils-Maria, 7. Juni–Mitte September

Vierter Aufenthalt Ns in Sils-Maria; vom 8. Juni bis zum 6. Juli hält sich Louise Röder-Wiederhold (eine Bekannte Peter Gasts aus der Zürcher Zeit) dort auf; N diktiert ihr eine Reihe von Aphorismen (später zum großen Teil in *Jenseits von Gut und Böse* aufgenommen). An Resa von Schirnhofer: „Einstweilen habe ich die treffliche Frau Röder-Wiederhold im Hause; sie erträgt und duldet ‚engelhaft' meinen entsetzlichen ‚Antidemocratismus' – denn ich dictire ihr täglich ein paar Stunden meine Gedanken über die lieben Europäer von heute und – Morgen; – aber zuletzt, fürchte ich, fährt sie mir doch noch ‚aus der Haut' und fort von Sils-Maria, getauft wie sie ist, mit dem Blute von 1848. – Auch steht es ganz schlimm mit meinen Ansichten über das ‚Weib an sich'. Genug ich argwöhne, daß es Niemand lange mehr um mich aushält. Obwohl es viele Gründe gäbe, mir ‚gute Gesellschaft‘ zu wünschen. Ah, wer kennt meine ‚sieben Einsamkeiten‘! – Schade, daß Sie Paul Bourget nicht kennen lernen! Ich meine, das wäre ein feines Fühlhorn für Alles, was jetzt in Frankreich noch ‚fein‘ ist. Ich las: in Vorbereitung nouveaux essais de psychologie contemporaine von Paul Bourget. Paris, Alphonse Lemerre, éditeur ... Sie würden mich beglücken, wenn Sie mir meldeten, sie seien erschienen“ (Juni).

Pläne zu einer Umarbeitung von *Menschliches, Allzumenschliches* und einer neuen *Unzeitgemäßen Betrachtung* über Wagner. Umgang mit Fürstin Mansuroff, Frau Emily Fynn und Tochter, Adolf Ruthardt. „Es vergeht kaum ein Tag, wo mir nicht besondere Aufmerksamkeiten erwiesen werden, und was die Anerbietungen betrifft, mit Vorlesen, Musik-Vorspielen etc. so werde ich behandelt wie ein Prinz ... Zwei Engländerinnen, Mutter und Tochter, und eine alte russische Hofdame sorgen ganz eigentlich für mich, ungefähr wie gute Tanten. Ein ausgezeichneter Musiker und Componist *[A. Ruthardt]*, den die alte Russin sich zu Gaste geladen hat (es ist ihr Contrapunkt-Lehrer) begleitet mich auf meinen Spaziergängen; ist er beschäftigt, so thun's zwei hübsche junge Gräfinnen, oder ein ehemaliger Schulpförtner (Dr. Frit⟨z⟩sch aus Hamburg, einst Famulus von Volkmann, einer der Wenigen, der zuhorchte, wenn ich in Pforta Abends am Klavier improvisirte), der mit seiner Schwester hier ist, oder Professor Leskien und Dr. Brockhaus aus Leipzig, oder ein Holländer aus Java, der mit meinen Engländerinnen verwandt ist usw.“ (an die Mutter, August). An Overbeck: „... meine Philosophie, wenn ich das Recht habe, das, was mich bis in die Wurzeln meines Wesens hinein malträtirt, so zu nennen, ist nicht mehr mittheilbar, zum Mindesten nicht durch Druck. Mitunter sehne ich mich darnach, mit Dir und Jacob Burckhardt eine heimliche Conferenz zu haben, mehr um zu fragen, wie Ihr um diese Noth herumkommt als um Euch Neuigkeiten zu erzählen. Die Zeit ist im Übrigen grenzenlos oberflächlich; und ich schäme mich oft genug, so viel publice schon gesagt zu haben, was zu keiner Zeit, selbst zu viel werthvollern und tiefern Zeiten, vor das ‚Publicum‘ gehört hätte. Man verdirbt sich eben den Geschmack, inmitten der ‚Preß- und Frechheits-Freiheit‘ des Jahrhunderts; und ich halte mir das Bild Dante's und Spinoza's entgegen, welche sich besser auf das Loos der Einsamkeit verstanden haben. Freilich ihre Denkweise war, gegen die meine gehalten, eine solche, welche die Einsamkeit ertragen ließ; und zuletzt gab es für alle die, welche irgend einen ‚Gott' zur Gesellschaft hatten, noch gar nicht das, was ich als ‚Einsamkeit' kenne. Mir besteht mein Leben jetzt in dem Wunsche, daß es mit allen Dingen anders stehn möge, als ich sie begreife; und daß mir Jemand meine ‚Wahrheiten' unglaubwürdig mache" (2. Juli). Wieder an Overbeck: „Wenn Du mich inmitten meiner Bücher hocken sähest! Und was für Bücher! Eigentlich habe ich erst in den letzten 10 Jahren mir Kenntnisse verschafft; von der Philologie her lernte ich im Grunde nur Methoden (denn den furchtbaren antiquarischen Krimskrams mußte ich wieder wegschaffen, gleichsam ‚ausmisten'). Nun aber sagen die Augen wiederum auf das Bestimmteste, daß das Kenntnisse sammeln, soweit es von Büchern abhängt, seine Zeit gehabt hat. Das Durchdenken der principiellen Probleme, das unwillkürlich den Inhalt meiner Engadiner Hochgebirgs-Sommer ausmacht, bringt mich immer wieder, trotz der verwegensten Angriffe von Seiten meines innewendigen ‚Sceptikers' auf dieselben Entscheidungen: sie stehen schon, so verhüllt und verdunkelt als möglich in meiner ‚Geburt der Tragödie', und Alles, was ich inzwischen hinzugelernt habe, ist hineingewachsen und ein Theil davon geworden."

Am 22. Juli schreibt N „Was ist vornehm?" (vgl. Bd. 11, 35 [76]); an Gast: „Ich notirte mir gestern, zur eignen Bestärkung auf dem einmal eingeschlagnen Wege des Lebens, eine Menge Züge, an denen ich die ‚Vornehmheit' oder den ‚Adel' bei Menschen herauswittere – und was, umgekehrt, Alles zum ‚Pöbel' in uns gehört. (In allen meinen Krankheits-Zuständen fühle ich, mit Schrecken, eine Art Herabziehung zu pöbelhaften Schwächen, pöbelhaften Milden, sogar pöbelhaften Tugenden – verstehen Sie das? Oh Sie Gesunder!) Vornehm ist z. B. der festgehaltene frivole Anschein, mit dem eine stoische Härte und Selbstbezwingung maskirt wird. Vornehm ist das Langsam-Gehen, in allen Stücken, auch das langsame Auge. Wir bewundern schwer. Es giebt nicht zu viel werthvolle Dinge; und diese kommen von selber und wollen zu uns. Vornehm ist das Ausweichen vor kleinen Ehren, und Mißtrauen gegen Den, welcher leicht lobt. Vornehm ist der Zweifel an der Mittheilbarkeit des Herzens; die Einsamkeit nicht als gewählt, sondern als gegeben. Die Überzeugung, daß man nur gegen Seines-

Gleichen Pflichten hat und gegen die Andern nach Gutdünken verfährt; daß man sich immer als Einen fühlt, der Ehren zu vergeben hat, und selten Jemandem zugesteht, daß er Ehren gerade für uns auszutheilen habe; daß man fast immer verkleidet lebt, gleichsam incognito reist, – um viel Scham zu ersparen; daß man zum otium fähig sei, und nicht nur fleißig wie Hühner: – gackern, eierlegen und wieder gackern und so fort! und so fort! alter Freund, ich ermüde Ihre Geduld, aber Sie errathen gewiß, was mir an Ihrem Leben gefällt und Freude macht, und was ich immer fester unterstrichen wünschte" (23. Juli). Gegen den 15. September verläßt N Sils-Maria.

Naumburg, Leipzig, Mitte September–Ende Oktober

Nach vielem Zögern entscheidet sich N, eine Reise nach Naumburg zu unternehmen. „Es wird für lange die letzte Reise in dieser falschen Richtung sein: und Alles, was ich insbesondere gegen die klimatische Beschaffenheit Naumburgs einzuwenden habe, bestätigt sich so präcis und unzweideutig, daß ich bereits mit einiger Angst an die Abreise und an die schädliche Nachwirkung dieses Aufenthalts denke. Im Uebrigen thut es mir wohl, noch einmal mit meinen Angehörigen zusammen zu sein: der ‚Sprengstoff', in Gestalt des Dr. Förster, wird uns ja in Kurzem recht hübsch über die ganze Erde hin auseinander treiben! ... Dieses Jahr nöthigt mich zu lauter abschließenden, wenigstens für eine längere Zeit ‚endgültigen' Maßregeln. – Nächsten Sonnabend eine Zusammenkunft mit dem neuen Buchhändler und Erben Schmeitzners, Herrn Erlecke: ich bin für eine neue Auflage von ‚Menschliches, Allzumenschliches' vorbereitet. Im Uebrigen wird nichts mehr ‚publicirt': es geht nunmehr bei mir ‚wider den Anstand'. – Lange Stille; auch keine neuen Menschen mehr. Die alten Sachen, wenn es noth thut, besser, feiner, voller machen. Sie verstehen diese ganze ‚Moral' –" (an Gast, 22. September). Zusammentreffen mit Heinrich von Stein auf dem Weg zwischen Naumburg und Kösen. In einer Tagebuchaufzeichnung vom 30. September schreibt Heinrich von Stein über dieses Treffen mit N: „Nietzsche überraschend in Naumburg angetroffen. Froschperspektive. – In den Tropen wächst ein Feigenbaum, der eine zu starke Krone treibt, als sein schwacher Stamm tragen kann. Also treibt er von Stufe zu Stufe starke Fortsätze, mit denen er einen Eichbaum umarmt, an diesem emporkletternd. Die Eiche wird darüber zum Skelett. Man übertrage dies ins Moralische. – Ich. Schopenhauer lehrt mich, der Mensch kommt von diesem saugenden Polypenwesen der Natur los, über sich hinausgelangend. N⟨ietzsche⟩. Der Mensch gelangt über sich hinaus, über sein Reflexionswesen, wenn er so handelt wie der Feigenbaum. – Ich. Kann er so frei sein, so ist er gut. Nietzsche schweigt, ich hätte ihn hören sollen. Wir sind bei Schulpforta, ich frage ihn nach seinen Erinnerungen".

Gegen Ende September begibt sich N nach Leipzig. Der Verkauf des Schmeitznerschen Verlags an Erlecke in Chemnitz findet nicht statt; dadurch verzögert sich die von N erstrebte Regelung seiner finanziellen Angelegenheiten mit Ernst Schmeitzner. Verhandlungen mit dem Leipziger Verlag Veit und Co. über eine Neuauflage von *Menschliches, Allzumenschliches* scheitern, da Schmeitzner für die Vernichtung der noch übrigen Exemplare der ersten Auflage die Summe von 2500 Mark verlangt. N gelingt es ebenfalls nicht, seine „ganze Litteratur" in seine eigenen Hände zu bringen, um sie nachher „einem neuen würdigeren Verleger (wahrscheinlich Veit u. Comp. d.h. Herrn Credner in Leipzig) zu übertragen" (an Overbeck, 17. Oktober). Die Bilanz dieser Versuche lautet (in einem späteren Brief an Overbeck): „... meine Schriften liegen vollständig vergraben und unausgrabbar in diesem Antisemiten-Loch *[d.h. bei Schmeitzner]* ... Meine ‚Litteratur' existirt nicht mehr –, mit diesem Urtheile habe ich Abschied von Deutschland genommen, gar nicht desperat etwa! – Vielmehr empfand ich, wie viel Mohn in dieser oblivio liegt und welchen Werth es hat, daß ich meinen sehr umfänglichen und nicht ungefährlichen Gedanken ohne die Neugierde eines ‚Publikums' nachlaufen kann. Niemand in Deutschland weiß (auch wo man mich gut zu kennen glaubt) was ich von mir will, oder daß ich etwas will; und daß ich davon, unter den schwierigsten Umständen, sogar ein gut Stück schon erreicht habe" (Dezember). Zur Feier seines 41. Geburtstags (15. Oktober) hält sich N zwei Tage in Naumburg auf, wo er seinen Schwager kennenlernt. „Dr. Förster war mir nicht unsympathisch, er hat etwas Herzliches und Edles in seinem Wesen und scheint recht zum Handeln gemacht ... Seine Werthschätzungen sind, wie billig, nicht gerade sehr nach meinem Geschmacke, Alles ist zu geschwind fertig, – ich meine, wir (Du und ich) empfinden diese Art von Geistern als voreilig ..." (an Overbeck, 17. Oktober) In Leipzig liest N Rées *Entstehung des Gewissens* und Lou von Salomés *Kampf um Gott:* „Gestern sah ich Rées Buch über das Gewissen: – wie leer, wie langweilig, wie falsch! Man sollte doch nur von Dingen reden, worin man seine Erlebnisse hat. Ganz anders empfand ich bei dem Halb-Roman seiner Sœur inséparable Salomé, der mir scherzhafter Weise zugleich vor die Augen kam. Alles Formale daran ist mädchenhaft, weichlich, und in Hinsicht auf die Prätension, daß ein alter Mann hier als erzählend gedacht werden soll, geradezu komisch. Aber die Sache selber hat ihren Ernst, auch ihre Höhe; und wenn es gewiß nicht das Ewig-Weibliche ist, was dieses Mädchen hinanzieht, so vielleicht das Ewig-Männliche. Ich vergaß zu sagen, wie hoch ich die schlichte, klare und beinahe antike Form des Réeischen Buches zu schmecken weiß. Dies ist der ‚philosophische habitus'. – Schade, daß nicht mehr ‚Inhalt' in einem solchen Habit steckt! Unter Deutschen aber ist es nicht genug zu ehren, wenn Jemand in der Art, wie es Rée immer gethan hat, dem eigentlichen deutschen Teufel, dem Genius oder Dämon der Unklarheit, abschwört" (an Heinrich von Stein, 15. Oktober). N hält sich meistens, einige kurze Besuche in Naumburg abgerechnet, in Leipzig auf.

München, Florenz, Anfang–Mitte November

Nachdem N Schmeitzner zur Abzahlung seiner Schulden gezwungen hat (mit Hilfe seines Onkels Bernhard Dächsel), reist er nach München zum Zweck eines Besuches bei Reinhart von Seydlitz. Von dort nach Florenz (7. November), um mit Paul Lanzky einen Aufenthalt in Vallombrosa zu versuchen (9. November). In Arcetri Bekanntschaft mit dem deutschen Astronomen E. W. Tempel: „In Florenz überraschte ich den dortigen Astronomen auf seiner Sternwarte, welche den schönsten Gesammt-Überblick über Ort, Thal und Fluß giebt. Sollte man's glauben, daß er neben seinem Arbeitstische die sehr zerlesenen Schriften Eures Freundes hatte und daß er, ein schneeweißer alter Mann, mit Begeisterung Stellen aus ‚Menschliches, Allzumenschliches' recitirte?" (an das Ehepaar Seydlitz, Mitte November)

Nizza, Mitte November 1885–Ende April 1886

„Inzwischen ... prüfte ich München, Florenz, Genua – aber es schickt sich für meinen alten Kopf nichts Anderes als dies Nizza, abgerechnet ein paar Monate Sils-Maria" (an Gast, 24. November). Anfang 1886 ziehen Bernhard Förster und die Schwester nach Paraguay: „... Es scheint, wir haben beide Noth, über schmerzhafte Erlebnisse hinweg zu kommen, hinweg zu leben. Auch ich verlor eine Schwester, nicht zwar durch einen wirklichen Todesfall, aber durch eine jener großen Trennungen, die etwas ebenso Unwiderrufliches haben. Sie ist mit ihrem Gatten nach Südamerika unterwegs, zum Zweck einer Colonisation daselbst: es sind genug Aussichten vorhanden, daß die Sache gelingt, aber je mehr sie gelingt, um so fester sind sie an diese ferne Welt geknüpft. Zuletzt ist es nicht einmal Paraguay, was mir am meisten das Gefühl giebt, meine Schwester verloren zu haben. Mir sind die Gesinnungen meines Schwagers, für die er lebt und stirbt, fremder als Paraguay" (an Emily Fynn, Ende 1885). Über seine Stimmung in Nizza schreibt N im selben Brief: „Was mir in Nizza fehlt, sind Menschen, die ich liebe und denen man erst nicht alles ‚sagen muß'. Ich bin drei viertel des Tages ziemlich düster und arbeitsam den Rest lustig oder ‚profondément triste', wie es einem einsamen Bär und Philosophen zukommt". An Overbeck zur selben Zeit: „Es muß sich etwas Unabhängiges und mir Angemessenes schließlich finden lassen: aber ich zweifle immer mehr, daß ich's finde. Weshalb ich Menschen brauche, die für mich sorgen. Das Unpraktische meiner Natur, die halbe Blindheit, andererseits das Ängstliche, Hülflose, Entmuthigte, was in der Consequenz meiner Gesundheit liegt, schraubt mich oft in Lagen fest, die mich fast umbringen. – Fast sieben Jahre Einsamkeit und, zum allergrößten Theil, ein wahres Hundeleben, weil an allem mir Nothwendigen fehlte! Ich danke dem Himmel, daß es Niemand so recht aus der Nähe mit angesehen hat (Lanzky abgerechnet, der immer noch ganz außer sich darüber ist.) Und zu dem Allen diese Überzahl von schmerzhaften, mindestens verhängten Tagen, gar nicht von der verzweifelten Langeweile zu reden, in die Jeder geräth, welcher der ‚Distraction der Augen' enträth! Ich meine, man hätte mir einen ziemlichen Grad von Pessimismus und Resignationismus nachsehen müssen;

aber ich selber habe mir ihn nicht ‚nachgesehen', vielmehr mich aus Leibeskräften dagegen gewehrt. (Das stärkste Stück darin, das ich geleistet habe, war, unter was für Verhältnissen ich meinen Zarathustra begann und durchsetzte: ich will keinen Tag von den 3 letzten Jahren zum zweiten Male durchleben, Spannung und Gegensätze waren zu groß!)". Erwin Rohde wird nach Leipzig berufen: „... ich habe lange keine solche Freude gehabt, wie bei dieser Nachricht! Seitdem male ich mir immer und immer wieder aus, daß dieses Jahr uns zusammen bringen muß. Vielleicht, daß es sich schon für den Frühling einrichten läßt; und am allerliebsten wäre ich bei Deiner Einführung Augen-, Ohren- und Herzenszeuge. Ich kann es gar nicht ausdrücken, wie sehr mich diese Hoffnung streichelt und erquickt. Vorigen Herbst war ich etwas in Leipzig, wie zum Vorgeschmack: ach, still, versteckt beinahe, fast immer für mich, aber wie von lauter Erinnerungen an Dich und unsre alte Gemeinschaft an diesem Orte gewärmt. Der Zufall wollte, daß ich etwas von dem Projekt, das Dich betraf, zu hören bekam: unmittelbar vor der Sitzung, in der die ganze Angelegenheit in's Auge gefaßt wurde, war ich mit Heinze und Zarncke zusammen. Mir ist es wie ein Traum, daß ich auch einmal so eine Art von hoffnungsvollem Thiere gewesen bin, philologus inter philologos" (an Rohde, 23. Februar 1886).

Zwischen Januar und April vergebliche Verhandlungen mit Verlegern. Credner (Veit und Co.) erklärt sich bereit, einen „zweiten Band" der *Morgenröthe* herauszugeben, und verlangt gleichzeitig, daß Schmeitzner den Rest der Auflage von *Menschliches, Allzumenschliches* frei gebe (26. Januar 1886). Aus den Materialien, die er im Sommer 1885 zu einer Neuauflage von *Menschliches, Allzumenschliches* ausgearbeitet hat, fertigt N einen Reinschrift an: „ich bin gerade im Abschreiben, komme langsam, langsam von der Stelle" (an die Mutter, 23. Februar 1886). Die Abschrift wird zu einem neuen Werk: „Diesen Winter habe ich benutzt, etwas zu schreiben, das Schwierigkeiten in Fülle hat, so daß mein Muth, es herauszugeben, hier und da wackelt und zittert. Es heißt: Jenseits von Gut und Böse / Vorspiel / einer Philosophie der Zukunft" (an Gast, 27. März). „Winter-Pensum exakt fertig, Abschrift selbsthändig besorgt, Fädchen drum gebunden, ad acta gelegt. Dergleichen druckt mir Niemand, am wenigsten Credner; und der Luxus vom vorigen Jahre darf nicht wiederholt werden (ich meine das

Drucken auf eigne Kosten)" (an Overbeck, Anfang April). Durch Heinze, der ihn mit seiner Frau in Nizza besucht, unternimmt N einen Versuch beim Berliner Verlag Carl Duncker: „... mit diesem Briefe möchte ich Ihnen den Vorschlag machen, ein philosophisches Werk von mir herauszugeben, das unter dem Titel ‚Jenseits von Gut und Böse' bereit sein würde, in die Welt zu gehn. Einer meiner Freunde, der mich gerade hier besucht (Hofrath Heinze, Prof. der Philosophie in Leipzig) räth mir, mich an Sie zu wenden, in Anbetracht, daß ich am ehesten bei Ihnen den Muth der Initiative finden werde, wie er zur Herausgabe eines solchen sehr unabhängig gedachten und gemachten Buches nöthig ist. Meine Leser und Anhänger sind weit verbreitet genug, um Ihnen von vornherein die Verkäuflichkeit des Buchs wahrscheinlich zu machen; meine Bedingungen andererseits enthalten, wie ich hoffe, nichts, was Ihnen unbillig erscheinen dürfte, zumal es die alten gleichen Bedingungen sind, welche mir von meinem 24ten bis zum 42ten Lebensjahre immer zugestanden worden sind. Als Honorar pro Bogen 40 Mark, bei einer Auflage von 1000 Exemplaren ... Der Umfang des Buches möchte sich ungefähr auf 300 Seiten erstrecken ... Das Buch enthält zehn Abschnitte, deren Überschriften lauten: Von den Vorurtheilen der Philosophen. Der freie Geist. Das religiöse Genie. Das Weib an sich. Zur Naturgeschichte der Moral. Wir Gelehrten. Unsere Tugenden. Völker und Vaterländer. Masken. Was ist vornehm?" (an C. Heymons, 12. April) Negative Antwort von C. Heymons (Carl Duncker's Verlag, in Berlin). N: „Ich habe einen so guten Glauben an die Anziehungskraft und also auch Verkäuflichkeit meines neuen Buches, daß ich Ihnen einen Vorschlag machen will, der eine starke Probe für diesen Glauben giebt. Sie würden mich bereit finden, auf Zahlung des Honorars bis zu dem Zeitpunkt zu warten, wo 600 Exemplare verkauft sind" (an C. Heymons, 20. April). „... die negativen Briefe deutscher Verleger geben mir den Eindruck, daß es jetzt bei mir so steht wie bei Ihnen, daß wir still unsre ‚Partituren' in den Schrank legen ... Was mein Manuscript angeht: so schwebt noch eine Verhandlung mit dem Berliner Verleger C. Heymons (d.h. Carl Duncker's Verlag). Gesetzt, es wird auch da nichts ausgerichtet, nun, so hat es seine gute Seite für mich. Denn es ist ein erschreckliches Buch, das diesmal mir aus der Seele geflossen ist, — sehr schwarz, beinahe Tintenfisch. Mir ist zu Muthe, als hätte ich irgend etwas bei den Hörnern' gepackt: ganz gewiß ist es kein ‚Stier'." (an Gast, 21. April) Am 30. April trifft N in Venedig ein.

1886

Venedig, München, Naumburg, Leipzig, Mai–Juni

N für eine Woche in Venedig in der Wohnung von Peter Gast (der in Annaberg weilt). „Meine Verleger-Verhandlungen sind allesamt bisher gescheitert, unter nicht uninteressanten Umständen; einen letzten Versuch wird Heinze machen, – aber ... alle diese Herrn wollten gar zu gern, aber sie dürfen nicht. (Die öffentliche Meinung als Gewissen –)" (an Overbeck, 1. Mai). Kurzer Aufenthalt in München: Treffen mit Hermann Levi und Overbecks Verwandten. Am 13. Mai erreicht N Naumburg. Im Juni in Leipzig, wo N auch mit Peter Gast und Paul Widemann zusammentrifft. Ns ehemaliger Verleger (und Wagner-Verleger) E. W. Fritzsch verhandelt mit Schmeitzner über den Ankauf der restlichen Exemplaren von Ns Werken. Enttäuschendes Wiedersehen mit Rohde. „Fritzsch hat sich bisher noch nicht mit Schmeitzner verständigen können, aber vielleicht kommt es noch dazu, da Fritzsch großen Werth darauf zu legen scheint, den ‚ganzen Nietzsche', so wie den ganzen Wagner in seinem Verlag zu haben: eine Nachbarschaft, die auch mir von Grund aus wohl thut. Denn, Alles in Allem gerechnet, war Richard Wagner der Einzige bisher, mindestens der Erste, der ein Gefühl davon gehabt hat, was es mit mir auf sich habe. (Wovon z.B. Rohde, zu meinem Bedauern, auch nicht die blasseste Vorstellung zu haben scheint, geschweige denn ein Gefühl von Pflicht gegen mich.) In dieser Universitätsluft entarten die Besten: ich spüre fortwährend als Hintergrund und letzte Instanz, selbst bei Naturen wie Rohde eine verfluchte allgemeine Wurschtigkeit und den vollkommenen Mangel an Glauben zu ihrer Sache. Dafür, daß Einer (wie ich) diu noctuque incubando von frühester Jugend an zwischen Problemen lebt und da allein seine Noth und sein Glück hat, wer hätte dafür ein Mitgefühl! R. Wagner, wie gesagt, hatte es: und deshalb war mir Tribschen eine solche Erholung, während ich jetzt keinen Ort und keine Menschen mehr habe, die zu meiner Erholung taugten" (an Overbeck, kurz nach der Rückkehr von Deutschland nach Sils-Maria, Ende Juni). Noch in Leipzig beschließt N, seine neuen Werke auf eigene Kosten erscheinen zu lassen, und zwar bei der Firma C. G. Naumann, der N sein Druckmanuskript zu *Jenseits von Gut und Böse* übergibt. Über das Wiedersehen mit N schreibt Erwin Rohde an Overbeck: „... eine unbeschreibliche Atmosphäre der Fremdheit, etwas mir damals völlig unheimliches, umgab ihn. Es war etwas in ihm, was ich sonst nicht kannte, und vieles nicht mehr was sonst ihn auszeichnete. Als käme er aus einem Lande, wo sonst Niemand wohnt ..." Am 27. Juni reist N nach Sils-Maria.

Sils-Maria, Ende Juni–Ende September

Nach einem kurzen Aufenthalt in Chur verbringt N den Sommer in Sils-Maria (5. Aufenthalt). Der Druck von *Jenseits von Gut und Böse* dauert bis Ende Juli. Umgang mit Helen Zimmern: „Komisch! Man hat sich gut wehren gegen Frauen-Emancipation: schon ist wieder ein Musterexemplar eines Litteraturweibchens bei mir angelangt, Miß Helen Zimmern (als welche die Engländer mit Schopenhauer bekannt gemacht hat), – ich glaube sogar, sie hat ‚Schopenhauer als Erzieher' übersetzt. Natürlich Jüdin: – es ist toll, wie sehr diese Rasse jetzt die ‚Geistigkeit' in Europa in den Händen hat (– sie hat mich heute des Längeren schon über ihre Rasse unterhalten)" (an Gast, 5. Juli). Fritzsch gelingt es, nach langwierigen Verhandlungen mit Schmeitzner, die Restbestände von Ns Schriften zurückzukaufen (5. August).

Jenseits von Gut und Böse erscheint: „Das neue Buch, ein Resultat, welches aus der Ferne gar nicht hätte erreicht werden können, ist eben fertig geworden; der Auftrag, ein Exemplar an Dich nach Basel abzusenden, ist bereits seit einigen Tagen ergangen. Nun kommt die Bitte, alter Freund: lies es, von vorne nach hinten, und laß Dich nicht erbittern und entfremden – ‚nimm alle Kraft zusammen', alle Kraft Deines Wohlwollens für mich, Deines geduldigen und hundertfach bewährten Wohlwollens, – ist Dir das Buch unterträglich, so doch vielleicht hundert Einzelheiten nicht! Vielleicht auch, daß es dazu beiträgt, ein paar erhellende

Lichter auf meinen Zarathustra zu werfen: der deshalb ein unverständliches Buch ist, weil er auf lauter Erlebnisse zurückgeht, die ich mit Niemandem theile. Wenn ich Dir einen Begriff meines Gefühls von Einsamkeit geben könnte! Unter den Lebenden so wenig als unter den Todten habe ich Jemanden, mit dem ich mich verwandt fühlte. Dies ist unbeschreiblich schauerlich; und nur die Übung im Ertragen dieses Gefühls und eine schrittweise Entwicklung desselben von Kindesbeinen an macht mir's begreiflich, daß ich daran noch nicht zu Grunde gegangen bin. – Im Übrigen liegt die Aufgabe, um deren willen ich lebe, klar vor mir – als ein factum von unbeschreiblicher Traurigkeit, aber verklärt durch das Bewußtsein, daß Größe darin ist, wenn je der Aufgabe eines Sterblichen Größe eingewohnt hat" (an Overbeck, 5. August). N sendet an Fritzsch die Vorrede zu *Menschliches, Allzumenschliches I* und das Schlußgedicht dazu (16. August): „Das Stück Psychologie, welches in dieser Vorrede enthalten ist, dürfte an sich schon interessant genug sein, um das Buch flügge zu machen; es ist ein wesentlicher Beitrag zum Verständniß meiner Bücher und der ihnen zu Grunde liegenden schwerverständlichen Selbstentwicklung ... Mein Gedanke ist, daß Sie dies Buch (mein leicht verständlichstes und vorbereitendes) zuerst und zunächst in Umlauf setzen möchten". Auch die drei ersten Teile von *Also sprach Zarathustra* werden von Fritzsch in einem Band in den Buchhandel gebracht. Am 29. August schickt N an Fritzsch ebenfalls seinen *Versuch einer Selbstkritik* zur „Neuauflage" der *Geburt der Tragödie:* „Dieser ‚Versuch', zusammengehalten mit der ‚Vorrede von Menschl. Allzumenschliches', ergiebt eine wahre Aufklärung über mich – und die allerbeste Vorbereitung für meinen verwegenen Sohn Zarathustra" (an Fritzsch, 29. August). Umgang mit Emily Fynn und Tochter, Meta von Salis, Frau Mansuroff. J. V. Widmann bespricht *Jenseits von Gut und Böse* im Berner *Bund* (16. und 17. September): „Jene Dynamitvorräthe – heißt es in der Besprechung – die beim Bau der Gotthardbahn verwendet wurden, führten die schwarze, auf Todesgefahr deutende Warnungsflagge. – Ganz nur in diesem Sinne sprechen wir von dem neuen Buche des Philosophen Nietzsche als von einem gefährlichen Buche. Wir legen in diese Bezeichnung keine Spur von Tadel gegen den Autor und sein Werk, so wenig als jene schwarze Flagge jenen Sprengstoff tadeln sollte. Noch weniger könnte es uns einfallen, den einsamen Denker durch den Hinweis auf die Gefährlichkeit seines Buchs den Kanzelraben und den Altarkrähen auszuliefern. Der geistige Sprengstoff, wie der materielle, kann einem sehr nützlichen Werke dienen; es ist nicht nothwendig, daß er zu verbrecherischen Zwecken mißbraucht werde. Nur thut man gut, wo solcher Stoff lagert, es deutlich zu sagen ‚Hier liegt Dynamit!‘ ... Nietzsche ist der erste, der einen neuen Ausweg weiß, aber einen so furchtbaren, daß man ordentlich erschrickt, wenn man ihn den einsamen, bisher unbetretenen Pfad wandeln sieht! ...“ Inzwischen wird auch die Vorrede zum zweiten Band von *Menschliches, Allzumenschliches* fertig. „Der Himmel erbarme sich des europäischen Verstandes, wenn man den judischen Verstand davon abziehen wollte! Man erzählte mir von einem jungen Mathematiker in Pontresina, der vor Aufregung und Entzücken über mein letztes Buch ganz die Nachtruhe verloren habe; als ich genauer nachfragte, siehe, da war es wieder ein Jude (ein Deutscher läßt sich nicht so leicht im Schlafe stören —)“ (an die Mutter, 19. September). N schreibt zum Tode von Franz Liszt (31. Juli, Bayreuth) an Malwida von Meysenbug: „So hat sich denn der alte Liszt, der sich auf's Leben und Sterben verstand, nun doch noch gleichsam in die Wagner'sche Sache und Welt hinein begraben lassen: wie als ob er ganz unvermeidlich und unabtrennlich hinzugehörte. Dies hat mir in die Seele Cosima's hinein weh gethan: es ist eine Falschheit mehr um Wagner herum, eins jener fast unüberwindlichen Mißverständnisse, unter denen heute der Ruhm Wagner's wächst und ins Kraut schießt. Nach dem zu urtheilen, was ich bisher von Wagnerianern kennen gelernt habe, scheint mir die heutige Wagnerei eine unbewußte Annäherung an Rom, welche von innen her dasselbe thut, was Bismarck von außen thut“ (24. September). Gegen Ende September verläßt N Sils-Maria in Richtung Genua.

Genua, Ruta Ligure, Oktober

N hält sich mit Paul Lanzky in Ruta Ligure auf (mit Ausflügen nach Genua und näheren Ortschaften der ligurischen Küste). Über Ruta: „Links der Golf von Genua bis zum Leuchtthurm; unter dem Fenster und nach den Bergen zu Alles grün, dunkel, erquicklich für das Auge. Das Albergo Italia reinlich und gefällig eingerichtet: die Küche abscheulich; noch keinen ordentlichen Bissen Fleisch zu sehen bekommen. Um so preiswürdiger ist die reine und nicht erschlaffende Luft, die Gänge hoch zwischen zwei Meeren, ein Pinienwald mit fast tropischer Üppigkeit. Wir haben schon drei Mal große Feuer angezündet; es giebt nichts Schöneres als die Flammen gegen den reinen Himmel lodern zu sehen. – Einsamkeit wie auf einer Insel des griechischen Archipelagus; rings zahllose Bergketten" (an Emily Fynn, 2. Oktober). Burckhardts zurückhaltende Antwort auf die Zusendung von *Jenseits von Gut und Böse*: „J. Burckhardt's Brief, der kürzlich anlangte, betrübte mich, trotzdem er voll von der höchsten Auszeichnung für mich war. Aber was liegt mir jetzt daran! Ich wünschte zu hören ‚das ist meine Noth! Das hat mich stumm gemacht!' – In diesem Sinne allein, mein alter Freund Overbeck, leide ich an meiner ‚Einsamkeit'. An Menschen fehlt mir's nirgends, aber an solchen, mit denen ich meine Sorgen, meine Sorgen gemein habe!" (an Overbeck, 12. Oktober) Arbeit an den Vorreden für die „Neuauflagen" der *Morgenröthe* und der *Fröhlichen Wissenschaft.*

Nizza, Ende Oktober 1886–Anfang April 1887

Um den 22. Oktober N wieder in Nizza. Arbeit am fünften Buch der *Fröhlichen Wissenschaft:* „so bin ich denn, noch vor Jahres Schluß, mit Allem fertig, was ich zum Besten meiner früheren Litteratur zu thun mir vorgesetzt hatte. Das Letzte – das was Ihnen hiermit als Manuskript zugeht – war ein Schlußtheil (fünfter Theil) der fröhlichen Wissenschaft, der von vornherein projektirt war und nur unter den Consequenzen fataler Gesundheits-Zwischenfälle damals nicht fertig wurde" (an Fritzsch, Ende Dezember 1886). „Herrlicher Brief Henri *[sic!]* Taines, der mich so ernst nimmt als ich nur wünschen kann; er ist so universal gebildet, die Stellen, die er heraushebt, geben mir den Beweis, wie gut er versteht. Übrigens bin ich ‚infiniment suggestif' und was meine Gesamtabschätzung der europäischen Völker und Kräfte betrifft, ist er ganz bezaubert und verspricht Satz für Satz wieder durchzunehmen. Er gehört zu meinen drei Lesern, die zwischen den Zeilen lesen" (an Overbeck, 29. Oktober). „Gutmüthige Anzeige" H. Weltis von *Jenseits von Gut und Böse* (an Overbeck, 25. Dezember 1886). N liest den Kommentar des Simplicius zu Epiktet: „... man hat in ihm das ganze philosophische Schema klar vor sich, auf welches sich das Christenthum eingezeichnet hat: sodaß dies Buch eines ‚heidnischen' Philosophen den denkbar christlichsten Eindruck macht (abgerechnet daß die ganze christliche Affekten-Welt und Pathologie fehlt. ‚Liebe', wie Paulus von ihr redet, ‚Furcht vor Gott' usw.) Die Fälschung alles Thatsächlichen durch Moral steht da in vollster Pracht; erbärmliche Psychologie; der Philosoph auf den ‚Landpfarrer' reduzirt. – Und an alledem ist Plato schuld! er bleibt das größte Malheur Europas!" (an Overbeck, 7. Januar 1887) N liest Renan, Sybel, Montalembert; er entdeckt Dostoevskij: „Von Dostojewsky wußte ich vor wenigen Wochen auch selbst den Namen nicht – ich ungebildeter Mensch, der keine ‚Journale' liest! Ein zufälliger Griff in einem Buchladen brachte mir das eben ins Französische übersetzte Werk l'esprit souterrain unter die Augen (ganz so zufällig ist es mir im 21. Lebensjahre mit Schopenhauer und im 35ten mit Stendhal gegangen!) Der Instinkt der Verwandtschaft (oder wie soll ich's nennen?) sprach sofort, meine Freude war außerordentlich: ich muß bis zu meinem Bekanntwerden mit Stendhals Rouge et Noir zurückgehen, um einer gleichen Freude mich zu erinnern. (Es sind zwei Novellen, die erste eigentlich ein Stück Musik, sehr fremder, sehr undeutscher Musik; die zweite ein Geniestreich der Psychologie, eine Selbstverhöhnung des γνῶθι σαυτόν) Beiläufig gesagt: diese Griechen haben viel auf dem Gewissen – die Fälscherei war ihr eigentliches Handwerk, die ganze europäische Psychologie krankt an den griechischen Oberflächlichkeiten; und ohne das Bischen Judenthum usw. usw. usw. Diesen Winter habe ich auch Renans Origines gelesen, mit viel Bosheit und – wenig Nutzen. Diese ganze Geschichte kleinasiatischer Zustände und sentiments scheint mir auf eine komische Weise in der Luft zu schweben. Zuletzt geht mein Mißtrauen jetzt bis zur Frage, ob Geschichte überhaupt möglich ist? Was will man denn feststellen? – etwas, das im Augenblick des Geschehens selbst nicht ‚feststand'?" (an Overbeck, 23. Februar 1887) „Jetzt ergötze und erhole ich mich an der kältesten Vernunft-Kritik, bei der man unwillkürlich blaue Finger bekommt (und folglich die Lust verliert, zu schreiben). Ein Generalangriff auf den gesammten ‚Causalismus' der bisherigen Philosophie kommt dabei heraus, auch einiges Schlimmere noch." (an

Gast, 21. Januar) Er hört zum ersten Mal in Montecarlo die Einleitung zum *Parsifal*: „... hat Wagner je besser gemacht?" (an Gast im selben Brief, vgl. Bd. 12, 5 [41]).

1887

Cannobio, Zürich, Chur, Lenz, April–Mitte Juni

Am 3. April verläßt N Nizza nach Cannobio (Lago Maggiore), wo er den ganzen April bleibt; Korrektur des 5. Buches der *Fröhlichen Wissenschaft*. Ab 28. April in Zürich, Overbeck besucht ihn: „Der Besuch Overbecks hat mich sehr erquickt; der Rest ist Zürich" (an Gast, 4. Mai). Begegnungen mit Resa von Schirnhofer und Meta von Salis, sowie auch mit Hegar (wegen Gast). Am 8. Mai in Chur; häufiger Besuch der öffentlichen Bibliothek. Bruch mit Erwin Rohde wegen einer Kontroverse über H. Taine (vgl. an Rohde, 23. Mai). Am 8. Juni geht N nach Lenz (Lenzer Haide), wo er am 10. Juni das denkwürdige Fragment „über den europäischen Nihilismus" niederschreibt (Bd. 12, 5 [71]).

Sils-Maria, Mitte Juni–Ende September

Am 12. Juni in Sils-Maria (6. Aufenthalt). Erschütterung über H. von Steins Tod: „Deine Nachricht vom Tode Steins (die mir inzwischen auch von Seiten des Vaters zugegangen ist) hat mich auf das Allerschmerzlichste berührt: oder vielmehr, ich bin immer noch ganz außer mir darüber. Ich hatte ihn so lieb, er gehörte zu den wenigen Menschen, deren Dasein an sich mir Freude machte. Auch zweifelte ich nicht daran, daß er mir gleichsam für später aufgespart sei ... Warum bin ich nicht an seiner Stelle abgerufen worden – es hätte mehr Sinn gehabt. Aber Alles ist so unsinnig: und diese noble Creatur, die schönste Species Mensch, deren ich in Folge meiner Wagnerischen Beziehungen überhaupt ansichtig geworden bin, ist nicht mehr!" (an Overbeck, 30. Juni; in Wirklichkeit verdankte N seine Bekanntschaft mit Stein Paul Rée). Im Juli verfaßt N die Streitschrift *Zur Genealogie der Moral.* Nach 14 Jahren Wiedersehen mit Paul Deussen, der ihn mit seiner Frau in Sils-Maria aufsucht (September). Sieben Wochen mit Meta von Salis (etwa 20. Juli – 8. September); die bedeutenden Gespräche festgehalten in: Meta von Salis-Marschlins, *Philosoph und Edelmensch* (1897). Am 19. September Abreise von Sils-Maria.

Venedig, 21. September–21. Oktober

Nach einem kurzen Besuch in Menaggio (20. September) bei Frau Fynn und ihrer Tochter kommt N am 21. September in Venedig bei Peter Gast an. Gemeinsame Arbeit am Druck der *Genealogie.* N schickt an Freunde und an mit ihm bekannte Musikdirigenten seinen, im Oktober erschienenen *Hymnus an das Leben.* Die Melodie ist von N (und zwar stammt sie aus dem *Hymnus auf die Freundschaft* von 1873/74), die Partitur „für gemischten Chor und Orchester" (mit einigen Änderungen der Melodie) ist das Werk von Gast, die Worte sind von Lou von Salomé. „Er soll einmal, in irgend welcher nahen oder fernen Zukunft, zu meinem Gedächtnisse gesungen werden, zum Gedächtnisse eines Philosophen, der keine Gegenwart gehabt hat und eigentlich nicht einmal hat haben wollen" (an Hans von Bülow, 22. Oktober).

Nizza, Oktober–Dezember

Nach einer sehr anstrengenden Fahrt trifft N, von Venedig kommend, in Nizza ein (22. Oktober, abends). Über seine Beziehungen zu dem antisemitischen Schwager schreibt N an Gast: „Auch mein Schwager hat artig genug an mich geschrieben; wir strengen uns Beide an, die etwas extreme Situation zu mildern (– er schreibt über ‚Jenseits', das er sich hat kommen lassen: ich hatte es nicht geschickt, aus Gründen)" (3. November). Am 11. November sendet N die *Genealogie der Moral* an Erwin Rohde, im Begleitbrief schreibt er: „Nein, laß Dich nicht zu leicht von mir entfremden! In meinem Alter und in meiner Vereinsamung verliere ich wenigstens die paar Menschen nicht gern mehr, zu denen ich einmal Vertrauen gehabt habe". Im „Nota bene" zum selben Brief kommt N noch einmal auf den Taine-Zwischenfall des Frühjahrs zu sprechen, der jedoch ungeklärt bleiben wird, da Rohdes Briefe dazu fehlen: „Aufrichtig Du hast mir nie ein Wort gesagt, das mir zu vermuthen erlaubte, Du wüßtest, welches Schicksal auf mir liegt. Habe ich Dir je daraus einen Vorwurf gemacht? Nicht einmal in meinem Herzen; und sei es auch nur deshalb, weil ich es überhaupt von Niemandem anders gewohnt bin. Wer wäre mir bisher auch nur mit einem Tausendstel von Leidenschaft und Leiden entgegengekommen! Hat irgend wer auch nur einen Schimmer von dem eigentlichen Grunde meines langen Siechthums errathen, über das ich vielleicht doch noch Herr geworden bin? Ich habe jetzt 43 Jahre hinter mir und bin genau noch so allein, wie ich es als Kind gewesen bin".

In Nizza Unterkunft in der Pension de Genève, wo er über ein „wirkliches Arbeitszimmer" verfügt, „5½ frcs. per Tag, Wohnung und 2 Mahlzeiten" zahlt, „meinen Morgenthee besorge ich selbst ... aber, unter uns gesagt, jeder andere Gast zahlt mehr (8–10 frcs.) Beiläufig: eine Tortur für meinen Stolz!!!" (an Overbeck, 12. November) Im selben Brief: „Es scheint mir, daß sich eine Art Epoche für mich abschließt; ein Rückblick ist mehr als je am Platz. Zehn Jahre Krankheit, mehr als zehn Jahre; und nicht so einfach Krankheit, für die es Ärzte und Arzneien gäbe. Weiß eigentlich irgend Jemand, was mich krank machte? was mich Jahre lang in der Nähe des Todes und im Verlangen nach dem Tode festhielt? Es scheint mir nicht so. Wenn ich R. Wagner ausnehme, so ist mir Niemand bisher mit dem Tausendstel von Leidenschaft und Leiden entgegengekommen, um mich mit ihm ‚zu verstehn'; ich war dergestalt schon als Kind allein, ich bin es heute noch, in meinem 44ten Lebensjahre. Dieses schreckliche Jahrzehnt, das ich hinter mir habe, hat mir reichlich zu kosten gegeben, was Alleinsein, Vereinsamung bis zu diesem Grade, bedeutet: die Vereinsamung und Schutzlosigkeit eines Leidenden, der kein Mittel hat sich auch nur zu wehren, sich auch nur zu ‚vertheidigen'. Mein Freund Overbeck abgerechnet (und drei Menschen noch dazu) hat sich in den letzten zehn Jahren fast Jedermann, den ich kenne, mit irgend einer Absurdität an mir vergriffen, sei es mit empörenden Verdächtigungen, sei es mindestens in der Form schnöder Unbescheidenheit (zuletzt noch Rohde, dieser unverbesserliche Flegel). Das hat mich, um das Beste davon zu sagen, unabhängiger gemacht; aber auch härter vielleicht und menschenverachtender als ich selbst wünschen möchte. Glücklicher Weise habe ich esprit gaillard genug, um mich gelegentlich über diese Erinnerungen ebenso lustig zu machen, wie über alles Andre, was nur mich betrifft; und überdies habe ich eine Aufgabe, die mir nicht erlaubt, viel an mich zu denken (eine Aufgabe, ein Schicksal oder wie man's nennen will). Diese Aufgabe hat mich krank gemacht, sie wird mich auch wieder gesund machen, und nicht nur gesund, sondern auch wieder menschenfreundlicher und was dazu gehört". Sehr intensive Arbeit, bezeugt durch die philosophischen Hefte aus dieser Periode: „Ich bin arbeitsam, aber schwermüthig und noch nicht aus der vehementen Schwingung heraus, welche die letzten Jahre mit sich gebracht haben. Noch nicht entpersönlicht genug'. – Trotzdem weiß ich, was gethan und abgethan ist: ein Strich ist unter meine bisherige Existenz gezogen – das war der Sinn der letzten Jahre. Freilich, eben damit hat sich diese bisherige Existenz als Das herausgestellt, was sie ist – ein bloßes Versprechen. Die Leidenschaft der letzten Schrift *[Zur Genealogie der Moral]* hat etwas Erschreckendes: ich habe sie vorgestern mit tiefem Erstaunen und wie etwas Neues gelesen" (an Gast, 20. Dezember). Lektüre: Montaignes *Essais,* Galianis Briefe an Mme d'Epinay, *Journal des Goncourt,* A. Pugin, *Les vrais créateurs de l'opéra français, Perrin et Cambert.* Hört von neuem Bizets *Carmen* im italienischen Theater des Sonzogno. Von *Les Pêcheurs de perles* hört er nur den ersten Akt.

Erster Brief von Georg Brandes an N (26. November): „Es ist mir eine Ehre, von Ihnen gekannt zu sein, und solcherweise gekannt, daß Sie daran gedacht haben, mich als Leser zu gewinnen. Es weht mir ein neuer und ursprünglicher Geist aus Ihren Büchern entgegen. Ich verstehe noch nicht völlig was ich gelesen habe; ich weiß nicht immer wo Sie hinaus wollen. Aber vieles stimmt mit meinen eignen Gedanken und Sympathien überein, die Geringschätzung der asketischen Ideale und der tiefe Unwille gegen demokratische Mittelmäßigkeit, Ihr aristokratischer Radikalismus ... Sie gehören zu den wenigen Menschen, mit denen ich sprechen möchte". Mit diesem Brief beginnt der Briefwechsel zwischen N und Brandes. Carl von Gersdorff schreibt am 30. November: „... Hab vielen, vielen Dank für Dein getreues Gedenken. Das Leben, das ich lebe, hat mich noch nicht stumpf für Deine Gedanken gemacht ... Du lebst in einer schönen freien Welt, und ich preise Dich glücklich, daß Du als Philosoph leben kannst. Dr. Rée begegnete mir in Gedanken versunken vorigen Winter in Berlin. Ich weiß nun, welche Kluft Euch trennt ... Was macht Overbeck, was Köselitz? Wenn ich an so viele denke, fällt mir die Inschrift jener Denkmünze ein: Deus afflavit et dissipati sunt. Dir aber, im schönen sonnigen Süden, wünsche ich noch recht viele gute helle, starke, sonnige Gedanken: Dir zum Glück, Freunden zu Nutz, Feinden zum ewigen Neide". Daraufhin N: „... selten in meinem Leben hat mir ein Brief solche Freude gemacht wie der Deinige vom 30. November. Es scheint mir, daß damit Alles zwischen uns auf das Rechtschaffenste und Gründlichste wieder in Ordnung gebracht ist. Ein solches Glück konnte gar nicht auf einen passenderen Zeitpunkt mir aufgespart bleiben, als es der jetzige ist. Was ich nur in den letzten Jahren gethan habe, war ein Abrechnen, Abschließen, Zusammenaddiren von Vergangnem, ich bin mit Mensch und Ding nachgerade fertig geworden und habe einen Strich drunter gezogen. Wer und was mir übrig bleiben soll, jetzt wo ich zur eigentlichen Hauptsache meines Daseins übergehen muß (überzugehn verurtheilt bin ...) das ist jetzt eine capitale Frage" (20. Dezember). An Carl Fuchs: „Wie alt ich eigentlich schon bin? Ich weiß es nicht; ebensowenig, wie jung ich noch sein werde ... *[vgl. Bd. 13, 11 [22] und Götzen-Dämmerung, „Streifzüge" 13, über Emerson]* ... In Deutschland beschwert man sich stark über meine ‚Excentricitäten'. Aber da man nicht weiß, wo mein Centrum ist, wird man schwerlich darüber die Wahrheit treffen, wo und wann ich bisher ‚excentrisch' gewesen bin. Zum Beispiel, daß ich Philologe war – damit war ich außerhalb meines Centrums (womit, glücklicher Weise, durchaus nicht gesagt ist, daß ich ein schlechter Philologe war). Insgleichen: heute scheint es mir eine Excentricität, daß ich Wagnerianer gewesen bin. Es war ein über alle Maßen gefährliches Experiment; jetzt, wo ich weiß, daß ich nicht daran zu Grunde gegangen bin, weiß ich auch, welchen Sinn es für mich gehabt hat – es war eine starke Charakter-Probe. Allmählich disciplinirt Einen freilich das Innewendigste zur Einheit zurück; jene Leidenschaft, für die man lange keinen Namen hat, rettet uns aus allen Digressionen und Dispersionen, jene Aufgabe, deren unfreiwilliger Missionär man ist. – Dergleichen ist sehr schwer aus der Ferne zu verstehn. Meine letzten zehn Jahre waren dadurch über die Maßen schmerzhaft und gewaltsam. Falls Sie Lust haben sollten, mehr von dieser bösen und problematischen Geschichte zu hören, so seien Ihrer freundschaftlichen Theilnahme die Neuausgaben meiner früheren Schriften empfohlen, insbesondere deren Vorreden ... Bisher hat noch Niemand genug Muth und Intelligenz gehabt, mich den lieben Deutschen zu entdecken: meine Probleme sind neu, mein psychologischer Horizont ist bis zum Erschrecken umfänglich, meine Sprache kühn und deutsch, vielleicht gibt es keine gedankenreicheren und unabhängigeren deutschen Bücher als die meinen ..." (14. Dezember). Zum Jahresende an Overbeck: „... die Schwere meines Daseins lastet wieder stärker auf mir; fast keinen ganz guten Tag gehabt; und viel Sorge und Schwermuth. Bewahre mir Deine Treue und Liebe, alter Freund!" (28. Dezember)

1888

Nizza, Januar–Anfang April

Der Winter in Nizza für N sehr ergebnisreich. N leidet jedoch an schwerer Depression und Melancholie: „... daß der Winter an geistigem Gewinn für meine Hauptsache sehr reich gewesen ist: also auch der Geist ist nicht krank, nichts ist krank, nur die liebe Seele" (Brieffragment an die Mutter, geschrieben gegen Ende März; nicht an die Schwester! Über diese Fälschung der Schwester vgl. SA III, 1417ff.). An Gast über seine Tätigkeit: „Zuletzt will ich nicht verschweigen, daß diese ganze Zeit für mich reich war an synthetischen Einsichten und Erleuchtungen; daß mein Muth wieder gewachsen ist, ‚das Unglaubliche' zu thun und die philosophische Sensibilität, welche mich unterscheidet, bis zu ihrer letzten Folgerung zu formuliren" (6. Januar). „... oh wie lehrreich es ist, in einem solchen extremen Zustande zu leben, wie der meinige ist! Ich verstehe jetzt erst die Geschichte, ich habe niemals tiefere Augen gehabt als in den letzten Monaten" (1. Februar). „Ich habe die erste Niederschrift meines ‚Versuchs einer Umwerthung' fertig: es war, Alles in Allem, eine Tortur, auch habe ich durchaus noch nicht den Muth dazu. Zehn Jahre später will ich's besser machen" (13. Februar) „... Auch dürfen Sie ja nicht glauben, daß ich wieder ‚Litteratur' gemacht hätte: diese Niederschrift war für mich; ich will alle Winter von jetzt ab hintereinander eine solche Niederschrift für mich machen, – der Gedanke an ‚Publizität' ist eigentlich ausgeschlossen" (26. Februar). N bezieht sich in diesen Stellen – wie auch Gast in seinem Kommentar hierzu hervorgehoben hat – auf die Nachlaßhefte W II 1, W II 2, W II 3, die er in dieser Zeit zu der erwähnten „Niederschrift" benutzte. Dazu gehört auch die Rubrizierung der Aufzeichnungen im Registerheft W II 4. Lektüre: Plutarch; Baudelaire, *Œuvres posthumes;* Dostoevskij, *Die Dämonen* in der französischen Übersetzung von Victor Derély *(Les Possédés);* Tolstoi, *Ma religion;* J. Wellhausen, *Prolegomena zur Geschichte Israels;* Renan, *Vie de Jésus;* B. Constant, *Quelques réflections sur le théatre allemand* (Einleitung zu seiner Übersetzung von Schillers Wallenstein). An Overbeck: „Auch ich bin sehr in Thätigkeit; und die Umrisse der ohne allen Zweifel ungeheuren Aufgabe, die jetzt vor mir steht, steigen immer deutlicher aus dem Nebel heraus. Es gab düstere Stunden, es gab ganze Tage und Nächte inzwischen, wo ich nicht mehr wußte, wie leben und wo mich eine schwarze Verzweiflung ergriff, wie ich sie bisher noch nicht erlebt habe. Trotzdem weiß ich, daß ich weder rückwärts, noch rechts, noch links weg entschlüpfen kann: ich habe gar keine Wahl. Diese Logik hält mich jetzt allein aufrecht: von allen andern Seiten aus betrachtet ist mein Zustand unhaltbar und schmerzhaft bis zur Tortur. Meine letzte Schrift *[Zur Genealogie der Moral]* verräth etwas davon: in einem Zustande eines bis zum Springen gespannten Bogens thut einem jeder Affekt wohl, gesetzt, daß er gewaltsam ist. Man soll jetzt nicht von mir ‚schöne Sachen' erwarten: so wenig man einem leidenden und verhungernden Thier zumuthen soll, daß es mit Anmuth seine Beute zerreißt. Der jahrelange Mangel einer wirklich erquickenden und heilenden menschlichen Liebe, die absurde Vereinsamung, die es mit sich bringt, daß fast jeder Rest von Zusammenhang mit Menschen nur eine Ursache von Verwundungen wird: das Alles ist vom Schlimmsten und hat nur Ein Recht für sich, das Recht, nothwendig zu sein" (3. Februar).

Carl Spitteler bespricht in der Neujahrs-Beilage des Berner *Bund* Ns Schriften. Nach anfänglicher Zufriedenheit gibt N – wahrscheinlich auch unter dem Einfluß des ablehnenden Urteils seines „Jüngers" Gast – in Briefen an J. V. Widmann, Redakteur des *Bund,* seinem Mißmut über die Besprechung Ausdruck. An Spitteler selbst schreibt er am 10. Februar: „Herr Spitteler hat eine feine und angenehme Intelligenz; leider lag, wie mir scheint, die Aufgabe selbst in diesem Falle zu sehr abseits und außerhalb seiner gewohnten Perspektiven, als daß er sie auch nur gesehn hätte. Er redet und sieht Nichts als Aesthetica: meine Probleme werden geradezu verschwiegen, – ich selbst eingerechnet. Es ist nicht ein einziger wesentlicher Punkt genannt, der mich charakterisirt. Und zuletzt fehlt es auch im Reiche des Formalen, zwischen vielem Artigen, nicht an Übereilungen und Fehlgriffen. Zum Beispiel: ‚einen Antistrauß hat nur ein Professor begehn können' (– womit etwa das Urtheil Karl Hillebrands in ‚Völker, Zeiten und Menschen' zu vergleichen wäre, insgleichen das Urtheil Bruno Bauers und ungefähr aller tieferen Naturen, die mir damals ihren Dank und ihre Verehrung ausgedrückt haben). Oder: ‚die kurzen Sprüche gerathen ihm am wenigsten' (– und ich Esel habe mir eingebildet, daß seit Anfang der Welt Niemand eine solche Gewalt über den prägnanten Spruch gehabt hat wie ich: Zeugniß mein Zarathustra). Zuletzt findet Herr Spitteler gar vom Stile meiner Streitschrift *[Zur Genealogie der Moral],* er sei das Gegentheil eines guten; ich würfe Alles auf's Papier, wie es mir gerade durch den Kopf gienge, ohne mich auch nur zu besinnen. Es handelt sich um ein Attentat auf die Tugend (oder wie man's nennen will); ich spreche mit einer leidenschaftlichen und schmerzlichen Kühnheit von dreien der schwersten Probleme, die es giebt und in denen ich am längsten zu Hause bin; ich schone dabei, wie es in solchen Fällen der höhere Anstand will, mich selbst so wenig als irgend was und wen; ich habe mir dazu eine neue Gebärde von Sprache erfunden für diese in jedem Betracht neuen Dinge – und mein Zuhörer hört wieder nichts als Stil, noch dazu schlechten Stil und bedauert am Ende, seine Hoffnung auf Nietzsche als Schriftsteller sei damit bedeutend gesunken. Mache ich denn ‚Litteratur'? – Er scheint selbst meinen Zarathustra nur als eine höhere Art von Stilübung zu betrachten (– das tiefste und entscheidendste Ereigniß – der Seele, mit Erlaubniß! zwischen zwei Jahrtausenden, dem zweiten und dem dritten –). Ein letztes Fragezeichen: warum ist mein ‚Jenseits' verschwiegen? Ich weiß sehr wohl, daß dasselbe als verbotnes Buch gilt – aber trotzalledem enthält es den Schlüssel zu mir, wenn es einen giebt. Man muß es zuerst lesen ..." (vgl. zu dieser Episode die Spitteler-Widmann-Stelle im *Ecce homo,* „Warum ich so gute Bücher schreibe" § 1.) An Overbeck: „Von mir will ich heute nur soviel sagen, daß es wieder besser geht, und daß die schmerzhafte Spannung und Melancholie, unter der ich noch meinen letzten Brief an Dich geschrieben habe, überwunden scheint" (22. Februar).

Brandes hält an der Kopenhagener Universität Vorträge über Ns Philosophie; N sehr erfreut darüber. Trotz des erwähnten Zwischenfalls tritt N zugunsten Spittelers bei dem Verleger Credner ein; N an Spitteler: „Es ist mir, nach vielfachen Fehlversuchen und Entmuthigungen, zuallerletzt doch noch gelungen, einen Verleger für die Herausgabe Ihrer Aesthetica zu interessiren. Soeben schrieb mir der Chef eines der angesehensten Leipziger Häuser (Firma Veit und Co.), Herr Hermann Credner, in einer Weise, die nicht anders als entgegenkommend genannt werden kann: er verspricht diese Angelegenheit im Auge zu behalten" (4. März). An Overbeck: „... im Grunde ist meine Zeit für Nizza abgelaufen – der Glanz der Sonne (bei übrigens kaltem Wetter) ist für meine Augen jetzt schon zu intensiv. – Sonst geht es wieder besser; auch bin ich mit meinem Winter, der lauter radikalen Problemen und Entscheidungen geweiht war, nicht übel zufrieden." (3. März) An Peter Gast: „So weit ist Alles vorbereitet, daß ich übermorgen früh nach Turin abreise. Ich glaube mich zu erinnern, daß Sie selbst mir einmal zu diesem Versuche gerathen haben. Meine Absicht ist, daselbst zwei Monate zu bleiben, um dann direkt in's Engadin zu gehn. Man rühmt mir die trockne Luft, die stillen Straßen, die außerordentliche Ausdehnung der Stadt, sodaß ich, ohne mich dem Sonnenlicht auszusetzen, große Wege machen kann. Hier gieng es nicht zum Besten." (31. März)

Turin, 5. April–5. Juni

N verläßt Nizza am 2. April. In Savona steigt er in einen falschen Zug, der ihn statt nach Turin nach Sampierdarena bringt. In Sampierdarena krank in einem Hotel bis zum 3. April. Am 4. April „Pelerinage bei Genua". „In Genua bin ich herumgegangen wie ein Schatten unter lauter Erinnerungen. Was ich einstmals dort liebte, fünf, sechs ausgesuchte Punkte, gefiel mir jetzt noch mehr: es schien mir von unvergleichlicher bleicher noblesse und doch über Allem, was die Riviera bietet. Ich danke meinem Schicksal, daß es mich in diese harte und düstere Stadt in den Jahren der décadence verurtheilt hatte: geht man aus ihr heraus, so ist man auch jedesmal aus sich herausgegangen, — der Wille weitet sich wieder, man hat nicht den Muth mehr, feige zu sein. Ich war nie dankbarer, als bei dieser Pelerinage bei Genua". Ns Begeisterung für Turin: „Aber Turin! Lieber Freund, seien Sie beglückwünscht! Sie rathen mir nach dem Herzen! Das ist wirklich die Stadt, die ich *jetzt* brauchen kann! Dies ist handgreiflich für mich und war es fast vom ersten Augenblick an: wie schauderhaft auch die Umstände meiner ersten Tage waren. Vor Allem miserables Regenwetter, eisig, unbeständig, auf die Nerven drückend, mit schwülen halben Stunden dazwischen. Aber was für eine würdige und ernste Stadt! Gar nicht Großstadt, gar nicht modern, wie ich gefürchtet hatte: sondern eine Residenz des 17. Jahrhunderts, welche nur Einen commandirenden Geschmack in Allem hatte, den Hof und die noblesse. Es ist die aristokratische Ruhe in Allem festgehalten: es giebt keine mesquinen Vorstädte; eine Einheit des Geschmacks, die bis auf die Farbe geht (die ganze Stadt ist gelb, oder rothbraun). Und für die Füße wie für die Augen ein klassischer Ort!" (an Gast, 7. April). Wiederum am 20. April an Gast über Turin: „... der erste Ort, in dem ich möglich bin!".

Während des Turiner Frühjahrs entsteht *Der Fall Wagner;* N setzt jedoch auch seine intensive philosophische Arbeit fort (vgl. insbesondere die Nachlaßhefte W II 5 und W II 6): „... ich habe fort und fort gearbeitet, mehr als im ganzen Nizzaer Winter bereits! An schönen Tagen weht hier eine reizende, leichte, leichtfertige Luft, in der die schwerfälligsten Gedanken Flügel bekommen ... ich habe bis heute noch nicht Carmen gehört! Beweis, *wie* ich mit mir beschäftigt bin ..." (an Gast, 1. Mai). Lektüre: Viktor Hehn, *Gedanken über Goethe;* Louis Jacolliot, *Les législateurs religieux. Manou — Moise — Mahomet.* Verkehr in der Buchhandlung Loescher: „... ein stiller, bescheidener Mann, Buddhist, etwas Anhänger Mainländer's, begeisterter Vegetarianer" (an Gast, 17. Mai). Bekanntschaft mit dem Philosophieprofessor an der Turiner Universität, Pasquale d'Ercole. Aus New-York Brief eines Verehrers (Karl Knortz). Im Theater: *Carmen*, Operetten. Euphorische Stimmung.

Sils-Maria, 6. Juni–20. September

Siebenter (und letzter) Aufenthalt Ns in Sils-Maria: „Seitdem ich Turin verlassen habe, bin ich in einem miserablen Zustande. Ewiger Kopfschmerz, ewiges Erbrechen; eine Recrudescenz meiner alten Leiden; tiefe nervöse Erschöpfung verhüllend, bei der die ganze Maschine nichts taugt. Ich habe Mühe, mich gegen die traurigsten Gedanken zu vertheidigen. Oder vielmehr: ich denke sehr klar, aber nicht günstig über meine Gesammtlage. Es fehlt nicht nur an der Gesundheit, sondern an der Voraussetzung zum Gesundwerden. – Die Lebens-Kraft ist nicht mehr intakt. Die Einbuße von 10 Jahren zum Mindesten ist nicht mehr gut zu machen: während dem habe ich immer vom ‚Capital' gelebt und nichts, gar nichts zuerworben. Aber das macht arm ... Diese extreme Irritabilität unter meteorologischen Eindrücken ist kein gutes Zeichen: sie charakterisirt eine gewisse Gesammt-Erschöpfung, die in der That mein eigentliches Leiden ist. Alles, wie Kopfschmerz usw. ist nur Folgezustand und relativ symptomatisch. – Es stand in der schlimmsten Zeit in Basel und nach Basel genau nicht anders: nur daß ich damals im höchsten Grade unwissend war und den Ärzten ein Herumtasten nach lokalen Übeln gestattet habe, das ein Verhängniß mehr war. Ich bin durchaus nicht kopfleidend, nicht magenleidend: aber unter dem Druck einer nervösen Erschöpfung (die zum Theil hereditär, – von meinem Vater, der auch nur an Folgeerscheinungen des Gesammt-Mangels an Lebenskraft gestorben ist – zum Theil, erworben ist) erscheinen die Consequenzen in allen Formen" (an Overbeck, 4. Juli).

Von Mitte Juli bis Ende August Arbeit am Druck vom *Fall Wagner*. Nach einem letzten Plan, welcher dem „Willen zur Macht. Versuch einer Umwerthung aller Werthe"gilt und von N selber auf den 26. August datiert ist, entscheidet sich N für die Veröffentlichung seiner Philosophie „in nuce" (d.h. die spätere *Götzen-Dämmerung*) und eines anderen Werks in vier Büchern, von ihm „Umwerthung aller Werthe" genannt. Das erste Buch der „Umwerthung", *Der Antichrist*, stammt zur Hälfte aus demselben

Material, aus dem N die *Götzen-Dämmerung* komponiert hat. Lektüre: Ludwig Nohl, *Leben Richard Wagner's;* Stendhal, *Rome, Naples et Florence* (sein „reichstes Buch", an Peter Gast, 20. Juni). Einige Wochen mit Meta von Salis. Umgang mit dem Pianisten Carl von Holten und dem Theologen Julius Kaftan.

An Overbeck: „... dieser junge Kaiser präsentirt sich allmählich vortheilhafter als man erwarten durfte, – er ist neuerdings scharf anti-antisemitisch aufgetreten und hat den Beiden, die ihn in der rechten Zeit von der compromittirenden Gesellschaft Stöcker u. Co. taktvoll auslösten (Bennigsen und dem Baron von Douglas) jetzt vor aller Welt seine große Erkenntlichkeit dafür ausgedrückt." (Mitte September) Einige Wochen vorher, als Friedrich III., der Vater Wilhelms II., gestorben war, hatte N dagegen seinen Sorgen über den jungen Nachfolger Ausdruck gegeben: „Der Tod des Kaisers Friedrich hat mich bewegt: zuletzt war er ein kleines Schimmerlicht von freiem Gedanken, die letzte Hoffnung für Deutschland. Jetzt beginnt das Regiment Stöcker: – ich ziehe die Consequenz und weiß bereits, daß nunmehr mein ‚Wille zur Macht' zuerst in Deutschland confiscirt werden wird" (an Gast, 20. Juni). An Spitteler: „... als ich hier oben eintraf, fand ich, in einer Sonntags-Beilage des ‚Bund' abgedruckt, Ihre Worte über Schubert. Meine Freude war groß dabei: so liebevoll und so sachlich zugleich schreibt Niemand heute de rebus musicis et musicantibus". Im selben Brief, über Credner: „Alle Welt achtet ihn, aber alle Welt weiß auch ‚Geschichten' von ihm, vor allem seine Autoren. Er ist, unter uns, launenhaft und willkürlich bis zur Dummheit. Vor zwei Jahren verlor er einen Prozeß gegen einen Professor in Tübingen, weil er in dessen Geschichtswerk seine eigne völlig differente politische Gesinnung durch nachträgliche Correkturen eingeschwärzt hatte. Ich selbst war mit ihm über die Herausgabe meines ‚Jenseits' in Ordnung: aber, gewarnt wie ich war, habe ich beim ersten Anzeichen von Verleger-Selbstherrlichkeit mein Manuskript telegraphisch zurückverlangt" (16. Juli). Credner lehnt schließlich die Veröffentlichung von Spittelers Manuskript ab, N bei dieser Gelegenheit: „Meine eignen Erfahrungen mit Verlegern sind, anbei gesagt, hundert Mal bösartiger als die Ihrigen. Es giebt Sachen darunter, die man nicht aufs Papier bringt. – Aber ich bin im Kriege; und ich begreife es, wenn man gegen mich im Kriege ist. In den letzten Jahren habe ich c. 4000 frs. Druckkosten ausgegeben: es ist längst die Unmöglichkeit bewiesen, daß ein Buch Nietzsches von jemandem andern gedruckt wird als von ihm selbst." (an Spitteler, 25. Juli)

Richard M. Meyer, junger Student jüdischer Herkunft in Berlin, läßt N durch Paul Deussen 2000 Mark als Geschenk zukommen. N vermutet Deussen selbst oder Rée hinter dem anonymen Geschenk, das er als Hilfe für seine Druckkosten annimmt. (Richard M. Meyer wurde später Professor für deutsche Literatur an der Berliner Universität; er unterhielt enge Beziehungen zu Elisabeth Förster-Nietzsche und dem Nietzsche-Archiv; 1913 veröffentlichte er eine Monographie über N.) Auch Meta von Salis schenkt ihm 1000 Francs für den gleichen Zweck.

Das schlechte Wetter zwingt N, bis zum 20. September in Sils-Maria zu bleiben.

Turin, 21.–30. September

Nach einer abenteuerlichen Fahrt von Sils-Maria (vgl. hierzu *Ecce homo*, „Götzen-Dämmerung", § 3), ist N wieder in Turin: „Meine Reise hatte Schwierigkeiten und Geduldsproben schlimmer Art: ich kam Mitternachts erst nach Mailand. Das Bedenkliche war eine lange Passage Nachts in Como durch überschwemmtes Terrain auf einem ganz schmalen Holzbrett-Brückchen – bei Fakkelbeleuchtung! Ganz wie gemacht für mich Blindekuh! – Durch die schlaffe und widrige Luft der Lombardei erschöpft kam ich in Turin an: aber seltsam! wie im Ruck war Alles in Ordnung. Wunderbare Klarheit, Herbstfarben, ein exquisites Wohlgefühl auf allen Dingen. In zwei Hauptsachen, nämlich Wohnung und trattoria, ist mein zweitmaliges Erscheinen in der allerwillkommensten Weise empfunden worden. Ordnung, Reinlichkeit, Aufmerksamkeit in ersterer um 50 Procent gewachsen; die Güte in Qualität und Quantität in der trattoria um 100, ohne daß hier oder dort die sehr mäßigen Preise verändert wären. Auch habe ich hier meinen ersten Schneider, der mir recht arbeitet. – Fünf Schritt von mir ist die größte piazza, mit dem alten mittelalterlichen Castell: auf ihm ist ein reizendes kleines Theater, vor dem man Nachts (von 8 1/4) im Freien sitzt, sein gelato ißt und jetzt gerade allerliebst die französische Mascotte von Audran hören kann (– mir sehr gut bekannt von Nizza) ... Das Wetter läßt zu wünschen. Aber ich vertrage hier das schlechte Wetter besser und habe noch keinen Tag zur Arbeit verloren" (an Gast, 27. September). Im selben Brief zu einem Schreiben Gersdorffs, der den *Fall Wagner* erhalten hatte: „Ein Curiosum, das Gersdorff mittheilt und das mich sehr erbaut: Gersdorff ist Zeuge eines rasenden Wuthausbruchs Wagner's gegen Bizet gewesen, als Minnie Hauck in Neapel war und Carmen sang. Auf dieser Grundlage, daß Wagner auch hier Partei genommen hat, wird meine Bosheit an einer gewissen Hauptstelle viel schärfer empfunden werden. Übrigens warnt mich Gersdorff ganz ernsthaft vor den Wagnerianerinnen. – Auch in diesem Sinne wird der neue Titel Götzen-Dämmerung gehört werden, – also noch eine Bosheit gegen Wagner ..." Gemeinsame Arbeit mit Gast (der in Berlin ist) an der Korrektur der *Götzen-Dämmerung*. Am 30. September 1888 wird das *Antichrist*-Manuskript druckfertig.

Turin, Oktober

Mit einem begleitenden Brief schickt N den *Fall Wagner* an Malwida von Meysenbug: „Sie werden sehen, daß ich bei diesem Duell meine gute Laune nicht eingebüßt habe. Aufrichtig gesagt, einen Wagner abthun gehört, inmitten der über alle Maßen schweren Aufgabe meines Lebens, zu den wirklichen Erholungen. Ich schrieb diese kleine Schrift im Frühling, hier in Turin: inzwischen ist das erste Buch meiner Umwerthung aller Werthe fertig geworden. Diese Schrift gegen Wagner sollte man auch französisch lesen. Sie ist sogar leichter in's Französische zu übersetzen als in's Deutsche. Auch hat sie in vielen Punkten Intimitäten mit dem französischen Geschmack: das Lob Bizet's am Anfang würde sehr gehört werden. – Freilich, es müßte ein feiner, ein sogar raffinirter Stilist sein, um den Ton der Schrift wiederzugeben –: zuletzt bin ich selber jetzt der einzige raffinirte deutsche Stilist. – Ich wäre sehr erkenntlich, wenn Sie in diesem Punkte den unschätzbaren Rath von Mr. Gabriel Monod einholen wollten (– ich hätte diesen ganzen Sommer Anlaß gehabt, einen andren Rath einzuholen, den des Mr. Paul Bourget, der in meiner nächsten Nähe wohnte: aber er versteht nichts in rebus musicis et musicantibus; davon abgesehen wäre er der Uebersetzer, den ich brauchte –). Die Schrift, gut in's Französische übersetzt, würde auf der halben Erde gelesen werden: – ich bin in dieser Frage die einzige Autorität und überdies Psychologe und Musiker genug, um auch in allem Technischen mir nichts vormachen zu lassen" (4. Oktober). Die Antwort Malwidas trifft in Turin gegen Mitte Oktober ein; sie ist nur fragmentarisch erhalten (wahrscheinlich zensiert durch die Schwester). Die Meysenbug schreibt: „[+++] Ich hoffe ich gehöre schon jetzt zu diesen Wenigen und deshalb kann ich Ihnen auch freimüthig Opposition machen und Ihnen sagen wo ich finde daß Sie Unrecht haben. Ich bin auch der Ansicht daß man eine alte Liebe, selbst wenn sie erloschen ist, nicht so behandeln darf wie Sie Wagner behandeln; man beleidigt sich damit selbst, denn man hat doch einmal ganz und voll geliebt und der Gegenstand dieser Liebe war doch kein Phantom, sondern eine ganze volle Wirklichkeit. Der Ausdruck ‚Hanswurst' für Wagner und Liszt ist ganz abscheulich. So und nun, nach dieser Predigt (Sie werden sagen: ach eine Wagnerianerin und die Achseln zucken, aber ich gehöre nicht zum Troß und habe meine Ansicht für mich, erkenne Vieles in Ihrer Schrift für richtig) will ich Ihnen sagen, daß Monod 2 Exemplare an 2 ihm bekannte Schriftsteller geschickt hat, welche die deutsche Sprache vollkommen kennen und auch musikalisch sind. Übrigens giebt es hier eine Menge Wagnerianer, fast alle jungen Musiker sind es. P. Bourget ist es auch, er war in Bayreuth. Er ist übrigens ein der schlechten Modernität total Verfallner, der sein Talent schnöde in den Dienst des verderbten Geschmacks des Publikums that und unter dem Titel der sogenannten Realistik in jene ungesunden Sümpfe der modernen Litteratur hinab taucht von denen die reinen, die keuschen Musen sich mit Ekel wenden." N an Overbeck: „Befinden wesentlich gegen das vom Sommer verbessert, der mir in der unheimlichsten Erinnerung geblieben ist" (8. Oktober). An Hans von Bülow, der seinen Brief zur Empfehlung der Oper *Der Löwe von Venedig* von Peter Gast nicht beantwortete, schreibt N: „Sie haben auf meinen Brief nicht geantwortet. Sie sollen ein für allemal vor mir Ruhe haben, das verspreche ich Ihnen. Ich denke, Sie haben einen Begriff davon, daß der erste Geist des Zeitalters Ihnen einen Wunsch ausgedrückt hatte" (9. Oktober). Auf einen, wahrscheinlich später vernichteten Brief Ns aus diesen Tagen antwortet ihm die Mutter: „Dein lieber Brief vom 9ten ist mir eine große Freude gewesen, denn ich fühle Deinen Worten an, wie viel wohler Du Dich in Turin fühlst als in Engadin ... Hierbei muß ich gleich meine Erinnerung anbringen, Dich nicht zu überarbeiten mein altes liebes Kind, so sehr ich mich über die Äußerung Deines wiedergekehrten Kraft und Selbstgefühls freue. Leid thut es mir aber stets, wenn Du Dich darüber freust, daß Du von Lieschens *[die Schwester]* Gegenwart befreit bist, denn ich weiß daß Dich nächst Deiner Mutter Niemand inniger lieben kann als sie und ich will nicht untersuchen wie viel Thränen der Sehnsucht sie nach Dir geweint hat" (16. Oktober).

Georg Brandes schickt an August Strindberg den *Fall Wagner*: „Er *[Brandes]* hat ein Exemplar meiner Schrift an den größten schwedischen Schriftsteller, der ganz für mich gewonnen sei, August Strindberg gegeben, er nennt ihn ein ‚wahres Genie', nur etwas verrückt" (an Gast, 14. Oktober). Grobe Antwort an Malwida von Meysenbug: „... das sind keine Dinge, worüber ich Widerspruch zulasse ... Daß Wagner es verstanden hat, von sich den Glauben zu erwecken (— wie Sie es mit verehrungswürdiger Unschuld ausdrücken), der ‚letzte Ausdruck der schöpferischen Natur', gleichsam ihr ‚Schlußwort' zu sein, dazu bedarf es in der That des Genie's aber eines Genie's der Lüge ... Ich selber habe die Ehre, etwas Umgekehrtes zu sein — ein Genie der Wahrheit" (18. Oktober). Zwei Tage später schreibt er in noch schärferem Ton: „... vergeben Sie mir, wenn ich noch einmal das Wort nehme: es könnte das letzte Mal sein. Ich habe allmählich fast alle meine menschlichen Beziehungen abgeschafft, aus Ekel darüber, daß man mich für etwas Andres nimmt als ich bin. Jetzt sind Sie an der Reihe. Ich sende Ihnen seit Jahren meine Schriften zu, damit Sie mir endlich einmal, rechtschaffen und naiv, erklären ‚ich perhorreszire jedes Wort'. Und Sie hätten ein Recht dazu. Denn Sie sind ‚Idealistin' – und ich behandle den Idealismus als eine Instinkt gewordne Unwahrhaftigkeit, als ein Nicht-sehn-wollen der Realität um jeden Preis: jeder Satz meiner Schriften enthält die Verachtung des Idealismus ... Also Sie haben nichts von dem Ekel begriffen, mit dem ich, mit allen anständigen Naturen, vor 10 Jahren Wagnern den Rücken kehrte, als der Schwindel, mit den ersten Bayreuther Blättern, handgreiflich wurde? Ihnen ist die tiefe Erbitterung unbekannt, mit der ich, gleich allen rechtschaffenen Musikern, diese Pest der Wagnerischen Musik, diese durch sie bedingte

Corruption der Musiker, immer weiter um sich greifen sehe? Sie haben nichts davon gemerkt, daß ich, seit zehn Jahren, eine Art Gewissensrath für deutsche Musiker bin, daß ich an allen möglichen Stellen wieder die artistische Rechtschaffenheit, den vornehmen Geschmack, den tiefsten Haß gegen die ekelhafte Sexualität der Wagnerischen Musik angepflanzt habe? daß der letzte klassische Musiker, mein Freund Köselitz, aus meiner Philosophie und Erziehung stammt? – Sie haben nie ein Wort von mir verstanden, nie einen Schritt von mir verstanden: es hilft nichts; darüber müssen wir unter uns Klarheit schaffen, – auch in diesem Sinn ist der ‚Fall Wagner' für mich noch ein Glücksfall" (20. Oktober). Freundlicher Brief Overbecks u.a. über den *Fall Wagner*: „... ich machte gestern, mit Deinem Brief in der Hand, meinen gewohnten Nachmittags-Spaziergang außerhalb Turins. Reinstes Oktoberlicht überall; der herrliche Baumweg, der mich ungefähr eine Stunde dicht am Po entlang führte, vom Herbste noch kaum berührt. Ich bin jetzt der dankbarste Mensch von der Welt – herbstlich gesinnt in jedem guten Sinne des Wortes: es ist meine große Erntezeit. Alles wird mir leicht, Alles geräth mir, obwohl schwerlich schon Jemand so große Dinge unter den Händen gehabt hat. Daß das erste Buch der Umwerthung aller Werthe fertig ist, druckfertig, das melde ich Dir mit einem Gefühle, für das ich kein Wort habe. Es werden vier Bücher; sie erscheinen einzeln" (an Overbeck, 18. Oktober). Am 18. Oktober Tod des „uralten" Architekts Alessandro Antonelli, N wohnt dessen Begräbnis bei; die „Mole Antonelliana" wird eine Rolle spielen in der Phantasie Ns (vgl. seinen Brief vom 5. Januar 1889 an Burckhardt und den Briefentwurf an Peter Gast vom 29. Dezember 1888). Brief von Peter Gast aus Berlin über die *Götzen-Dämmerung* (25. Oktober); daraufhin N: „Mit Ihrem Brief haben Sie mir eine große Freude gemacht. Im Grunde habe ich's nicht annähernd von irgend Jemand erlebt, zu hören, wie stark meine Gedanken wirken. Die Neuheit, der Muth der Neuerung ist wirklich ersten Rangs: – was die Folgen betrifft, so sehe ich jetzt mitunter meine Hand mit einigem Mißtrauen an, weil es mir scheint, daß ich das Schicksal der Menschheit ‚in der Hand' habe" (30. Oktober, vgl. Anmerkungen zu *Ecce homo*, „Götzen-Dämmerung", § 2). Im selben Brief erwähnt N seine neue Schrift *Ecce homo* zum ersten Mal.

Turin, November

An Malwida von Meysenbug: „Warten Sie nur ein wenig, verehrteste Freundin! Ich liefere Ihnen noch den Beweis, daß ‚Nietzsche est toujours haïssable‘ *[vgl. Pascal: „Le moi est toujours haïssable“, häufiges Zitat bei N].* Ohne allen Zweifel, ich habe Ihnen Unrecht gethan: aber da ich diesen Herbst an einem Überfluß von Rechtschaffenheit leide, so ist es mir eine wahre Wohlthat, Unrecht zu thun ... Der ‚Inmoralist‘.“ (5. November) N spielt mit jenen Worten fast sicher auf *Ecce homo* an, den er am 6. November seinem Verleger ankündigt: „Ich habe mich vollkommen davon überzeugt, noch eine Schrift nöthig zu haben, eine im höchsten Grade vorbereitende Schrift, um nach Jahresfrist ungefähr mit dem ersten Buche der Umwerthung hervortreten zu können. Es muß eine wirkliche Spannung geschaffen sein – im andern Falle geht es wie beim Zarathustra. Nun war ich die letzten Wochen auf das Allerglücklichste inspirirt, Dank einem unvergleichlichen Wohlbefinden, das einzig in meinem Leben dasteht, Dank insgleichen einem wunderbaren Herbst und dem delikatesten Entgegenkommen, das ich in Turin gefunden habe. So habe ich eine extrem schwere Aufgabe – nämlich mich selber, meine Bücher, meine Ansichten, bruchstücksweise, so weit es dazu erfordert war, mein Leben zu erzählen – zwischen dem 15. Oktober und 4. November gelöst. Ich glaube, das wird gehört werden, vielleicht zu sehr ... Und dann wäre Alles in Ordnung.“ Mit einem Brief vom 6. November meldet ihm Spitteler seine Absicht, den *Fall Wagner* zu besprechen: „Und nun meinen herzlichen Glückwunsch zu Ihrer Schrift. Die Meisten werden finden, Sie seien zu weit gegangen; ich urtheile Sie sind an's Ziel gegangen; das ist nie zu weit. Dass Sie den Andern weit vorausgekommen sind, ist nicht Ihre Schuld; und es liegt keine Übertreibung darin, seinen Weg weiter zu gehen, wenn die Andern nachbleiben wollen. Also nochmals meinen herzlichen Glückwunsch. Ich bin überzeugt, dass Ihnen leicht und wohl ist, seit sie den Alp Wagner vom Leibe haben“. N antwortet: „... sehr erbaut, in diesem ‚Falle‘ Ihr Ja auf meiner Seite zu haben, da es dies Mal ein paar Gründe zuviel für mich giebt, die Stimmen nicht zu zählen, sondern zu wägen“ (7. November). Am 8. November erscheint Spittelers Besprechung im Berner *Bund;* N dazu:

„Ihre Worte über Nietzsche en bloc sind das Achtbarste, was ich bis jetzt gelesen habe" (an Spitteler, 19. November), und an Gast: „Herr Carl Spitteler hat sein Entzücken über den ‚Fall' im Bund ausgesprudelt: er hat erstaunlich zutreffende Worte ... er scheint die Gesamt-Bezeichnung unsrer modernen Musik als décadence-Musik für eine kulturhistorische Feststellung ersten Rangs zu halten" (13. November).

Am 13. und 14. November meldet N die Vollendung des *Ecce homo* an Peter Gast, Franz Overbeck, Meta von Salis: „Der Herbst ist zu Ende, – er hat in einer für Turiner selbst überraschenden Gleichmäßigkeit von Anfang Oktober bis weit in den November hinein seine goldene Schönheit Tag für Tag da capo gespielt. Jetzt ist es ein wenig düster, die Luft nicht zu kalt; seltsam, wie gut der Farbenton den alten palazzi steht. Für mein Befinden wage ich zu behaupten, daß es so beinahe wohlthätiger, als die bewußte Reihe von ‚schönen Tagen' ist, mit denen sogar ein Goethe schlecht fertig zu werden wußte. – Nun, keine Lästerung! Denn ich bin gut mit ihnen fertig geworden, – zu gut selbst ... Mein ‚**Ecce homo.** Wie man wird, was man ist' sprang innerhalb des 15. Oktobers, meines allergnädigsten Geburtstags-und-Herrn, und dem 4. November mit einer antiken Selbstherrlichkeit und guten Laune hervor, daß es mir zu wohlgerathen scheint, um einen Spaß dazu machen zu dürfen. Die letzten Partien sind übrigens bereits in einer Tonweise gesetzt, die den Meistersingern abhanden gekommen sein muß, ‚die Weise des Weltregierenden' ... Das Schlußcapitel hat die unerquickliche Überschrift Warum ich ein Schicksal bin. Daß dies nämlich der Fall ist, wird so stark bewiesen, daß man am Schluß vor mir als ‚Larve' und ‚fühlende Brust' sitzen bleibt ... Besagtes Manuscript hat bereits den Krebsgang nach der Druckerei angetreten. Für die Ausstattung habe ich dies Mal dasselbe ‚beliebt', wie für die ‚Umwerthung': zu der es eine feuerspeiende Vorrede ist" (an Gast, 13. November). „Beim besten Willen, alter Freund Overbeck, gelingt es mir nicht, Dir etwas Schlimmes von mir zu erzählen. Es geht fort und fort in einem tempo fortissimo der Arbeit und der guten Laune. Auch behandelt man mich hier comme il faut, als irgend etwas extrem Distinguirtes, es giebt eine Art, mir die Thüre aufzumachen, die ich noch nirgendwo erlebt habe. Zugegeben, daß ich nur sehr gute Orte besuche, auch mich eines klassischen Schneiders erfreue. – Wir hatten dieser Tage den düstern Pomp eines großen Begräbnisses, an dem ganz Italien betheiligt war: der Conte Robilant, der verehrteste Typus des Piemonteser Adels, übrigens leiblicher Sohn des Königs Carlo Alberto, wie man hier weiß. An ihm hat Italien einen Premier verloren, der nicht zu ersetzen ist. – Etwas Heiteres dicht nebenbei: die Schönheiten der Turiner Aristokratie sind ganz übermüthig geworden, als die Bilder der erstgekrönten Schönheiten in Spaa hier anlangten. Sie haben sofort für den Januar auch einen concorso di bellezza in's Auge gefaßt – ich glaube, sie haben alles Recht dazu! Ich sah, bei der Frühlings-Ausstellung, bereits einen solchen concours in Portraits vor mir. Auch unsere neue Turinerin die princesse Laetitia Buonaparte, neuvermählt mit dem duc d'Aosta wird mit Vergnügen bei der Partie sein ... Der Druck der ‚Götzen-Dämmerung. Oder: wie man mit dem Hammer philosophirt' ist beendet; das Manuscript des ‚Ecce homo. Wie man wird, was man ist' ist bereits in der Druckerei. – Letzteres, von absoluter Wichtigkeit, giebt einiges Psychologische und selbst Biographische über mich und meine Litteratur: man wird mich mit Einem Male zu sehn bekommen. Der Ton der Schrift, heiter und verhängnißvoll, wie Alles, was ich schreibe. – Ende nächsten Jahres erscheint dann das erste Buch der Umwerthung. Es liegt fertig da" (an Overbeck, 13. November). „... Bis jetzt ist Alles besser als gut gegangen; ich habe meine Last gewälzt, wie als ob ich von Natur ein ‚unsterblicher' Lastträger wäre. Nicht nur, daß das erste Buch der Umwerthung schon am 30. September zu Ende kam, inzwischen hat sich ein sehr unglaubliches Stück Litteratur, das den Titel führt ‚Ecce homo. Wie man wird, was man ist', auch schon wieder mit Flügeln begabt und flattert, wenn mich nicht Alles täuscht, in der Richtung von Leipzig ... Dieser homo bin ich nämlich selbst, eingerechnet das ecce; der Versuch, über mich ein wenig Licht und Schrecken zu verbreiten, scheint mir fast zu gut gelungen ... Daß es einiger Aufklärung über mich bedarf, bewies mir jüngst noch der Fall Malvida. Ich sandte ihr, mit einer kleinen Bosheit im Hintergrunde, vier Exemplare des ‚Falls Wagner', mit dem Ersuchen, für eine gute französische Übersetzung einige Schritte zu thun. ‚Kriegserklärung' an mich: Malvida gebraucht diesen Ausdruck. – Ich habe, unter uns, mich noch einmal mehr davon überzeugt, daß der berühmte ‚Idealismus' in diesem Falle im Grunde eine extreme Form der Unbescheidenheit ist, – ‚unschuldig', wie es sich von selbst versteht. Man hat sie immer mitreden lassen und, wie mir scheint, hat ihr Niemand gesagt, daß sie mit jedem Satze nicht nur irrt, sondern lügt ... Das machen ja die ‚schönen Seelen' so, die die Realität nicht sehen dürfen ... Verwöhnt, durch ihr ganzes Leben hindurch, sitzt sie zuletzt, wie eine kleine komische Pythia, auf ihrem Sopha und sagt ‚Sie irren sich über Wagner! Das weiß ich besser! Genau dasselbe, wie Michel Angelo' – Ich schrieb ihr darauf, daß Zarathustra die Guten und Gerechten abschaffen wolle, weil sie immer lügen. Darauf antwortete sie, sie stimme mir darin völlig bei, denn es gäbe so wenig Wirklich-Gute ... – Und das hat mich zeitweilig vor Wagnern vertheidigt!" (an Meta von Salis, 14. November)

Es erscheint Richard Pohl, *Der Fall Nietzsche*, im *Musikalischen Wochenblatt* (Nr. 44, 25. Oktober 1888). Die Wochenschrift wird von E. W. Fritzsch in Leipzig veröffentlicht, der seit dem Sommer 1886 alle Schriften Ns bis zum dritten Teil des Zarathustra in seinen Verlag aufgenommen hatte. Am 16. November schreibt Gast an N darüber: „Ihr Selbstgefühl, Ihr Bewußtsein, daß Sie ‚ein feste Burg' sind, erregt in dieser Zeit, wo es verpönt ist, sich zur Größe zu erziehen, sich fürstlich, ja mit Majestät zu behandeln, wahrscheinlich viel Anstoß. Heut gilt nur als erlaubt, was Jedem erlaubt ist ... und Sie thun lauter Dinge, die Niemandem außer Ihnen erlaubt sind. Das ist unerhört, – das muß bestraft werden! Dieser Tage las ich eine solche Bestrafung ... im ‚Musikalischen Wochenblatt'. Vielleicht hat Fritzsch, als tactloser Musikmensch, Ihnen den Aufsatz Richard Pohl's zur Erheiterung übersandt. Nach diesem Aufsatz haben Sie eine Oper componirt, welche vermuthlich nirgends angenommen wurde, während Wagner's Opern sich immer mehr verbreiteten. Verstimmung gegen Wagner, schließlich gänzliche Lossagung. Der Componist, der eine Ouvertüre aus ungeleimtem Holz machen kann, sind Sie Selbst. Pohl erzählt, um ein Beispiel von Verjüngung der Proportionen (Fall Wagner S. 31) anzuführen, den Goetheschen Faust; leider begeht er damit einen Diebstahl an seinem Gegner selber, die verjüngte Geschichte des Faust steht in ‚Menschliches, Allzumenschliches' II, Wanderer § 124. – Die Einbildung Pohl's, mit seinem beschränkten Artikel Etwas gegen Ihr Weltgericht gethan zu haben, ist urkomisch. Auch er, wie die gewöhnlichen Menschen immer, sucht hinter Ihrer Sachlichkeit persönliche Gründe!". Daraufhin N an Fritzsch: „Sie haben die Auszeichnung, die Werke des ersten Menschen aller Jahrtausende in Verlag zu haben. Daß Sie einer alten Gans wie Pohl erlauben können, über mich zu reden, gehört zu den Dingen, die nur in Deutschland möglich sind. Glauben Sie nicht, daß ich dergleichen lese: man schreibt mir eben wörtlich aus Leipzig ‚die Einbildung Pohls, mit seinem beschränkten Artikel Etwas gegen Ihr Weltgericht gethan zu haben ist urkomisch‘. – Ich bekomme von allen Seiten wahre Huldigungs-Schreiben, wie über ein Meisterstück psychologischer Sagacität, das nicht seines Gleichen hat, wie eine wahre Erlösung von einem gefährlichen Mißverständniß ... Fragen Sie doch Herrn von Bülow, was er darüber denkt. – Und der Verleger des ‚Zarathustra‘ nimmt gegen mich Partei? – In aufrichtiger Verachtung / Nietzsche“ (18. November).

N liest *Les mariés* von Strindberg. Er schreibt über die „Operetten-Frage“ an Peter Gast: „Wir haben uns nicht wiedergesehn, seit ich über diese Frage aufgeklärt bin – oh so aufgeklärt! Solange Sie mit dem Begriff ‚Operette‘ irgend eine Condescendenz, irgend einen Vulgarismus des Geschmacks mitverstehn, sind Sie – verzeihen Sie den starken Ausdruck! nur ein Deutscher ... Der ‚Fall Wagner‘ ist Operetten-Musik ... Dieser Tage machte ich die gleiche Reflexion bei einem wahrhaft genialen Werk eines Schweden, des mir von Dr. Brandes als Hauptverehrer vorgestellten Herrn August Strindberg. Es ist die französische Cultur auf einem unvergleichlich stärkeren und gesünderen fond: der Effekt ist bezaubernd: ‚Les mariés‘ heißt es, Paris 1885. – Sehr curios, wir stimmen über das ‚Weib‘ absolut überein, – es war bereits Dr. Brandes aufgefallen“ (18. November). An Brandes, 20. November: „Ich habe jetzt mit einem Cynismus, der welthistorisch werden wird, mich selbst erzählt. Das Buch heißt ‚Ecce homo‘ und ist ein Attentat ohne die geringste Rücksicht auf den Gekreuzigten; es endet in Donnern und Wetterschlägen gegen Alles, was christlich oder christlich-infekt ist, bei denen Einem Sehen und Hören vergeht. Ich bin zuletzt der erste Psychologe des Christenthums und kann, als alter Artillerist, der ich bin, schweres Geschütz vorfahren, von dem kein Gegner des Christenthums auch nur die Existenz vermuthet hat. – Das Ganze ist das Vorspiel der ‚Umwerthung aller Werthe‘, des Werks, das fertig vor mir liegt: ich schwöre Ihnen zu, daß wir in zwei Jahren die ganze Erde in Convulsionen haben werden. Ich bin ein Verhängniß". Von nun an – das ist das erste bekannte Zeugnis davon – betrachtet N den *Antichrist* als die *ganze* „Umwerthung".

N verhandelt mit Fritzsch, um die Werke – von *Geburt der Tragödie* bis *Also sprach Zarathustra* – zurückzukaufen, die Fritzsch im Sommer 1886 in seinen Verlag aufgenommen hatte. Aufgrund eines mißverstandenen Briefes von Fritzsch glaubt N, daß der Verleger von ihm 10000 Taler verlange (d.h. 30000 Mark): „ich bekenne, daß ich in so kurzer Zeit das Geld nicht zu schaffen weiß ..." (an Fritzsch, 22. November) Der Dichter Martin Greif sendet N seine Gedichte zu als Zeichen der Dankbarkeit für den *Fall Wagner.*

N erhält die ersten Exemplare der *Götzen-Dämmerung* (die jedoch erst im Jahre 1889 vertrieben werden soll). Er selber schickt ein Exemplar des Werkes an Jacob Burckhardt und an Strindberg; letzterem schlägt er eine Übersetzung der *Götzen-Dämmerung* ins Schwedische vor; an Naumann: „Ich sehe einer schwedischen Übersetzung der ‚Götzen-Dämmerung' entgegen" (25. November). Im selben Brief an Naumann: „Sobald ‚Ecce homo' gewirkt hat – es wird ein Erstaunen ohne Gleichen hervorrufen – thue ich die bereits erwogenen Schritte, um Übersetzungen der ‚Umwerthung' in 7 Hauptsprachen durch lauter ausgezeichnete Schriftsteller Europas vorzubereiten. Das Werk soll zugleich in allen Sprachen erscheinen". 26. November an Naumann: „... ich schreibe Ihnen noch einmal: die Frage, um die es sich handelt, ist ersten Ranges. Alles erwogen, ist die unqualificirbare Handlung des E. W. Fritzsch ein Glücksfall, der nicht hoch genug zu schätzen ist. (– er hat mir die armseligsten persönlichen Motive für meine Schrift gegen Wagner untergeschoben, mir dem unpersönlichsten Menschen, den es vielleicht gegeben hat) Ohne diese Handlung, welche nicht nur eine Taktlosigkeit sondern eine Ehrenverletzung ist, würde ich kein Mittel haben, meine Schriften aus seinen Händen zu ziehen. Jetzt kann ich es nicht nur, ich muß es: in einem Augenblick, wo mein Leben in einer ungeheuren Entscheidung ist und eine Verantwortlichkeit auf mir liegt, für die es keinen Ausdruck giebt, vertrage ich es nicht, daß man Gemeinheiten an mir begeht. Der Verleger des ‚Zarathustra'! Des ersten Buches aller Jahrtausende! in dem das Schicksal der Menschheit einbegriffen ist! das in wenig Jahren in Millionen von Exemplaren sich verbreiten wird! ... Sobald ‚Ecce homo' heraus ist, bin ich der erste Mensch, der jetzt lebt. Verhandeln Sie, geehrtester Herr Verleger, doch einmal persönlich mit E. W. Fritzsch, sagen Sie ihm, mein Entschluß sei unwiderruflich, er habe mich in meiner Ehre beleidigt. Ich möchte, daß Sie meine ganze Litteratur zusammen haben, – ich möchte andrerseits, daß jetzt, wo Alles sich bei mir entscheidet, auch wir unter uns über ein normales Verhältniß zwischen Autor und Verleger nachdächten. Ich werde niemals Honorare verlangen, das gehört zu meinen Principien; aber ich möchte, daß Sie vollen Antheil an dem Erfolg, an dem Sieg meiner Litteratur hätten. – Die ‚Umwerthung aller Werthe' wird ein Ereigniß ohne Gleichen, nicht etwa ein litterarisches, sondern ein alles Bestehende Erschütterndes. Es ist möglich, daß es die Zeitrechnung verändert". Am selben Tag an Gast: „... Auch finden Sie in meiner im Grunde heiteren und boshaften ‚Aktualität' vielleicht mehr Inspiration zur ‚Operette' als sonstwo: ich mache so viele dumme Possen mit mir selber und habe solche Privat-Hanswurst-Einfälle, daß ich mitunter eine halbe Stunde auf offner Straße grinse, ich weiß kein andres Wort ... Neulich fiel mir ein, Malwida an einer entscheidenden Stelle von ‚Ecce homo' als Kundry vorzuführen, welche lacht ... Ich habe vier Tage lang die Möglichkeit verloren, einen gesetzten Ernst in mein Gesicht zu bringen. – Ich denke, mit einem solchen Zustand ist man reif zum ‚Welt-Erlöser'? ... Kommen Sie ...". Ebenfalls am 26. November an Paul Deussen: „... ich habe nöthig, in einer Sache allerersten Rangs mit Dir zu reden. Mein Leben kommt jetzt auf seine Höhe: noch ein paar Jahre und die Erde zittert von einem ungeheuren Blitzschlage. – Ich schwöre Dir zu, daß ich die Kraft habe, die Zeitrechnung zu verändern. – Es giebt Nichts, das heute steht, was nicht umfällt, ich bin mehr Dynamit als Mensch. – Meine Umwerthung aller Werthe mit dem Haupttitel **‚der Antichrist'** ist fertig. In den nächsten zwei Jahren habe ich die Schritte zu thun, um das Werk in 7 Sprachen übersetzen zu lassen; die *erste* Auflage in jeder Sprache c. eine Million Exemplare. – Bis dahin erscheint noch von mir: 1) Götzen-Dämmerung. Oder: wie man mit dem Hammer philosophirt. Das Werk ist fertig, ich habe gestern den Auftrag gegeben, daß Dir eins der ersten Exemplare zugeht. Lies es, ich bitte Dich, mit dem tiefsten Ernste, wie sehr es auch immer im Verhältniß zu dem, was kommt, ein heiteres Buch ist. 2) Ecce homo. Wie man wird, was man ist. Dies Buch handelt nur von mir, – ich trete zuletzt darin mit einer welthistorischen Mission auf. Es ist bereits im Druck. – Darin wird zum ersten Mal Licht über mein Zarathustra gemacht, das erste Buch aller Jahrtausende, die Bibel der Zukunft, der höchste Ausbruch des menschlichen Genius, in dem das Schicksal der Menschheit einbegriffen ist. – Und hier kommt mein Anliegen, dessenthalben ich schreibe. Ich will meinen Zarathustra zurück aus den Händen von E. W. Fritzsch, ich will meine ganze Litteratur selbst in den Händen haben, als deren Alleinbesitzer. Sie ist nicht nur ein ungeheures Vermögen, denn mein Zarathustra wird wie die Bibel gelesen werden, – sie ist einfach in den Händen von E. W. Fritzsch nicht mehr möglich. Dieser unsinnige Mensch hat mich eben jetzt in meiner Ehre beleidigt: ich kann gar nicht anders, ich muß ihm die Bücher wegnehmen. Auch habe ich schon mit ihm verhandelt: er will für meine ganze Litteratur c. 10000 Taler. Zum Glück hat er nicht den geringsten Begriff davon, was er besitzt. – In summa: ich brauche 10000 Thaler. Denke nach, alter Freund! Ich will nichts geschenkt, es handelt sich um eine Anleihe zu jeden Zinsen, die gewünscht werden. Ich habe übrigens keinen Pfennig Schulden, besitze einige Tausende noch zum Verbrauchen und bin durch meine Basler Pension außer Sorge. (– Die ,Götzen-Dämmerung' und der ,Ecce homo' werden mit einem gewissen Gelde gedruckt, das irgend ein Wunder mir seiner Zeit aus Berlin zukommen ließ.) Nur müßte das Geld mir bald zu Gebote stehn, bevor nämlich Fritzsch eine Witterung bekommt, was er hat. Dann würde ich Alles beieinander in den Händen des vertrauenswürdigen Naumann in Leipzig haben".

In einem Briefentwurf an einen unbekannten Verleger, datiert 27. November 1888, verzeichnet N eine erste Liste seiner *Lieder Zarathustras* (später: *Dionysos-Dithyramben*). Ebenfalls am 27. November schreibt N an Strindberg über dessen Drama *Le père:* „Ich las zwei Mal mit tiefer Bewegung Ihre Tragödie; es hat mich über alle Maaßen überrascht, ein Werk kennen zu lernen, in dem mein eigner Begriff von der Liebe – in ihren Mitteln der Krieg, in ihrem Grunde der Todhaß der Geschlechter – auf eine grandiose Weise zum Ausdruck gebracht ist. – Aber dies Werk ist ja prädestinirt, jetzt in Paris im théatre libre des Ms. Antoine aufgeführt zu werden! Fordern Sie das einfach von Zola! Im Augenblick legt er großen Werth darauf, daß man sich seiner erinnert".

An Overbeck: „Das schwedische Genie Strindberg hält mich für den größten Psychologen des – Ewig-Weiblichen. Er hat mir seine Tragödie ‚Père‘ (mit begeisterter Vorrede Zola's) geschickt, der in der That meine Definition der Liebe (– sie steht z.B. im Fall Wagner) auf eine grandiose Art zum Ausdruck bringt. Ich bemühe mich eben darum, das Werk im théatre libre in Paris aufführen zu lassen“ (29. November).

Naumann klärt N über die Forderungen von Fritzsch auf: Die verlangte Summe beträgt nach Naumanns Berechnungen 11000 Mark. „Jedenfalls bitte ich also ein niedrigeres Gebot zu machen und auf keinen Fall zu verrathen, daß Ihnen viel an der Zurückerwerbung liegt, denn dann wird er theurer werden. Schreiben Sie ihm gefälligst daß Sie mich animirt hätten, den Verlag zu erwerben, daß ich aber nicht davon wissen wollte, da ich jetzt mit anderen Unternehmungen zu sehr engagiert sei. Dahingegen sei es Ihnen immerhin angenehm, den gesamten Verlag in eine Hand zu bringen und so wären Sie zu einem Opfer bereit, nur könnten Sie ja nicht so viel bewilligen, was er verlange“ (Naumann an N, 28. November). Daraufhin N an Fritzsch: „Alles wohl erwogen, kann ich auf diesen Preis nicht eingehn. Ich habe inzwischen den Versuch gemacht, Herrn C. G. Naumann für den Ankauf des Verlags zu interessiren. Aber er will jetzt nichts davon wissen, da er zu sehr in andre Unternehmungen engagirt ist. An sich wäre es mir angenehm, wenn meine gesammte Litteratur in Einer Hand wäre: es versteht sich von selbst, daß ich darauf hin zu einem Opfer bereit wäre (– meine Bücher sind für mich selber ein kurios kostspieliger Luxus bis jetzt gewesen –): nur kann ich unmöglich so viel bewilligen, als Sie verlangen“ (30. November); und an Deussen: „Es wird möglich sein, meine Schriften zu einem viel niedrigeren Preis zu erwerben: ich bin jetzt schon bei 11000 Mark. Vielleicht handle ich noch mehr herunter“.

Turin, Dezember

Zwischen Ende November und dem 6. Dezember Revision des aus Leipzig zurückerbetenen Druckmanuskriptes von *Ecce homo*. Am 2. Dezember an Peter Gast: „Sonntag Nachmittag, nach 4 Uhr, unbändig schöner Herbsttag. Eben zurückgekommen von einem großen Concert, das im Grunde der *stärkste* Concert-Eindruck meines Lebens ist, – mein Gesicht machte fortwährende Grimassen, um über sein extremes Vergnügen hinwegzukommen, eingerechnet, für 10 Minuten, die Grimasse der Thränen. Ach, daß sie nicht dabei waren! Im Grunde war's die Lektion von der Operette auf die Musik übertragen."

Im Begleitbrief zur Rücksendung des *Ecce-homo*-Manuskripts nach Leipzig (6. Dezember) schreibt N an Naumann: „Hiermit kommt das Manuskript zurück; es ist jetzt Alles in vollkommener Ordnung; auch wird Nichts mehr meinerseits geändert. Ich verhandle eben wegen einer französischen und englischen Übersetzung, die zu gleicher Zeit erscheinen müßten. Zu diesem Zwecke würden wir von jedem fertigen Bogen Exemplare zu versenden haben". Erster Brief von August Strindberg: „Sans aucun doute, Vous avez donné à l'humanité le livre le plus profond qu'elle possède et ce qui n'est pas le moins, vous avez eu le courage, les rentes peut-être, pour cracher ces mots superbes à la figure de la racaille! et je vous remercie! ... Et vous voulez être traduit en notre langue Groenlandoise? Pourquoi pas en Français en Anglais? Jugez de notre intelligence lorsqu'on m'a voulu interner dans un hôpital à cause de ma tragédie, et qu'un esprit si souple, si riche que M. Brandes est reduit au silence par ce butor de majorité! Je termine toutes mes lettres à mes amis: lisez Nietzsche! C'est mon Carthago est delenda! Toutefois, au moment où Vous êtes connu et compris votre grandeur est amoindrie et la sainte et sacrée canaille ira vous tutoyer comme un de leurs semblables. Mieux vaut garder la solitude distinguée, et laisser nous autres dix mille supérieurs aller en pélerinage secret à votre sanctuaire afin d'y puiser à notre gré. Gardons la doctrine esotérique afin de la conserver pure et intacte et ne la divulguons pas sans l'intermédiaire des catéchumènes devoués, au nombre desquel je me signe". N antwortet: „Als gestern mich Ihr Brief erreichte – der erste Brief in meinem Leben, der mich erreicht hat – war ich gerade mit der letzten Manuscript-Revision von ‚Ecce homo' fertig geworden. Da es in meinem Leben keinen Zufall mehr giebt, so sind Sie folglich auch kein Zufall. Warum schreiben Sie Briefe, die in einem solchen Augenblick eintreffen? ... Ecce homo soll in der That deutsch, französisch und englisch zugleich erscheinen. Ich habe gestern das Ms. noch an meinen Drucker geschickt; sobald ein Bogen fertig wird, muß er in die Hände der Herrn Übersetzer. Wer sind diese Übersetzer? – Aufrichtig, ich wußte nicht, daß Sie selber für das ausgezeichnete Französisch Ihres père verantwortlich sind: ich glaubte an eine meisterhafte Übersetzung. Für den Fall, daß Sie selbst die französische Übersetzung in die Hand nehmen wollten, wüßte ich mich nicht glücklich genug zu schätzen über dies Wunder eines sinnreichen Zufalls ... Da es vollkommen unerhörte Dinge sagt und mitunter, in aller Unschuld, die Sprache eines Weltregierenden redet, so übertreffen wir durch Zahl der Auflagen selbst Nana ... Andrerseits ist es antideutsch bis zur Vernichtung; die Partei der französischen Cultur wird durch die ganze Geschichte hindurch festgehalten (– ich behandle die deutschen Philosophen allesammt als ‚unbewußte' Falschmünzer, ich nenne den jungen Kaiser einen scharlachnen Mucker ...) Auch ist das Buch nicht langweilig, – ich habe es mitunter selbst im Stil ‚Prado' geschrieben ... Um mich gegen deutsche Brutalitäten (‚Confiscation' –) sicher zu stellen, werde ich die ersten Exemplare, vor der Publikation, dem Fürsten Bismarck und dem jungen Kaiser mit einer brieflichem Kriegserklärung übersenden: darauf dürfen Militärs nicht mit Polizei-Maßregeln antworten ... – Ich bin ein Psychologe ... Erwägen Sie, verehrter Herr! Es ist eine Sache allerersten Ranges. Denn ich bin stark genug dazu, die Geschichte der Menschheit in zwei Stücke zu zerbrechen. – Bliebe die Frage der englischen Übersetzung. Wüßten Sie einen Vorschlag dafür? – Ein antideutsches Buch in England ..." (8. Dezember) Ein Briefentwurf an Helen Zimmern – wahrscheinlich vom selben Tag (8. Dezember) – beschäftigt sich mit der Frage der englischen Übersetzung, es scheint jedoch, daß sie keinen solchen Brief von N erhalten hat. Im Briefentwurf heißt es u.a.: „... eine Sache allerersten Rangs! ich denke, ich habe nicht nöthig, Sie erst um jede Diskretion zu bitten. Mein Leben kommt jetzt zu einem lang vorbereiteten Eklat: das, was ich in den nächsten zwei Jahren thue, ist der Art unsere ganze bestehende Ordnung, ‚Reich' ‚Tripl-allianz' und wie all diese Herrlichkeiten heißen über den Haufen zu werfen. Es handelt sich um ein Attentat auf das Christenthum, das vollkommen wie Dynamit auf Alles wirkt, das im Geringsten mit ihm verwachsen ist. Wir werden die Zeitrechnung verändern, ich schwöre es Ihnen zu. Es hat nie ein Mensch mehr Recht zur Vernichtung gehabt als ich! Es sind zwei Schläge, aber mit Zwischenraum von 2 Jahren, der erste heißt Ecce homo und soll alsbald als möglich erscheinen. Deutsch, englisch, französisch. Der zweite heißt der Antichrist. Umwerthung aller Werthe. Beide sind vollkommen druckfertig: ich gebe soeben das Ms von Ecce homo in die Druckerei. – Für die französische Übersetzung des Ecce homo werde ich einen Schweden, ein wahres Genie haben: ich lege seinen Brief bei, aus dem Sie zum Mindesten entnehmen werden, was er von mir denkt. Für die englische Übersetzung – was denken Sie, verehrtes Fräulein? Sind Sie bei Kräften und gutem Muth, um so etwas auf sich nehmen zu können? Es ist kein dickes Buch, eine Sache von circa 10 Bogen kleiner Seiten. Aber es muß eine ausgezeichnete sorgfältige und delikate Arbeit sein: denn in sprachlichen Dingen giebt es hier gar kein größeres Meisterstück als dieses Ecce homo. – Ein Attentat auf das Christenthum wird in England ein ungeheures Aufsehen machen: ich habe keine Zahlen im Kopfe für die Ziffer der Auflagen. Dazu kommt, daß es auch ein vollkommen vernichtendes Attentat auf die Deutschen ist – diese die Geschichte hindurch als die eigentlich schädliche, verlogene, unheilvolle Rasse ... Ein wie mir scheint für Engländer vielleicht nicht unpopulärer Gesichtspunkt ... Das Buch schlägt das Christenthum todt, und außerdem auch noch Bismarck ... Für den Fall, daß Sie mir Ihre eigene Hilfe nicht versprechen können, werden Sie vielleicht Schritte und Wege wissen, wie mir hier geholfen werden kann".

Einige Briefentwürfe an Bismarck und Wilhelm II. im Sinne der Stelle aus Ns Brief an Strindberg fallen wahrscheinlich in diese Tage. An H. Taine: „Das Buch *[die Götzen-Dämmerung]*, das in Ihre Hände zu legen ich mir den Muth nehme, ist vielleicht das wunderlichste Buch, das bisher geschrieben wurde – und in Hinsicht auf das was es vorbereitet, beinahe ein Stück Schicksal. Es wäre mir von unschätzbarem Werthe, wenn dasselbe französisch gelesen werden könnte ... Zuletzt werden die Franzosen aus dem Buche die tiefe Sympathie heraushören, die sie verdienen: ich habe in allen meinen Instinkten Deutschland den Krieg erklärt" (8. Dezember).

Die Fürstin Anna Tenischeff aus Petersburg schreibt an N nach dem Empfang des *Fall Wagner*: „Obwohl ich, leider, persönlich noch nicht die Gelegenheit gehabt Sie zu kennen, habe ich doch eine mächtige Vorstellung der Tiefe Ihres Denkens und Ihrer ganzen Persönlichkeit, besondes durch die Vorlesungen welche Georg Brandes über Sie gehalten hat". N: „... beinahe eine Liebeserklärung, jedenfalls ein curioses Stück Brief" (an Gast, 9. Dezember).

An Gast: „Wissen Sie bereits, daß ich für meine internationale Bewegung das ganze jüdische Großkapital nöthig habe?" (9. Dezember). In einem Briefentwurf an Brandes – sehr wahrscheinlich in diesen Tagen verfaßt – heißt es: „Werther Freund, ich halte für nöthig, Ihnen ein paar Dinge aller ersten Rangs mitzutheilen: geben Sie Ihr Ehrenwort drauf, daß die Geschichte unter uns bleibt. Wir sind eingetreten in die große Politik, sogar in die allergrößte ... Ich bereite ein Ereigniß vor, welches höchst wahrscheinlich die Geschichte in zwei Hälften spaltet, bis zu dem Punkte, daß wir eine neue Zeitrechnung haben werden: von 1888 als Jahr Eins an. Alles, was heute oben auf ist, Triple Allianz, sociale Frage geht vollkommen über in eine Individuen-Gegensatz-Stellung: wir werden Kriege haben, wie es keine gibt, aber nicht zwischen Nationen, nicht zwischen Ständen: Alles ist auseinandergesprengt, – ich bin das gefährlichste Dynamit, das es gibt. – Ich will in 3 Monaten Aufträge geben zur Herstellung einer Manuscript-Ausgabe von Der Antichrist. Umwerthung aller Werthe; sie bleibt vollkommen geheim: sie dient mir als Agitations-Ausgabe. Ich habe Übersetzungen in alle europäischen Hauptsprachen nöthig: wenn das Werk heraus soll, so rechne ich eine Million Exemplare in jeder Sprache als erste Auflage. Ich habe an Sie für die dänische, an Herrn Strindberg für die schwedische Ausgabe gedacht. – Da es sich um einen Vernichtungsschlag gegen das Christenthum handelt, so liegt auf der Hand, daß die einzige internationale Macht, die ein Instinkt-Interesse an der Vernichtung des Christenthums hat, die Juden sind – hier gibt es eine Instinkt-Feindschaft, nicht etwas ‚Eingebildetes' wie bei irgend welchen ‚Freigeistern' oder Socialisten – ich mache mir den Teufel was aus Freigeistern. Folglich müssen wir aller entscheidenden Potenzen dieser Rasse in Europa und Amerika sicher sein – zu alledem hat eine solche Bewegung das Großcapital nöthig. Hier ist der einzige natürlich vorbereitete Boden für den größten Entscheidungskrieg der Geschichte: das Übrige von Anhängerschaft kann erst nach dem Schlage in Betracht gezogen werden. Diese neue Macht, die sich hier bilden wird, dürfte im Handumdrehen die erste Weltmacht sein: zugegeben daß zunächst die herrschenden Stände die Partei des Christenthums ergreifen, so ist die Axt ihnen in sofern an die Wurzel gelegt, als alle starken und lebendigen Männer aus ihnen unbedingt ausscheiden werden. Daß alle geistig ungerathenen Rassen im Christenthum den Glauben der Herrschenden bei dieser Gelegenheit empfinden, folglich für die Lüge Partei nehmen werden, das zu errathen braucht man nicht Psycholog zu sein. Das Resultat ist, daß hier das Dynamit alle Heeresorganisation alle Verfassung sprengt: daß die Gegnerschaft nicht anderes constituirt und auf Krieg ungeübt dasteht. Alles in Allem, werden wir die Offiziere in ihren Instinkten für uns haben: daß es im aller höchsten Grad unehrenhaft, feige, unreinlich ist, Christ zu sein, dies Urtheil trägt man unfehlbar aus meinem ‚Antichrist' mit sich fort. – Zunächst erscheint das ‚Ecce homo', von dem ich sprach, worin das letzte Capitel einen Vorgeschmack gibt, was bevorsteht, wo ich selbst als Mensch des Verhängnisses auftrete ... Was den deutschen Kaiser betrifft, so kenne ich die Art, solche braunen Idioten zu behandeln: das gibt einem wohlgerathenen Offizier das Maß ab. Friedrich der Große war besser, der wäre sofort in seinem Elemente. – Mein Buch ist wie ein Vulkan, man hat keinen Begriff aus der bisherigen Litteratur, was da gesagt wird, und wie die tiefsten Geheimnisse der menschlichen Natur plötzlich mit entsetzlicher Klarheit herausspringen. Es gibt eine Art darin, das Todesurtheil zu sprechen, die vollkommen übermenschlich ist. Und dabei weht eine grandiose Ruhe und Höhe über das Ganze – es ist wirklich ein Weltgericht, obwohl Nichts zu klein und unwesentlich ist, was hier nicht gesehen und ans Licht gezogen werde. Wenn Sie endlich das Gesetz gegen das Christenthum unterzeichnet der ‚Antichrist' lesen, das den Schluß macht, wer weiß, so schlottern vielleicht selbst Ihnen, fürchte ich, die Gebeine ... Siegen wir, so haben wir die Erdregierung in den Händen – den Weltfrieden eingerechnet ... Wir haben die absurden Grenzen der Rasse Nation und Stände überwunden: es gibt nur noch Rangordnung zwischen Mensch und Mensch und zwar eine ungeheuer lange Leiter von Rangordnung. Da haben Sie das erste welthistorische Papier: Große Politik par excellence. – NB. Suchen Sie mir einen Meister als ersten Übersetzer – ich kann nur Meister der Sprache brauchen". Dieser Brief wurde von N anscheinend nicht abgeschickt. Einige Fragmente aus den Papieren dieser Zeit wiederholen das Motiv von Ns Verbündung mit dem „jüdischen Großkapital" und den „Offizieren“ (Sie sind als Vorstufen zu *Ecce homo* zu betrachten, denen jedoch keine endgültige Fassung im Text des *Ecce homo* entspricht, weil die betreffenden Stellen im Druckmanuskript von Gast sowie Mutter und Schwester vernichtet wurden.) An Gast: „Das ‚*Ecce homo*‘ ... geht dermaßen über den Begriff ‚Litteratur‘ hinaus, das eigentlich selbst in der Natur das Gleichniß fehlt: es sprengt, wörtlich, die Geschichte der Menschheit in zwei Stücke – höchster Superlativ von Dynamit ... Machen Sie doch meinem alten und sehr komischen Freund Professor Paul Deussen möglichst schnell einen Besuch ... Sie können ihm einmal gründlich sagen, was ich bin und was ich kann ... Drei Kisten Bücher aus Nizza eingetroffen. – Ich blättre seit einigen Tagen in meiner Litteratur, der ich jetzt zum ersten Male mich gewachsen fühle. Verstehn Sie das? Ich habe Alles sehr gut gemacht, aber nie einen Begriff davon gehabt, – im Gegentheil! ... Zum Beispiel die diversen Vorreden, das fünfte Buch ‚gaya scienza‘ – Teufel, was steckt da drin! – über die dritte und vierte Unzeitgemäße werden Sie in Ecce homo eine Entdeckung lesen, daß Ihnen die Haare zu Berge stehn – mir standen sie auch zu Berge. Beide reden nur von mir, anticipando ... Weder Wagner, noch Schopenhauer kamen psychologisch drin vor ... Ich habe beide Schriften erst seit 14 Tagen verstanden ... Menschliches, Allzumenschliches hat mir im höchsten Grade imponirt: es hat etwas von der Ruhe eines grand seigneur“ (9. Dezember).

Am 10. Dezember erhält N Gasts Besprechung vom *Fall Wagner*, erschienen im *Kunstwart* von F. Avenarius (Nr. 4, 1888). Gast schrieb u. a.: „„... Für den Wert einer Sache beweist die Zustimmung von Millionen eben Nichts; erst müßte der Wert dieser Millionen erwiesen sein. Wer aber wollte den feststellen? Nach welchem Kanon sollte dies geschehen? Wer stände so hoch über Zeiten und Völkern, um zu erkennen, welche Symptome sie im Range hoch oder niedrig stellen? Und setzt auch dieses Erkennen nicht immer wieder eine Richtschnur voraus, die wir entweder willkürlich ansetzen oder unbewußt, instinktiv in uns tragen? Muß man nicht gleichsam ein zweites Bewußtsein haben *[vgl. Gast an N, 25. Oktober 1888, und die Anmerkung zu Ecce homo, „Götzen-Dämmerung“, § 3]*, um sich seine Zeit in allen Lebensäußerungen, selbst den bewußtesten (in Geschmack, Urteil, Moral), unter sich und in Vergleichung zu aller Vergangenheit des Menschengeschlechts zu sehen? Wer uns diese Fragen nahe bringt und sie in einer Weise löst, wie sonst Niemand es vermöchte, ist Friedrich Nietzsche. Erst mit ihm beginnt eine wirkliche physiologische Einsicht in die Erscheinungen der Geschichte; erst ihm wird man die Gewinnung von Wertmessern verdanken, nach welcher die Bewertung historischer Erscheinungen aus der ‚Idiosynkrasie' und Enge einer Zeit und Generation heraus nur noch dem Vulgärmenschen erlaubt ist. Nietzsche's jüngst erschienene Schrift ‚Der Fall Wagner' ist eine Exemplification seiner historischen Betrachtungsart." Und weiter: „Nietzsche ist eine Kultur für sich. Seine Schriften sind das Gehaltreichste, kondensirteste, was man lesen kann. In jedem seiner Sätze steht ein Aperçü, ein Urteil, das nur ihm gehört, gehören darf. Seine Werke, namentlich das Buch aller Bücher ‚Also sprach Zarathustra', sollten der Stolz der Deutschen sein, da sie den Rang ihrer ganzen Literatur erhöhen: aber in Deutschland weiß man Nichts davon, man ist nicht vorbereitet, man hat weder Verstand noch Herz dazu. In Paris würden Nietzsches Bücher eine Flut von Artikeln und Broschüren nach sich ziehen, die gesamte französische Intelligenz würde sich ihrer bemächtigen, philosophische Parteien würden sich bilden, kurz seine Probleme kämen zu öffentlicher Diskussion. Unter Deutschen, wie gesagt, weiß man mit seinen Problemen nicht einmal etwas anzufangen, sie liegen für sie noch zu viele Meilen unter dem Boden, es mangelt an der jahrhundertelangen moralistischen Schulung, wie sie der in Betracht kommende Franzose seit Montaigne hat, es mangelt sogar am bloßen Interesse, an der Genußfähigkeit für psychologische Finessen. Das Verhalten der Deutschen gegen Nietzsche wird ein neues Blatt zur Geschichte ihrer zunehmenden geistigen Inferiorität liefern". Und am Schluß der Besprechung: „Ist man Wagnerianer, so hat man es als Verhängnis zu beklagen, daß gerade Nietzsche, die erste und letzte Autorität in Sachen der Wagner-Interpretation, jene innere Umwandlung durchmachte, die ihn weit über die Tendenzen Wagners und unserer Zeit hinaustrug. Seine antiromantische, antichristliche, antirevolutionäre, antidemokratische Kultur, kurz seine Vornehmheit, scheidet ihn (und schied ihn) für immer von Wagners Sache. Wenn er früher darüber sich täuschte, so war er in demselben Irrtum, in welchem sich Wagners Freund Graf Gobineau befand, als er (der guten Geschmack genug hatte, sich vom Parsifal wegzuwenden) in den Nibelungen seine Ahnen, seine alten Wikinger wiedererkennen wollte. Aber Nietzsche erkennt nun auch in den Helden Wagners die genaue Modernität der Seele, das unentschiedene Hin und Her zwischen Herren- und christlicher Moral wieder. Schon die Musik Wagners, diese allermodernste musica sensibilissima, erscheint ihm als Sprache für altmodische Helden ungereimt, unnatürlich." Der Besprechung Gasts folgte ein redaktioneller Kommentar von Avenarius, in dem dieser bei aller Anerkennung der sonstigen Verdienste Ns den *Fall Wagner* als journalistisches Pamphlet bedauerte: „Man kann die Nietzschesche Weltanschauung nicht nur teilen, sondern sogar selber in sich geschaffen haben und doch Wagner im höchsten Maße achten – Friedrich Nietzsche der Jüngere beweist es Friedrich Nietzsche dem Älteren selbst ..." Und abschließend: „Die Thatsache der Sinnesänderung eines der hervorragendsten, vielleicht schlechtweg des hervorragendsten der ‚Wagnerianer' steht fest. Hätte uns dieser eine ruhig sachliche Entwickelung der Gründe gegeben, welche seine früheren Gründe aufhoben – wir hätten ihm nur Dank geschuldet: unwahrscheinlicher Weise, weil er uns überzeugt, wahrscheinlicher, weil er zu einer scharfen, zur Widerlegung führenden Prüfung den Anlaß gegeben hätte. So wie die Schrift vorliegt, wirkt sie fast als die Gabe eines überaus espritreichen Feuilletonisten, der mit großen Gedanken spielt. Daß diese seine eigenen sind, sichert ihm das Recht auf unsere Theilnahme. Aber das letzte Ergebnis bleibt doch das Bedauern, daß Friedrich Nietzsche diesmal wie ein Feuilletonist geschrieben hat." N, sehr erfreut über die Besprechung, möchte sie durch Helen Zimmern ins Englische übersetzen lassen (negative Antwort am Jahresende). Nach einem kurzen Briefwechsel mit Avenarius werden zwei Briefe Ns an Avenarius im *Kunstwart* veröffentlicht. Im ersten Brief schreibt N: „In diesem Jahre, wo eine ungeheure Aufgabe, die Umwerthung aller Werthe, auf mir liegt und ich wörtlich gesagt, das Schicksal der Menschen zu tragen habe, gehört es zu meinen Beweisen der Kraft, in dem Grade Hanswurst, Satyr oder, wenn Sie es vorziehen, ‚Feuilletonist' zu sein, – sein zu können, wie ich es im ‚Fall Wagner' gewesen bin. Daß der tiefste Geist auch der frivolste sein muß, das ist beinahe die Formel für meine Philosophie: es könnte sein, daß ich mich schon über ganz andere ‚Größen' auf eine unwahrscheinliche Weise erheitert habe ... Zuletzt thut das meiner persönlichsten Pietät gegen Wagner am wenigsten

Abbruch: noch im vorigen Monat habe ich jener unvergeßlichen Zeit der Intimität zwischen uns ein Denkmal gesetzt, das dauern wird: in einem Werke, das jetzt im Druck ist und das jeden Zweifel über mich wegnehmen wird. Auch Ihren Zweifel, sehr werter und lieber Herr! Der ‚jüngere' Nietzsche ist niemals über den Punkt Wagner mit dem ‚älteren' Nietzsche in Widerspruch gewesen: es bliebe wohl zu beweisen, daß jenes Wesen, dessen Psychologie in der vierten Unzeitgemäßen gegeben wird, wirklich etwas mit dem Gatten von Frau Cosima zu thun hat oder ... Wissen Sie eigentlich, daß Herr Peter Gast der erste Musiker ist, der jetzt lebt, – Einer der Seltenen zu allen Zeiten, die das Vollkommene können? – Die Musiker, unter uns, finden, ich hätte alles bewiesen, nur zu sehr ... Man schreibt mir Briefe über Briefe" (9. Dezember). Im zweiten Brief: „Vergeben Sie mir, in aller Heiterkeit, eine Nachschrift: es scheint, es geht beim Fall Wagner nicht ohne Nachschrift ab. – Warum haben Sie eigentlich Ihren Lesern die Hauptsache vorenthalten? Daß meine ‚Sinnesänderung', wie Sie es nennen, nicht von gestern ist? Ich führe nunmehr seit 10 Jahren Krieg gegen die Verderbnis von Bayreuth, – Wagner hielt mich seit 1876 für seinen eigentlichen und einzigen Gegner, die Spuren davon sind überreich in seinen späteren Schriften. Der Gegensatz eines décadent und einer aus der Überfülle der Kraft herausschaffenden, das heißt dionysischen Natur, der das Schwerste Spiel ist, ist ja zwischen uns handgreiflich ... Wir sind verschieden wie arm und reich. Unter Musikern ist ja über die Armut Wagners kein Zweifel; vor mir, vor dem auch die Verstocktesten ehrlich werden, sind auch die extremen Parteigänger seiner Sache über diesen Punkt ehrlich geworden" (10. Dezember); der Brief schließt mit einer Aufstellung der wichtigsten Stellen aus früheren Werke Ns, in denen seine „Sinnesänderung" Wagner gegenüber belegt ist. Das ist der erste Keim der Schrift *Nietzsche contra Wagner.* Schon am 11. Dezember schlägt N Spitteler eine solche Publikation vor mit dem Untertitel „Aktenstücke aus Nietzsches Schriften" und einer Vorrede von Spitteler. Gleich darauf, am 12. Dezember, verzichtet N auf diesen Plan: „Hinter einer solchen Veröffentlichung, wie ich sie gestern vorschlug, würde man doch unter allen Umständen mich als Urheber voraussetzen – es stehen zu private Dinge in den Stellen, die abgedruckt werden müßten" (Postkarte an Spitteler). An Carl Fuchs: „... inzwischen steht und geht Alles wunderbar; ich habe nie annähernd eine solche Zeit erlebt, wie von Anfang September bis heute. Die unerhörtesten Aufgaben leicht wie ein Spiel; die Gesundheit, dem Wetter gleich, täglich mit unbändiger Helle und Fertigkeit heraufkommend. Ich mag nicht erzählen, was Alles fertig wurde: Alles ist fertig. Die nächsten Jahre steht die Welt auf dem Kopf: nachdem der alte Gott abgedankt ist, werde ich von nun an die Welt regieren ... Hätten Sie nicht eine kleine kriegerische Laune? Es wäre mir äußerst erwünscht, wenn jetzt ein – der – geistvoller Musiker öffentlich Partei für mich als Antiwagner nähme und den Bayreuthern den Handschuh hinwürfe? Eine kleine Broschüre, in der über mich lauter Neues und Entscheidendes gesagt würde, mit einer Nutzanwendung im Einzelfall Musik, – was denken Sie dazu? Nichts Langwieriges, etwas Schlagendes, Schlagfertiges ... Der Augenblick ist günstig. Man kann noch Wahrheiten über mich sagen, die zwei Jahre später beinahe niaiseries sein dürften" (11. Dezember).

Am 15. Dezember schickt N das Druckmanuskript von *Nietzsche contra Wagner* in die Druckerei nach Leipzig: „Ich habe gestern ein Ms. an C. G. Naumann geschickt, welches zunächst, also vor Ecce homo, absolvirt werden muß. Ich finde die Übersetzer für ‚Ecce' nicht: ich muß einige Monate den Druck noch hinausschieben. Zuletzt eilt es nicht. – Das Neue wird Ihnen Vergnügen machen: – auch kommen Sie vor – und wie! – Es heißt / Nietzsche contra Wagner. / Aktenstücke / eines Psychologen. / Es ist wesentlich eine Antipoden-Charakteristik, wobei ich eine Reihe Stellen meiner älteren Schriften benutzt und dergestalt zum ‚Fall Wagner' das sehr ernste Gegenstück gegeben habe. Das hindert nicht, daß die Deutschen darin mit spanischer Bosheit behandelt werden – die Schrift (drei Bogen etwa) ist extrem antideutsch. Am Schluß erscheint Etwas, wovon selbst Freund Köselitz keine Ahnung hat: ein Lied (oder wie Sie's nennen wollen ...) Zarathustra's mit dem Titel Von der Armut des Reichsten – wissen Sie, eine kleine siebente Seligkeit und noch ein Achtel dazu ... Musik ..." (an Gast, 16. Dezember) Zur Frage der „Übersetzer": N hatte von Strindberg folgende Antwort bekommen: „... vous pouvez comprendre que la traduction de votre ouvrage est une grosse question d'argent et vu que je suis un pauvre diable (femme, trois enfants, deux domestiques, dettes, etc.), je ne pourrais vous donner un rebais d'autant moins que je serais contraint de travailler en poëte et non seulement en manœuvre. Si vous ne reculez devant le dépenses considérables comptez donc sur moi et mon talent. Au cas contraire je serai à votre disposition pour trouver la piste d'un traducteur Français aussi compétent que possible" (11. Dezember).

„Etwas Letztes, nicht Letztes: Alle, die jetzt mit mir zu thun haben, bis zur Hökerin herab, die mir herrliche Trauben aussucht, sind lauter vollkommen gerathene Menschen, sehr artig, heiter, ein wenig fett, – selbst die Kellner. – Eben starb der Prinz von Carignano: wir werden ein großes Begräbniß haben" (an Gast, 16. Dezember; vgl. dazu *Ecce homo,* „Warum ich so gute Bücher schreibe", § 2, sowie andere Briefe Ns aus diesen Tagen). Am 16. Dezember erhält N einen Brief von H. Taine als Antwort auf die Zusendung der *Götzen-Dämmerung:* „... vous avez raison de penser qu'un style allemand si littéraire et si pittoresque demande des lecteurs très versés dans la connaissance de l'allemand; je ne sais pas assez bien la langue pour sentir du premier coup toutes vos audaces et finesses ..." (14. Dezember; vgl. das Zitat hieraus in *Ecce homo,* „Warum ich so gute Bücher schreibe", § 2). Als Übersetzer der *Götzen-Dämmerung* schlägt Taine Jean Bourdeau vor: „rédacteur du Journal des Débats et de la Revue des deux mondes; c'est un esprit très cultivé, très libre, au courant de toute la littérature contemporaine; il a voyagé en Allemagne, il en a étudié soigneusement l'histoire et la littérature depuis 1815, et il a autant de goût que d'instruction". N ist von diesem Brief begeistert, in seinen Augen wird J. Bourdeau zum Chef-Redakteur der beiden Zeitschriften und zu einer der einflußreichsten Persönlichkeiten im literarischen Leben Frankreichs. An die Mutter: „Im Grunde ist Dein altes Geschöpf jetzt ein ungeheuer berühmtes Thier: nicht gerade in Deutschland, denn die Deutschen sind zu dumm und zu gemein für die Höhe meines Geistes und haben sich immer an mir blamirt, aber sonst überall. Ich habe lauter ausgesuchte Naturen zu meinen Verehrern, lauter hochgestellte und einflußreiche Menschen, in St. Petersburg, in Paris, in Stockholm, in Wien, in New-York. Ach wenn Du wüßtest, mit welchen Worten mir die ersten Personnagen ihre Ergebenheit ausdrücken, die charmantesten Frauen, eine Madame la Princesse Tenicheff durchaus nicht ausgeschlossen. Ich habe wirkliche Genies unter meinen Verehrern, – es giebt heute keinen Namen, der mit so viel Auszeichnung und Ehrfurcht behandelt wird, als der meinige. – Siehst Du, das ist das

Kunststück: ohne Namen, ohne Rang, ohne Reichthum werde ich hier wie ein kleiner Prinz behandelt, von Jedermann bis zu meiner Hökerin herab, die nicht eher Ruhe hat als bis sie das Süßeste aus allen ihren Trauben zusammengesucht hat (das Pfund jetzt 28 Pf.) Zum Glück bin ich jetzt Allem gewachsen, was meine Aufgabe von mir verlangt. Meine Gesundheit ist wirklich ausgezeichnet; die schwersten Aufgaben, zu denen noch nie ein Mensch stark genug war, fallen mir leicht. Turin ist wirklich meine Residenz; ach mit welcher Distinktion man mich hier behandelt!" (21. Dezember; vgl. noch einmal: *Ecce homo*, „Warum ich so gute Bücher schreibe", § 2) Um den 20. Dezember antwortet N auf den Brief Strindbergs u.a. zur Übersetzer-Frage: „Gleichzeitig mit Ihrem Brief kam ein Brief aus Paris an, von Ms. Taine, voll der höchsten Auszeichnungen für die Götzen-Dämmerung, in Hinsicht auf audaces et finesses, und mit einer sehr ernsten Aufforderung, die ganze Frage meines Bekanntwerdens in Frankreich, eingerechnet die Mittel dazu, in die Hände seines Freundes, des Chef-Redakteurs des Journal des Débats und der Revue des deux mondes zu legen, dessen tiefe und freie Intelligenz, auch was Form, was Kenntniß des Deutschen und der deutschen Cultur betrifft, er mir nicht genug zu rühmen weiß. Zuletzt lese ich seit Jahren nur noch das Journal des débats. – Auf diese Eröffnung meines Panama-Canals nach Frankreich hin habe ich die weitere Publikation von neuen Schriften (– drei sind vollkommen druckfertig –) aufs Unbestimmte hinausgeschoben. Zunächst sollen die beiden capitalen Bücher, Jenseits von Gut und Böse und die Götzen-Dämmerung übersetzt werden: damit bin ich in Frankreich vorgestellt". Von dem Brief an Jean Bourdeau über die Übersetzung der *Götzen-Dämmerung* sind nur Entwürfe erhalten; N schreibt unter anderem: „Zum Glück habe ich, mit 24 Jahren als Universitätsprofessor nach Basel berufen, es nicht nöthig gehabt, fortwährend Krieg zu führen und mich in bloßen Streitereien zu verschwenden. In Basel fand ich den verehrungswürdigen Jakob Burckhardt, der mir von Anfang an tief geneigt war, – ich hatte, in Richard Wagner und Frau, die damals in Tribschen bei Luzern lebten, eine Intimität, wie ich sie mir werthvoller nicht denken konnte. Im Grunde bin ich vielleicht ein alter Musikant. – Später hat mich Krankheit aus diesen letzten Beziehungen herausgelöst und mich in einen Zustand tiefster Selbstbesinnung gebracht, wie er vielleicht kaum je erreicht worden ist. Und da in meiner Natur selbst nichts Krankhaftes und Willkürliches ist, so habe ich diese Einsamkeit kaum als Druck, sondern als eine unschätzbare Auszeichnung gleichsam als Reinlichkeit empfunden. Auch hat sich noch Niemand bei mir über düstere Miene beklagt, ich selbst nicht einmal: ich habe vielleicht schlimmere und fragwürdigere Welten des Gedankens kennengelernt als irgend Jemand, aber nur weil es in meiner Natur liegt, das Abenteuer zu lieben. Ich rechne die Heiterkeit zu den Beweisen meiner Philosophie ... Vielleicht beweise ich diesen Satz durch die zwei Bücher, die ich Ihnen hiermit vorlege ... Erwägen Sie, verehrter Herr, ob die Götzen-Dämmerung, ein sehr radikal gedachtes und in der Form gewagtes Buch, nicht übersetzt werden sollte. Es würde am schnellsten und gründlichsten in meine Gedanken einführen; ich glaube kaum, daß es möglich ist, mehr Substanz auf kleinem Raum zu geben. – Von der Schrift über Wagner sagt man mir, sie sei so französisch gedacht, daß man sie nicht ins Deutsche übersetzen könnte. – Die Werke, die eine Entscheidung heraufführen, an der das brutale Rechen-Exempel der jetzigen Politik sich vielleicht als Rechenfehler erweisen könnte, sind vollkommen druckfertig: Jetzt wird erscheinen Ecce homo. Oder: wie man wird was man ist. Später Umwerthung aller Werthe. Aber auch diese Werke müßten erst ins Französische und Englische übersetzt werden, da ich mein Schicksal nicht von einer kaiserlichen Polizeimaßregel abhängig machen will ... Dieser junge Kaiser hat nie von den Dingen gehört, wo für Unser einer das Hören erst anfängt: Otitis, beinahe schon Meta-Otitis ... Ich habe die Ehre zu sein ein alter Leser des Journal des Débats: die vollkommene Stumpfheit der jetzigen Deutschen für jede Art höheren Sinns kommt in ihrem Verhalten gegen mich seit 16 Jahren, wohlverstanden! zu einem geradezu erschreckenden Ausdruck. Ich fühle, es giebt gar kein entscheidenderes, tieferes und, wenn man Ohren hat, aufregenderes Buch als der /Marteau des Idoles / wäre: eine wirkliche Krisis kommt in ihm zum Ausdruck, aber kein Deutscher hat einen Begriff davon – auch bin ich das Gegentheil eines Fanatikers und Apostels und vertrage keine Weisheit außer mit sehr viel Bosheit und guter Laune gewürzt. Meine Bücher sind nicht einmal langweilig – und trotzdem hat noch kein Deutscher einen Begriff davon ... Meine Besorgniß ist, daß im Augenblick, wo man moralisch vor einer meiner Schriften steht, man sie verdirbt: deshalb ist es an der höchsten Zeit, daß ich noch einmal als Franzose zur Welt komme ...". An Gast: „Sehr curios! Ich verstehe seit 4 Wochen meine eignen Schriften, – mehr noch, ich schätze sie. Allen Ernstes, ich habe nie gewußt, was sie bedeuten; ich würde lügen, wenn ich sagen wollte, den Zarathustra ausgenommen, daß sie mir imponirt hätten. Es ist die Mutter mit ihrem Kinde: sie liebt es vielleicht, aber in vollkommner Stupidität darüber, was das Kind ist. – Jetzt habe ich die absolute Überzeugung, daß Alles wohlgerathen ist, von Anfang an, – Alles Eins ist und Eins will. Ich las vorgestern die ‚Geburt': etwas Unbeschreibliches, tief, zart, glücklich ... Gehn Sie nicht zu Prof. Deussen: er ist zu stupid für uns, – zu gewöhnlich. – Herr Spitteler ist, seit Ihrem ‚Kunstwart' zur Salzsäule erstarrt: er blickt auf seine Dummheit vom letzten Januar zurück ... – Die Schrift N. contra W. wollen wir nicht drucken. Das ‚Ecce' enthält alles Entscheidende auch über diese Beziehung. Die Partie, welche, unter Anderm, auch den maestro Pietro Gasti bedenkt, ist bereits in ‚Ecce' eingetragen. Vielleicht nehme ich auch das Lied Zarathustras – es heißt Von der Armut des Reichsten – noch hinein. Als Zwischenspiel zwischen 2 Hauptabschnitten" (22. Dezember). Den Titel *Nietzsche contra Wagner* schlägt N Avenarius vor für einen Separatdruck der Besprechung von Peter Gast (an Avenarius, 22. Dezember; negative Antwort von Avenarius am 24. Dezember); in einem nicht überlieferten Brief an Naumann verfügt N, daß *Nietzsche contra Wagner* nicht gedruckt werde.

An Overbeck: „Wir müssen die Sache mit Fritzsch schnell machen, denn in zwei Monaten bin ich der erste Name auf der Erde. – Ich wage noch zu erzählen, daß es in Paraguay so schlimm als möglich steht. Die hinüber gelockten Deutschen sind in Empörung, verlangen ihr Geld zurück – man hat keins. Es sind schon Brutalitäten vorgekommen; ich fürchte das Äußerste. – Dies hindert meine Schwester nicht, mir zum 15. Oktober *[Ns Geburtstag]* mit äußerstem Hohne zu schreiben, ich wolle wohl auch anfangen ‚berühmt' zu werden. Das sei freilich eine süße Sache! und was für Gesindel ich mir ausgesucht hätte. Juden, die an allen Töpfen geleckt hätten, wie Georg Brandes ... Dabei nennt sie mich ‚Herzensfritz' ... Dies dauert nun 7 Jahre! – – Meine Mutter hat keine Ahnung bisher davon, das ist mein Meisterstück. Sie schickte mir zu Weihnachten ein Spiel: Fritz und Lieschen" (Weihnachten). Die Stelle aus dem Brief der Schwester lautete: „In der nächsten Woche kommt ein lieber dänischer Freund zu uns, da hoffe ich er bringt mir einige dänische Zeitungen mit und übersetzt mir was darin über Dich steht. Ich persönlich hätte Dir einen andern Apostel als Herrn Brandes gewünscht, er hat in zu vielerlei Töpfchen geguckt und von zu vielen Tellern gegessen, indeßen man kann sich seine Verehrer nicht wählen und ganz sicher ist es: er wird Dich in Mode bringen, denn das versteht er. Einen gutgemeinten Rath kann ich aber doch nicht unterdrücken: Triff lieber nicht persönlich mit ihm zusammen, schreibt Euch Eure angenehmen Empfindungen aber sieh ihn Dir nicht in der Nähe an. Zwei unserer Freunde Herr Johannsen und Herr Haug kennen ihn persönlich und sind nicht gerade begeistert, darin aber stimmen Alle überein, daß er einen ausgezeichneten Spürsinn für die interessantesten Erscheinungen aller Zeiten hat und sich durch sie interessant macht. Meinem Herzen thut es unendlich wohl, daß nun von Todtschweigen nicht mehr die Rede sein kann und daß durch Brandes nun vielleicht die echten guten Verehrer, die zu Dir passen, von Dir hören. – Mein lieber Herzensfritz nun ist Dein lieber Geburtstag wieder einmal da und man denkt daran wie viele Jahre wir schon miteinander und jetzt leider weit von einander durchs Leben gewandert sind ...“ (6. September, aus Paraguay; vgl. dazu die Anmerkungen zu *Ecce homo*, „Warum ich so weise bin“, § 3, „Also sprach Zarathustra“, § 5). Über das „Spiel: Fritz und Lieschen“ geben die überlieferten Briefe der Mutter an N keine Auskunft; vielleicht handelt es sich um den Einakter *Lischen und Fritzchen, conversation alsacienne* (1863) von Jacques Offenbach? Schließlich sei auch bemerkt, daß N – trotz seiner Behauptung im Brief an Overbeck – seiner Mutter gegenüber doch den Ärger über den schwesterlichen Brief nicht verschwieg; diese schrieb ihrem Sohn am 30. Dezember: „Dein letzter Brief hat mich etwas erschreckt, weil mir darin vorkam, als ob Du recht angegriffen wärst, solchen Ton bin ich bei Dir jetzt gar nicht mehr gewöhnt ... Du meynst doch den Geburtstagsbrief den Dir Lisbeth geschrieben hat? Ich habe ihn ja auch gelesen und habe gar nichts von dem was Du ihren Worten unterlegst, gefunden ... Alles Andere sage mein alter Fritz, nur nicht daß sie lieblos gegen Dich gehandelt, oder handelt, das weiß ich besser, die ich in die dreißig Jahre mit ihr zusammen gewesen bin. Ihr Auge, ja ihr Leben, hätte sie für Dich gegeben und mehr kann der Mensch in seiner Liebe nicht hingeben; ob ihre Handlungsweise immer die richtige gewesen ist, das steht bei Gott, aber aus den reinsten Motiven, Dir zu nutzen und alles was Dir irgend Schaden bringen könnte, von Dir fern zu halten". Der Brief Ns, auf den die Mutter antwortet, ist nicht überliefert; er muß gleich nach Weihnachten geschrieben worden sein. Im selben Weihnachtsbrief an Overbeck: „Was hier in Turin merkwürdig ist, das ist eine vollkommene Fascination, die ich ausübe, obwohl ich der anspruchsloseste Mensch bin und Nichts verlange. Aber wenn ich in ein großes Geschäft komme, so verändert sich jedes Gesicht; die Frauen auf der Straße blicken mich an, – meine alte Hökerin legt für mich das Süßeste von Trauben zurück und hat den Preis ermäßigt! ... Er ist an sich lächerlich ... Ich esse in einer der ersten Trattorien, mit 2 ungeheuren Etagen von Sälen und Zimmern. Ich zahle für jede Mahlzeit 1 Fr. 25 mit Trinkgeld – und ich bekomme das Ausgesuchteste in der ausgesuchtesten Zubereitung (Moral: ich habe auch noch nie einen verdorbenen Magen gehabt ...) –, ich habe nie einen Begriff davon gehabt, weder was Fleisch, noch was Gemüse, noch was alle diese eigentlichen italienischen Speisen sein können ... Heute z.B. die delikatesten ossobuchi, Gott weiß, wie man deutsch sagt, das Fleisch an den Knochen, wo das herrliche Mark ist! Dazu Broccoli auf eine unglaubliche Weise zubereitet, zuerst die allerzartesten Maccaroni. – Meine Kellner glänzen von Feinheit und Entgegenkommen: das Beste ist, ich mache Niemanden dümmer ... Da in meinem Leben noch Alles möglich ist, so notire ich mir alle diese Individuen, die in dieser unentdeckten Zeit mich entdeckt haben. Ich verschwöre es nicht, daß mich bereits mein zukünftiger Koch bedient. – Noch Niemand hat mich für einen Deutschen gehalten ... Ich lese das Journal des Débats, man hat es mir instinktiv beim ersten Betreten des ersten Cafés gebracht. – Es giebt auch keine Zufälle mehr: wenn ich an Jemand denke, tritt ein Brief von ihm höflich zur Thür herein ... Naumann ist in einem prachtvollen Feuereifer. Ich habe den Argwohn, daß er die Festtage hat drucken lassen. Es sind 5 Bogen in 2 Wochen mir zugeschickt worden. Den Schluß von Ecce homo macht ein Dithyrambus von einer ganz grenzenlosen Erfindung, – ich darf nicht daran denken, ohne zu schluchzen. Unter uns, ich komme dieses Frühjahr nach Basel, – ich habe es nöthig! Zum Teufel, wenn man nie ein Wort im Vertrauen sagen kann ...“ „Weihnachten“ ist auch das Vorwort zu *Nietzsche contra Wagner* datiert; bei dieser Gelegenheit Briefentwurf an Giosuè Carducci für die italienische Übersetzung von *Nietzsche contra Wagner.* Die Umstimmung Ns in Hinsicht auf das Erscheinen der kleinen antiwagnerischen Schrift ist durch die Ankunft der Korrekturen aus Leipzig während der Weihnachtstage bewirkt worden. An Carl Fuchs: „Alles erwogen, lieber Freund, hat es von jetzt ab keinen Sinn mehr, über mich zu reden und zu schreiben; ich habe die Frage, wer ich bin, mit der Schrift, an der wir drucken, Ecce homo für die nächste Ewigkeit ad acta gelegt. Nun soll man sich fürderhin nie um mich bekümmern, sondern um die Dinge, derentwegen ich da bin. – Auch könnte sich in den nächsten Jahren eine dergestalt ungeheure Umgestaltung meiner äußeren Lage ereignen, daß selbst jede Einzelfrage in Schicksal und Lebensaufgabe meiner Freunde davon abhängig würde, – nicht zu reden davon, daß solche ephemere Gebilde wie ‚das deutsche Reich‘ in jeder Rechnung für das, was kommt, wegbleiben müssen. – Zunächst wird Nietzsche contra Wagner herauskommen, wenn Alles geräth auch noch französisch. Das Problem unsres Antagonismus ist hier so tief genommen, daß eigentlich auch die Frage Wagner ad acta gelegt ist. Eine Seite ‚Musik‘ über Musik in der genannten Schrift ist vielleicht das Merkwürdigste, was ich geschrieben habe“ (27. Dezember). Im selben Brief, sowie auch in Briefen an Naumann und Gast, schlägt N die Veröffentlichung eines Vortrags von Carl Fuchs über Wagner unter dem Titel „Der Fall Nietzsche“ vor; als Vorrede sollte der Kunstwart-Aufsatz von Peter Gast dienen. An Overbeck: „Ich selber arbeite eben an einem Promemoria für die europäischen Höfe zum Zwecke einer antideutschen Liga. Ich will das ‚Reich‘ in ein eisernes Hemd einschnüren und zu einem Verzweiflungs-Krieg provociren. Ich habe nicht eher die Hände frei, bevor ich nicht den jungen Kaiser, sammt Zubehör in den Händen habe. Unter uns! Sehr unter uns! – Vollkommene Windstille der Seele! Zehn Stunden ununterbrochen geschlafen!“ (28. Dezember) Von Ns „Promemoria“ finden sich nur noch einige Fragmente in seinen nachgelassenen Papieren; diese enthalten Angriffe gegen Bismarck (u.a. auch wegen der Geffcken-Affäre), Wilhelm II., Stöcker und überhaupt das Haus Hohenzollern.

Am 29. Dezember erhält N einen Brief von Strindberg, der sich für die „grandiosissime“ *Genealogie der Moral* bedankt. Auch ein Brief von Jean Bourdeau trifft in Turin ein: „Votre nom ne m'est nullement inconnu. J'avais lu autrefois dans le volume du regretté M. Hillebrand, intitulé Wälsches und Deutsches, une analyse de vos Unzeitgemäße Betrachtungen ... Mon maître et ami M. Monod m'avait signalé votre ouvrage intitulé Jenseits von Gut und Böse. Il a eu l'obligeance de m'envoyer votre brochure sur Wagner, et j'ai promis d'en donner une courte analyse au Journal des Débats“ (27. Dezember). N an Naumann: „Ein äußerst liebenswürdiger und entgegenkommender Brief des Ms. Bourdeau ... nimmt zunächst le ‚Crépuscule des idoles‘ in Aussicht. – Über das gleiche Werk verhandle ich hinsichtlich einer englischen und einer italiänischen Übersetzung. Man muß erst eine Brücke geschaffen haben. — Ein Rest von Ms, lauter extrem wesentliche Sachen, darunter das Gedicht, mit dem Ecce homo schließen soll, ein non plus ultra von Höhe und Erfindung — ist heute eingeschrieben an Sie abgegangen ... Ich bin Ihrer Meinung, daß wir auch für Ecce die Zahl von 1000 Exemplar nicht überschreiten wollen: 1000 Exemplar in Deutschland ist für ein Werk hohen Stils vielleicht schon ein wenig verrückt, — in Frankreich rechne ich, allen Ernsts, auf 80—400000 Exemplare“ (29. Dezember). Briefentwurf an Ruggiero Bonghi für die italienische Übersetzung der *Götzen-Dämmerung:* „Was geht uns Alle um des Himmels Willen der dynastische Wahnsinn des Hauses Hohenzollern an! Es ist ja keine nationale Bewegung, nichts als eine dynastische ... Fürst Bismarck hat nie ans ‚Reich‘ gedacht, — er ist ja mit allen Instinkten bloß Werkzeug des Hauses Hohenzollern! — und diese Aufreizung zur Selbstsucht der Völker wird als große Politik, als Pflicht beinahe in Europa empfunden und gelehrt! ... Damit muß man ein Ende machen — und ich bin stark genug dazu ... Für die Übersetzung der Götzen-Dämmerung sind eben die Unterhandlungen für Frankreich und mit einem englischen Übersetzer eingeleitet, — das Buch genügt, um auch für Italien die absurden Fragen, eingerechnet die päpstliche, ad acta zu legen. Ich wäre dankbar, wenn Sie meinen Brief Seiner Majestät dem Könige Umberto vorlegten. Es giebt keinen besseren Freund Italiens als mich. Ich denke ich werde Victor Buonaparte als Kaiser von Frankreich nöthig haben“. An Meta von Salis: „Inzwischen fange ich an, auf eine vollkommen unerhörte Weise berühmt zu werden. Ich glaube, daß noch nie ein

Sterblicher solche Briefe bekommen hat, wie ich sie bekomme und nur von lauter ausgesuchten Intelligenzen, von Charakteren in hohen Pflichten und Stellungen bewährt. Überall her: nicht am wenigsten aus der ersten St. Petersburger Gesellschaft. Und die Franzosen! Sie sollten den Ton hören, mit dem Ms. Taine an mich schreibt! So eben traf ein bezaubernder, vielleicht auch bezauberter Brief eines der ersten und einflußreichsten Männer Frankreichs ein, der aus dem Bekanntmachen und Übersetzen meiner Schriften sich eine Aufgabe machen will: kein Geringerer als der Chef-Redakteur des Journal des Débats und der Revue des deux Mondes Ms. Bourdeau. Er sagt mir übrigens, daß eine Besprechung meines ‚Fall Wagner' im Januar des J. d Déb. erscheinen werde – von wem? Von Monod ... – Ich habe ein veritables Genie unter meinen Lesern, den Schweden August Strindberg, der mich als den tiefsten Geist aller Jahrtausende empfindet ... Das Merkwürdigste ist hier in Turin eine vollkommene Fascination, die ich ausübe – in allen Ständen. Ich werde mit jedem Blick wie ein Fürst behandelt, – es giebt eine extreme Distinktion in der Art, wie man mir die Thür aufmacht, eine Speise vorsetzt. Jedes Gesicht verwandelt sich, wenn ich in ein großes Geschäft trete. – Und da ich Nichts beanspruche und mit vollkommener Gelassenheit gegen Jedermann gleich bin, auch das Gegentheil eines düsteren Gesichts habe, so brauche ich weder Namen, noch Rang, noch Geld, um immer noch unbedingt der Erste zu sein. – – Damit es nicht an Contrasten fehlt! meine Schwester hat mir zu meinem Geburtstage mit äußerstem Hohn erklärt, ich wolle wohl auch anfangen, ‚berühmt' zu werden ... Das werde ein schönes Gesindel sein, das an mich glaube ... Dies dauert jetzt sieben Jahre ... – Noch ein andrer Fall. Ich halte ernsthaft die Deutschen für eine hundsgemeine Art Mensch und danke dem Himmel, daß ich in allen meinen Instinkten Pole und nichts Andres bin" (29. Dez.; im § 3 von „Warum ich so weise bin" des *Ecce homo* vereinigt N seine angebliche polnische Herkunft mit dem Fluch auf Mutter und Schwester).

Die größte psychische, nunmehr an Wahnsinn grenzende Spannung hindert N nicht daran, mit Aufmerksamkeit und Luzidität den Druck seiner Schriften zu verfolgen; noch am 30. Dezember schickt er eine Karte nach Leipzig, worin mit ganz genauen Angaben eine Verbesserung im Text von *Nietzsche contra Wagner* vorgenommen wird. Am selben Tag Briefentwurf an Peter Gast, in dem dagegen N von Wahnvorstellungen beherrscht erscheint: Er nennt sich „princeps Taurinorum", verfügt über den Thron Frankreichs (für „Victor Buonaparte"), will Jean Bourdeau als Botschafter an seinem eignen Hof, bestimmt über Elsaß-Lothringen usw. In diesem Briefentwurf vergleicht N *Ecce homo* mit der „Mole Antonelliana" (dessen Erbauer, der „uralte Antonelli" auch im letzten Brief an Burckhardt – vom 6. Januar 1889 – erwähnt werden wird). „Dann schrieb ich in einem heroisch-aristophanischen Übermuth meine Proklamation an die europäischen Höfe zu einer Vernichtung des Hauses Hohenzollern, dieses scharlachnen Idioten- und Verbrecher-Nest". (Die Proklamation wurde tatsächlich von N an Bourdeau geschickt; dieser schreibt am 4. Januar 1889: „J'ai réçu également votre manuscrit de Turin, qui témoigne de vos sentimens anti-prussiens, et qui ne peuvent que resserrer les liens de sympathie entre un auteur tel que vous et un lecteur français. Il ne me semble pas de nature à pouvoir être publié".) Dagegen schreibt N noch am 30. Dezember einen ganz normalen Brief nach Basel, an A. Heusler, sich Hilfe für den Rückkauf der eignen Schriften bei Fritzsch erbittend.

31. Dezember, an Gast, der ihm seine Bedenken in Hinsicht auf eine gemeinsame Broschüre mit Fuchs über den „Fall Nietzsche" erklärt hat: „Sie haben tausend Mal Recht! Warnen Sie selbst Fuchs ... Sie werden in Ecce homo eine ungeheure Seite über den Tristan finden, überhaupt über mein Verhältniß zu Wagner. Wagner ist durchaus der erste Name, der in E.h. vorkommt. – Dort, wo ich über Nichts Zweifel lasse, habe ich auch hierüber den Muth zum Äußersten gehabt. – Ah, Freund! welcher Augenblick! – Als Ihre Karte kam, was that ich da ... Es war der berühmte Rubicon ... – Meine Adresse weiß ich nicht mehr: nehmen wir an, daß sie zunächst der palazzo del Quirinale sein dürfte". An Strindberg: „Sie werden die Antwort auf Ihre Novelle in Kürze zu hören bekommen – sie klingt wie ein Flintenschuß ... Ich habe einen Fürstentag nach Rom zusammenbefohlen, ich will den jungen Kaiser füsilliren lassen. Auf Wiedersehn! Denn wir werden uns wiedersehn ... Une seule condition: divorcons ... Nietzsche Caesar" (die Unterschrift „Caesar" ist im offenbaren Zusammenhang mit dem „berühmten Rubicon" der Zeilen an Gast; vielleicht war das, „was" Nietzsche „that", eben die Zusendung der Proklamation zum „Fürstentag" in Rom an Jean Bourdeau).

1889

Turin, 1.–9. Januar

1. Januar: N erbittet sich „Ruhm und Ewigkeit" aus Leipzig zurück, um das Gedicht in die *Dionysos-Dithyramben* einzufügen.

2. Januar: Widmung der *Dithyramben* an Catulle Mendès. Das Druckmanuskript ist fertig: N verzichtet endgültig auf die Publikation von *Nietzsche contra Wagner.*

3. Januar: Ns Zusammenbruch. Von nun an sogenannte „Wahnsinnszettel" an: Peter Gast, Hans von Bülow, Erwin Rohde, Meta von Salis, Cosima Wagner, Carl Spitteler, Franz Overbeck, Malwida von Meysenbug, Jacob Burckhardt, H. Wiener u. a. Ns Brief vom 5. Januar – das umfangreichste Zeugnis aus den ersten Tagen seiner geistigen Umnachtung – bewegt Burckhardt dazu, Overbeck zu besuchen und ihn zu alarmieren.

7. Januar: Overbecks Abreise von Basel nach Turin.

8. Januar: erste Begegnung Overbecks mit N in dessen Turiner Wohnung.

9. Januar: Overbeck führt seinen kranken Freund über die Alpen nach Basel.

Die wichtigsten Daten nach dem 9. Januar 1889: Am 10. Januar 1889 Einlieferung Ns in die Nervenklinik von Basel. Am 18. Januar Überstellung in die Psychiatrische Universitätsklinik von Jena, veranlaßt durch die Mutter. Vom 13. Mai 1890 an bei der Mutter in Naumburg. Die Schwester Elisabeth begründet 1894 in Naumburg das Nietzsche-Archiv (ab 1896 Weimar). Kurz vor dem Tod der Mutter (20. April 1897) Übersiedlung der Schwester mit N nach Weimar. In den ersten Morgenstunden des 25. August 1900 stirbt N.

Bibliographie zur Chronik

Briefe und andere Dokumente sind nach den Handschriften zitiert. Die wichtigsten Publikationen für die Chronik, außer GBr, BAW, BAB, KGW, KGB, SA und NWZ, sind:

Friedrich Nietzsches Briefwechsel mit Franz Overbeck, Leipzig 1916

Friedrich Nietzsche. Paul Rée. Lou von Salomé. Die Dokumente ihrer Begegnung, hg. von Ernst Pfeiffer, Frankfurt/M 1970

Die Briefe Peter Gasts an Friedrich Nietzsche, hg. von A. Mendt, München 1923/24

Die Briefe des Freiherrn Carl von Gersdorff an Friedrich Nietzsche, hg. von Karl Schlechta und Erhart Thierbach, Weimar 1934–1937

Die Briefe Cosima Wagners an Friedrich Nietzsche, hg. von Erhart Thierbach, Weimar 1939–1940

Lou Andreas-Salomé, *Friedrich Nietzsche in seinen Werken,* Wien 1894

Lou Andreas-Salomé, *Lebensrückblick,* hg. von E. Pfeiffer, Frankfurt 1970

Ferdinand Avenarius, *Wagner–Nietzsche* in: Der Kunstwart 1888

Carl Albrecht Bernoulli, *Franz Overbeck und Friedrich Nietzsche. Eine Freundschaft,* Jena 1908

Carl Albrecht Bernoulli, *Nietzsches Lou-Erlebnis,* Rascher-Jahrbuch 1910

Jacob Burckhardt, *Briefe* (Gesamtausgabe), hg. von Max Burckhardt, Basel 1949ff.

Otto Crusius, *Friedrich Nietzsche und Karl Hillebrand,* in: Süddeutsche Monatshefte 1909 (6. Jg.)

Otto Crusius, *Erwin Rohde. Ein biographischer Versuch,* Tübingen 1901

Paul Deussen, *Erinnerungen an Friedrich Nietzsche,* Leipzig 1901

Elisabeth Förster-Nietzsche, *Das Leben Friedrich Nietzsches,* Leipzig 1895–1904

Hans Gutzwiller, *Friedrich Nietzsches Lehrtätigkeit am Basler Pädagogium 1869–1876,* in: Basler Zeitschrift für Geschichte und Altertumskunde, Basel 1950/51

Curt Paul Janz, *Die Briefe Friedrich Nietzsches. Textprobleme und ihre Bedeutung für Biographie und Doxographie,* Zürich 1972

Curt Paul Janz, *Friedrich Nietzsches akademische Lehrtätigkeit in Basel,* in: Nietzsche-Studien. Internationales Jahrbuch für die Nietzsche-Forschung, Berlin 1974 (3)
Curt Paul Janz, *Friedrich Nietzsche. Biographie,* München 1978/79
Hans Lohberger, *Resa von Schirnhofer,* in: Zeitschrift für die philosophische Forschung, Meisenheim 1968
Briefe von und an Malwida von Meysenbug, hg. von Berta Schleicher, Berlin 1920
Malwida von Meysenbug, *Im Anfang war die Liebe. Briefe an ihre Pflegetochter,* München 1926
Mazzino Montinari, *Ein neuer Abschnitt in Nietzsches „Ecce homo"*, in: Nietzsche-Studien. Internationales Jahrbuch für die Nietzsche-Forschung, Berlin 1972 (1)
Mazzino Montinari, *Nietzsche. Briefwechsel. Kritische Gesamtausgabe (Einleitung),* in: Nietzsche-Studien. Internationales Jahrbuch für die Nietzsche-Forschung, Berlin 1975 (4)
Franz Overbeck, *Erinnerungen an Friedrich Nietzsche,* in: Neue Rundschau 1902
Overbeckiana, hg. von Matthias Gabathuler und Ernst Staehelin, Basel 1962
Erich F. Podach, *Gestalten um Nietzsche,* Weimar 1932
Edgar Salin, *Jacob Burckhardt und Nietzsche,* Heidelberg 1948
Meta von Salis-Marschlins, *Philosoph und Edelmensch,* Leipzig 1897
Resa von Schirnhofer, *Vom Menschen Nietzsche,* s. oben H. Lohberger
Reinhart von Seydlitz, *Wann, warum, was und wie ich schrieb,* Gotha 1900
Carl Spitteler, *Meine Beziehungen zu Nietzsche,* München 1908
Johannes Stroux, *Nietzsches Professur in Basel,* Jena 1925
Cosima Wagner, *Tagebücher,* hg. von Martin Gregor-Dellin, München 1976/77

Konkordanz zur Kritischen Gesamtausgabe

KSA Bd. 1	KGW III, 1	KSA Bd. 1	KGW III, 1	KSA Bd. 1	KGW III, 1	KSA Bd. 1	KGW III, 1
9	3	56	52	103	99	150	146
10	4	57	53	104	100	151	147
11	5	58	54	105	101	152	148
12	6	59	55	106	102	153	149
13	7	60	56	107	103	154	150
14	8	61	57	108	104	155	151
15	9	62	58	109	105	156	152
16	10	63	59	110	106	157	153
17	11	64	60	111	107	158	154
18	12	65	61	112	108	159	155
19	13	66	62	113	109	160	156
20	14	67	63	114	110	161	157
21	15	68	64	115	111	162	158
22	16	69	65	116	112	163	159
23	19	70	66	117	113	164	160
24	20	71	67	118	114	165	161
25	21	72	68	119	115	166	162
26	22	73	69	120	116	167	163
27	23	74	70	121	117	168	164
28	24	75	71	122	118	169	165
29	25	76	72	123	119	170	166
30	26	77	73	124	120	171	167
31	27	78	74	125	121	172	168
32	28	79	75	126	122	173	169
33	29	80	76	127	123	174	170
34	30	81	77	128	124	175	171
35	31	82	78	129	125	176	172
36	32	83	79	130	126	177	173
37	33	84	80	131	127	178	174
38	34	85	81	132	128	179	175
39	35	86	82	133	129	180	176
40	36	87	83	134	130	181	177
41	37	88	84	135	131	182	178
42	38	89	85	136	132	183	179
43	39	90	86	137	133	184	180
44	40	91	87	138	134	185	181
45	41	92	88	139	135	186	182
46	42	93	89	140	136	187	183
47	43	94	90	141	137	188	184
48	44	95	91	142	138	189	185
49	45	96	92	143	139	190	186
50	46	97	93	144	140	191	187
51	47	98	94	145	141	192	188
52	48	99	95	146	142	193	189
53	49	100	96	147	143	194	190
54	50	101	97	148	144	195	191
55	51	102	98	149	145	196	192

KSA Bd. 1	KGW III, 1	KSA Bd. 1	KGW III, 1	KSA Bd. 1	KGW III, 1	KSA Bd. 1	KGW III, 1
197	193	244	240	291	287	338	334
198	194	245	241	292	288	339	335
199	195	246	242	293	289	340	336
200	196	247	243	294	290	341	337
201	197	248	244	295	291	342	338
202	198	249	245	296	292	343	339
203	199	250	246	297	293	344	340
204	200	251	247	298	294	345	341
205	201	252	248	299	295	346	342
206	202	253	249	300	296	347	343
207	203	254	250	301	297	348	344
208	204	255	251	302	298	349	345
209	205	256	252	303	299	350	346
210	206	257	253	304	300	351	347
211	207	258	254	305	301	352	348
212	208	259	255	306	302	353	349
213	209	260	256	307	303	354	350
214	210	261	257	308	304	355	351
215	211	262	258	309	305	356	352
216	212	263	259	310	306	357	353
217	213	264	260	311	307	358	354
218	214	265	261	312	308	359	355
219	215	266	262	313	309	360	356
220	216	267	263	314	310	361	357
221	217	268	264	315	311	362	358
222	218	269	265	316	312	363	359
223	219	270	266	317	313	364	360
224	220	271	267	318	314	365	361
225	221	272	268	319	315	366	362
226	222	273	269	320	316	367	363
227	223	274	270	321	317	368	364
228	224	275	271	322	318	369	365
229	225	276	272	323	319	370	366
230	226	277	273	324	320	371	367
231	227	278	274	325	321	372	368
232	228	279	275	326	322	373	369
233	229	280	276	327	323	374	370
234	230	281	277	328	324	375	371
235	231	282	278	329	325	376	372
236	232	283	279	330	326	377	373
237	233	284	280	331	327	378	374
238	234	285	281	332	328	379	375
239	235	286	282	333	329	380	376
240	236	287	283	334	330	381	377
241	237	288	284	335	331	382	378
242	238	289	285	336	332	383	379
243	239	290	286	337	333	384	380

KSA Bd. 1	KGW III, 1
385	381
386	382
387	383
388	384
389	385
390	386
391	387
392	388
393	389
394	390
395	391
396	392
397	393
398	394
399	395
400	396
401	397
402	398
403	399
404	400
405	401
406	402
407	403
408	404
409	405
410	406
411	407
412	408
413	409
414	410
415	411
416	412
417	413
418	414
419	415
420	416
421	417
422	418
423	419
424	420
425	421
426	422
427	423
428	424

KSA Bd. 1	KGW IV, 1
429	1
430	2
431	3
432	4
433	5
434	6
435	7
436	8
437	9
438	10
439	11
440	12
441	13
442	14
443	15
444	16
445	17
446	18
447	19
448	20
449	21
450	22
451	23
452	24
453	25
454	26
455	27
456	28
457	29
458	30
459	31
460	32
461	33
462	34
463	35
464	36
465	37
466	38
467	39
468	40
469	41
470	42
471	43
472	44
473	45
474	46
475	47

KSA Bd. 1	KGW IV, 1
476	48
477	49
478	50
479	51
480	52
481	53
482	54
483	55
484	56
485	57
486	58
487	59
488	60
489	61
490	62
491	63
492	64
493	65
494	66
495	67
496	68
497	69
498	70
499	71
500	72
501	73
502	74
503	75
504	76
505	77
506	78
507	79
508	80
509	81
510	82
	KGW III, 2
511	1
512	2
513	3
514	4
515	5
516	6
517	7
518	8
519	9

KSA Bd. 1	KGW III, 2
520	10
521	11
522	12
523	13
524	14
525	15
526	16
527	17
528	18
529	19
530	20
531	21
532	22
533	25
534	26
535	27
536	28
537	29
538	30
539	31
540	32
541	33
542	34
543	35
544	36
545	37
546	38
547	39
548	40
549	41
550	42
551	43
552	44
553	45
554	46
555	47
556	48
557	49
558	50
559	51
560	52
561	53
562	54
563	55
564	56
565	57
566	58

KSA Bd. 1	KGW III, 2	KSA Bd. 1	KGW III, 2	KSA Bd. 1	KGW III, 2	KSA Bd. 1	KGW III, 2
567	59	614	106	661	153	708	200
568	60	615	107	662	154	709	201
569	61	616	108	663	155	710	202
570	62	617	109	664	156	711	203
571	63	618	110	665	157	712	204
572	64	619	111	666	158	713	205
573	65	620	112	667	159	714	206
574	66	621	113	668	160	715	207
575	67	622	114	669	161	716	208
576	68	623	115	670	162	717	209
577	69	624	116	671	163	718	210
578	70	625	117	672	164	719	211
579	71	626	118	673	165	720	212
580	72	627	119	674	166	721	213
581	73	628	120	675	167	722	214
582	74	629	121	676	168	723	215
583	75	630	122	677	169	724	216
584	76	631	123	678	170	725	217
585	77	632	124	679	171	726	218
586	78	633	125	680	172	727	219
587	79	634	126	681	173	728	220
588	80	635	127	682	174	729	221
589	81	636	128	683	175	730	222
590	82	637	129	684	176	731	223
591	83	638	130	685	177	732	224
592	84	639	131	686	178	733	225
593	85	640	132	687	179	734	226
594	86	641	133	688	180	735	227
595	87	642	134	689	181	736	228
596	88	643	135	690	182	737	229
597	89	644	136	691	183	738	230
598	90	645	137	692	184	739	231
599	91	646	138	693	185	740	232
600	92	647	139	694	186	741	233
601	93	648	140	695	187	742	234
602	94	649	141	696	188	743	235
603	95	650	142	697	189	744	236
604	96	651	143	698	190	745	237
605	97	652	144	699	191	746	238
606	98	653	145	700	192	747	239
607	99	654	146	701	193	748	240
608	100	655	147	702	194	749	241
609	101	656	148	703	195	750	242
610	102	657	149	704	196	751	243
611	103	658	150	705	197	752	244
612	104	659	151	706	198	753	245
613	105	660	152	707	199	754	246

KSA Bd. 1	KGW III, 2	KSA Bd. 1	KGW III, 2	KSA Bd. 1	KGW III, 2	KSA Bd. 1	KGW III, 2
755	249	802	296	849	343	896	390
756	250	803	297	850	344	897	391
757	251	804	298	851	345	898	392
758	252	805	299	852	346		
759	253	806	300	853	347		
760	254	807	301	854	348		
761	255	808	302	855	349		
762	256	809	303	856	350		
763	257	810	304	857	351		
764	258	811	305	858	352		
765	259	812	306	859	353		
766	260	813	307	860	354		
767	261	814	308	861	355		
768	262	815	309	862	356		
769	263	816	310	863	357		
770	264	817	311	864	358		
771	265	818	312	865	359		
772	266	819	313	866	360		
773	267	820	314	867	361		
774	268	821	315	868	362		
775	269	822	316	869	363		
776	270	823	317	870	364		
777	271	824	318	871	365		
778	272	825	319	872	366		
779	273	826	320	873	367		
780	274	827	321	874	368		
781	275	828	322	875	369		
782	276	829	323	876	370		
783	277	830	324	877	371		
784	278	831	325	878	372		
785	279	832	326	879	373		
786	280	833	327	880	374		
787	281	834	328	881	375		
788	282	835	329	882	376		
789	283	836	330	883	377		
790	284	837	331	884	378		
791	285	838	332	885	379		
792	286	839	333	886	380		
793	287	840	334	887	381		
794	288	841	335	888	382		
795	289	842	336	889	383		
796	290	843	337	890	384		
797	291	844	338	891	385		
798	292	845	339	892	386		
799	293	846	340	893	387		
800	294	847	341	894	388		
801	295	848	342	895	389		

KSA Bd. 2	KGW IV, 2	KSA Bd. 2	KGW IV, 2	KSA Bd. 2	KGW IV, 2	KSA Bd. 2	KGW IV, 2
9	1	56	52	103	101	150	152
10	2	57	55	104	102	151	153
11	3	58	56	105	103	152	154
12	4	59	57	106	104	153	155
13	7	60	58	107	107	154	156
14	8	61	59	108	108	155	157
15	9	62	60	109	109	156	158
16	10	63	61	110	110	157	159
17	11	64	62	111	111	158	160
18	12	65	63	112	112	159	161
19	13	66	64	113	113	160	162
20	14	67	65	114	114	161	163
21	15	68	66	115	115	162	164
22	16	69	67	116	116	163	165
23	19	70	68	117	117	164	166
24	20	71	69	118	118	165	167
25	21	72	70	119	119	166	168
26	22	73	71	120	120	167	169
27	23	74	72	121	121	168	170
28	24	75	73	122	122	169	171
29	25	76	74	123	123	170	172
30	26	77	75	124	124	171	173
31	27	78	76	125	125	172	174
32	28	79	77	126	126	173	175
33	29	80	78	127	127	174	176
34	30	81	79	128	128	175	177
35	31	82	80	129	129	176	178
36	32	83	81	130	130	177	179
37	33	84	82	131	131	178	180
38	34	85	83	132	132	179	181
39	35	86	84	133	133	180	182
40	36	87	85	134	134	181	183
41	37	88	86	135	135	182	184
42	38	89	87	136	136	183	185
43	39	90	88	137	137	184	186
44	40	91	89	138	138	185	187
45	41	92	90	139	139	186	188
46	42	93	91	140	140	187	191
47	43	94	92	141	143	188	192
48	44	95	93	142	144	189	193
49	45	96	94	143	145	190	194
50	46	97	95	144	146	191	195
51	47	98	96	145	147	192	196
52	48	99	97	146	148	193	197
53	49	100	98	147	149	194	198
54	50	101	99	148	150	195	199
55	51	102	100	149	151	196	200

KSA Bd. 2	KGW IV, 2
197	201
198	202
199	203
200	204
201	205
202	206
203	207
204	208
205	209
206	210
207	211
208	212
209	213
210	214
211	215
212	216
213	217
214	218
215	219
216	220
217	221
218	222
219	223
220	224
221	225
222	226
223	227
224	228
225	229
226	230
227	231
228	232
229	233
230	234
231	235
232	236
233	237
234	238
235	239
236	240
237	241
238	242
239	245
240	246
241	247
242	248
243	249

KSA Bd. 2	KGW IV, 2
244	250
245	251
246	252
247	253
248	254
249	255
250	256
251	257
252	258
253	259
254	260
255	261
256	262
257	263
258	264
259	265
260	266
261	267
262	268
263	269
264	270
265	273
266	274
267	275
268	276
269	277
270	278
271	279
272	280
273	281
274	282
275	283
276	284
277	285
278	286
279	287
280	288
281	289
282	290
283	291
284	292
285	295
286	296
287	297
288	298
289	299
290	300

KSA Bd. 2	KGW IV, 2
291	301
292	302
293	303
294	304
295	305
296	306
297	307
298	308
299	309
300	310
301	311
302	312
303	313
304	314
305	315
306	316
307	317
308	318
309	319
310	320
311	321
312	322
313	323
314	324
315	325
316	326
317	329
318	330
319	331
320	332
321	333
322	334
323	335
324	336
325	337
326	338
327	339
328	340
329	341
330	342
331	343
332	344
333	345
334	346
335	347
336	348
337	349

KSA Bd. 2	KGW IV, 2
338	350
339	351
340	352
341	353
342	354
343	355
344	356
345	357
346	358
347	359
348	360
349	361
350	362
351	363
352	364
353	365
354	366
355	367
356	368
357	369
358	370
359	371
360	372
361	373
362	374
363	375
364	376
365	379
366	380
	KGW IV, 3
367	1
368	2
369	3
370	4
371	5
372	6
373	7
374	8
375	9
376	10
377	11
378	12
379	13
380	14
381	17

KSA Bd. 2	KGW IV, 3	KSA Bd. 2	KGW IV, 3	KSA Bd. 2	KGW IV, 3	KSA Bd. 2	KGW IV, 3
382	18	429	65	476	112	523	159
383	19	430	66	477	113	524	160
384	20	431	67	478	114	525	161
385	21	432	68	479	115	526	162
386	22	433	69	480	116	527	163
387	23	434	70	481	117	528	164
388	24	435	71	482	118	529	165
389	25	436	72	483	119	530	166
390	26	437	73	484	120	531	167
391	27	438	74	485	121	532	168
392	28	439	75	486	122	533	169
393	29	440	76	487	123	534	170
394	30	441	77	488	124	535	171
395	31	442	78	489	125	536	172
396	32	443	79	490	126	537	175
397	33	444	80	491	127	538	176
398	34	445	81	492	128	539	177
399	35	446	82	493	129	540	178
400	36	447	83	494	130	541	179
401	37	448	84	495	131	542	180
402	38	449	85	496	132	543	181
403	39	450	86	497	133	544	182
404	40	451	87	498	134	545	183
405	41	452	88	499	135	546	184
406	42	453	89	500	136	547	185
407	43	454	90	501	137	548	186
408	44	455	91	502	138	549	187
409	45	456	92	503	139	550	188
410	46	457	93	504	140	551	189
411	47	458	94	505	141	552	190
412	48	459	95	506	142	553	191
413	49	460	96	507	143	554	192
414	50	461	97	508	144	555	193
415	51	462	98	509	145	556	194
416	52	463	99	510	146	557	195
417	53	464	100	511	147	558	196
418	54	465	101	512	148	559	197
419	55	466	102	513	149	560	198
420	56	467	103	514	150	561	199
421	57	468	104	515	151	562	200
422	58	469	105	516	152	563	201
423	59	470	106	517	153	564	202
424	60	471	107	518	154	565	203
425	61	472	108	519	155	566	204
426	62	473	109	520	156	567	205
427	63	474	110	521	157	568	206
428	64	475	111	522	158	569	207

KSA Bd. 2	KGW IV, 3	KSA Bd. 2	KGW IV, 3	KSA Bd. 2	KGW IV, 3	KSA Bd. 3	KGW V, 1
570	208	617	255	664	302	9	1
571	209	618	256	665	303	10	2
572	210	619	257	666	304	11	3
573	211	620	258	667	305	12	4
574	212	621	259	668	306	13	5
575	213	622	260	669	307	14	6
576	214	623	261	670	308	15	7
577	215	624	262	671	309	16	8
578	216	625	263	672	310	17	9
579	217	626	264	673	311	18	10
580	218	627	265	674	312	19	15
581	219	628	266	675	313	20	16
582	220	629	267	676	314	21	17
583	221	630	268	677	315	22	18
584	222	631	269	678	316	23	19
585	223	632	270	679	317	24	20
586	224	633	271	680	318	25	21
587	225	634	272	681	319	26	22
588	226	635	273	682	320	27	23
589	227	636	274	683	321	28	24
590	228	637	275	684	322	29	25
591	229	638	276	685	323	30	26
592	230	639	277	686	324	31	27
593	231	640	278	687	325	32	28
594	232	641	279	688	326	33	29
595	233	642	280	689	327	34	30
596	234	643	281	690	328	35	31
597	235	644	282	691	329	36	32
598	236	645	283	692	330	37	33
599	237	646	284	693	331	38	34
600	238	647	285	694	332	39	35
601	239	648	286	695	333	40	36
602	240	649	287	696	334	41	37
603	241	650	288	697	335	42	38
604	242	651	289	698	336	43	39
605	243	652	290	699	337	44	40
606	244	653	291	700	338	45	41
607	245	654	292	701	339	46	42
608	246	655	293	702	340	47	43
609	247	656	294	703	341	48	44
610	248	657	295	704	342	49	45
611	249	658	296			50	46
612	250	659	297			51	47
613	251	660	298			52	48
614	252	661	299			53	49
615	253	662	300			54	50
616	254	663	301			55	51

KSA Bd. 3	KGW V, 1	KSA Bd. 3	KGW V, 1	KSA Bd. 3	KGW V, 1	KSA Bd. 3	KGW V, 1
56	52	103	101	150	150	197	199
57	53	104	102	151	151	198	200
58	54	105	103	152	152	199	201
59	55	106	104	153	153	200	202
60	56	107	105	154	154	201	203
61	57	108	106	155	155	202	204
62	58	109	107	156	156	203	205
63	59	110	108	157	157	204	206
64	60	111	109	158	158	205	207
65	61	112	110	159	159	206	208
66	62	113	111	160	160	207	209
67	63	114	112	161	161	208	210
68	64	115	113	162	162	209	211
69	65	116	114	163	163	210	212
70	66	117	115	164	164	211	213
71	67	118	116	165	165	212	214
72	68	119	117	166	166	213	215
73	69	120	118	167	167	214	216
74	70	121	119	168	168	215	217
75	71	122	120	169	169	216	218
76	72	123	121	170	170	217	219
77	73	124	122	171	171	218	220
78	74	125	123	172	172	219	221
79	75	126	124	173	173	220	222
80	76	127	125	174	174	221	223
81	77	128	126	175	175	222	224
82	78	129	127	176	176	223	225
83	79	130	128	177	177	224	226
84	80	131	129	178	178	225	227
85	81	132	130	179	179	226	228
86	82	133	131	180	180	227	229
87	83	134	132	181	181	228	230
88	84	135	133	182	182	229	231
89	87	136	134	183	183	230	232
90	88	137	135	184	184	231	233
91	89	138	136	185	185	232	234
92	90	139	137	186	186	233	235
93	91	140	138	187	187	234	236
94	92	141	141	188	188	235	237
95	93	142	142	189	191	236	238
96	94	143	143	190	192	237	239
97	95	144	144	191	193	238	240
98	96	145	145	192	194	239	241
99	97	146	146	193	195	240	242
100	98	147	147	194	196	241	243
101	99	148	148	195	197	242	244
102	100	149	149	196	198	243	245

KSA Bd. 3	KGW V, 1	KSA Bd. 3	KGW V, 1	KSA Bd. 3	KGW V, 2	KSA Bd. 3	KGW V, 2
244	246	291	295	333	1	380	54
245	247	292	296	334	2	381	55
246	248	293	297	335	3	382	56
247	249	294	298	336	4	383	57
248	250	295	299	337	5	384	58
249	251	296	300	338	6	385	59
250	252	297	301	339	7	386	60
251	253	298	302	340	8	387	61
252	254	299	303	341	9	388	62
253	255	300	304	342	10	389	63
254	256	301	305	343	11	390	64
255	257	302	306	344	12	391	65
256	258	303	307	345	13	392	66
257	259	304	308	346	14	393	67
258	260	305	309	347	15	394	68
259	263	306	310	348	16	395	69
260	264	307	311	349	17	396	70
261	265	308	312	350	18	397	71
262	266	309	313	351	19	398	72
263	267	310	314	352	20	399	73
264	268	311	315	353	25	400	74
265	269	312	316	354	26	401	75
266	270	313	317	355	27	402	76
267	271	314	318	356	28	403	77
268	272	315	319	357	29	404	78
269	273	316	320	358	30	405	79
270	274	317	321	359	31	406	80
271	275	318	322	360	32	407	81
272	276	319	323	361	33	408	82
273	277	320	324	362	34	409	83
274	278	321	325	363	35	410	84
275	279	322	326	364	36	411	85
276	280	323	327	365	37	412	86
277	281	324	328	366	38	413	87
278	282	325	329	367	39	414	88
279	283	326	330	368	40	415	89
280	284	327	331	369	43	416	90
281	285	328	332	370	44	417	91
282	286	329	333	371	45	418	92
283	287	330	334	372	46	419	93
284	288	331	335	373	47	420	94
285	289	332	336	374	48	421	97
286	290			375	49	422	98
287	291			376	50	423	99
288	292			377	51	424	100
289	293			378	52	425	101
290	294			379	53	426	102

KSA Bd. 3	KGW V, 2
427	103
428	104
429	105
430	106
431	107
432	108
433	109
434	110
435	111
436	112
437	113
438	114
439	115
440	116
441	117
442	118
443	119
444	120
445	121
446	122
447	123
448	124
449	125
450	126
451	127
452	128
453	129
454	130
455	131
456	132
457	133
458	134
459	135
460	136
461	137
462	138
463	139
464	140
465	141
466	142
467	145
468	146
469	147
470	148
471	149
472	150
473	151

KSA Bd. 3	KGW V, 2
474	152
475	153
476	154
477	155
478	156
479	157
480	158
481	159
482	160
483	161
484	162
485	163
486	164
487	165
488	166
489	167
490	168
491	169
492	170
493	171
494	172
495	173
496	174
497	175
498	176
499	177
500	178
501	179
502	180
503	181
504	182
505	183
506	184
507	185
508	186
509	187
510	188
511	189
512	190
513	191
514	192
515	193
516	194
517	195
518	196
519	197
520	198

KSA Bd. 3	KGW V, 2
521	201
522	202
523	203
524	204
525	205
526	206
527	207
528	208
529	209
530	210
531	211
532	212
533	213
534	214
535	215
536	216
537	217
538	218
539	219
540	220
541	221
542	222
543	223
544	224
545	225
546	226
547	227
548	228
549	229
550	230
551	231
552	232
553	233
554	234
555	235
556	236
557	237
558	238
559	239
560	240
561	241
562	242
563	243
564	244
565	245
566	246
567	247

KSA Bd. 3	KGW V, 2
568	248
569	249
570	250
571	251
572	252
573	255
574	256
575	257
576	258
577	259
578	260
579	261
580	262
581	263
582	264
583	265
584	266
585	267
586	268
587	269
588	270
589	271
590	272
591	273
592	274
593	275
594	276
595	277
596	278
597	279
598	280
599	281
600	282
601	283
602	284
603	285
604	286
605	287
606	288
607	289
608	290
609	291
610	292
611	293
612	294
613	295
614	296

KSA Bd. 3	KGW V, 2
615	297
616	298
617	299
618	300
619	301
620	302
621	303
622	304
623	305
624	306
625	307
626	308
627	309
628	310
629	311
630	312
631	313
632	314
633	315
634	316
635	317
636	318
637	319
638	320
639	323
640	324
641	325
642	326
643	327
644	328
645	329
646	330
647	331
648	332
649	333
650	334
651	335
652	336

KSA Bd. 4	KGW VI, 1
9	1
10	2
11	5
12	6
13	7
14	8
15	9
16	10
17	11
18	12
19	13
20	14
21	15
22	16
23	17
24	18
25	19
26	20
27	21
28	22
29	25
30	26
31	27
32	28
33	29
34	30
35	31
36	32
37	33
38	34
39	35
40	36
41	37
42	38
43	39
44	40
45	41
46	42
47	43
48	44
49	45
50	46
51	47
52	48
53	49
54	50
55	51

KSA Bd. 4	KGW VI, 1
56	52
57	53
58	54
59	55
60	56
61	57
62	58
63	59
64	60
65	61
66	62
67	63
68	64
69	65
70	66
71	67
72	68
73	69
74	70
75	71
76	72
77	73
78	74
79	75
80	76
81	77
82	78
83	79
84	80
85	81
86	82
87	83
88	84
89	85
90	86
91	87
92	88
93	89
94	90
95	91
96	92
97	93
98	94
99	95
100	96
101	97
102	98

KSA Bd. 4	KGW VI, 1
103	99
104	100
105	101
106	102
107	103
108	104
109	105
110	106
111	107
112	108
113	109
114	110
115	111
116	112
117	113
118	114
119	115
120	116
121	117
122	118
123	119
124	120
125	121
126	122
127	123
128	124
129	125
130	126
131	127
132	128
133	129
134	130
135	131
136	132
137	133
138	134
139	135
140	136
141	137
142	138
143	139
144	140
145	141
146	142
147	143
148	144
149	145

KSA Bd. 4	KGW VI, 1	KSA Bd. 4	KGW VI, 1	KSA Bd. 4	KGW VI, 1	KSA Bd. 4	KGW VI, 1
150	146	197	193	244	240	291	287
151	147	198	194	245	241	292	288
152	148	199	195	246	242	293	289
153	149	200	196	247	243	294	290
154	150	201	197	248	244	295	291
155	151	202	198	249	245	296	292
156	152	203	199	250	246	297	293
157	153	204	200	251	247	298	294
158	154	205	201	252	248	299	295
159	155	206	202	253	249	300	296
160	156	207	203	254	250	301	297
161	157	208	204	255	251	302	298
162	158	209	205	256	252	303	299
163	159	210	206	257	253	304	300
164	160	211	207	258	254	305	301
165	161	212	208	259	255	306	302
166	162	213	209	260	256	307	303
167	163	214	210	261	257	308	304
168	164	215	211	262	258	309	305
169	165	216	212	263	259	310	306
170	166	217	213	264	260	311	307
171	167	218	214	265	261	312	308
172	168	219	215	266	262	313	309
173	169	220	216	267	263	314	310
174	170	221	217	268	264	315	311
175	171	222	218	269	265	316	312
176	172	223	219	270	266	317	313
177	173	224	220	271	267	318	314
178	174	225	221	272	268	319	315
179	175	226	222	273	269	320	316
180	176	227	223	274	270	321	317
181	177	228	224	275	271	322	318
182	178	229	225	276	272	323	319
183	179	230	226	277	273	324	320
184	180	231	227	278	274	325	321
185	181	232	228	279	275	326	322
186	182	233	229	280	276	327	323
187	183	234	230	281	277	328	324
188	184	235	231	282	278	329	325
189	185	236	232	283	279	330	326
190	186	237	233	284	280	331	327
191	187	238	234	285	281	332	328
192	188	239	235	286	282	333	329
193	189	240	236	287	283	334	330
194	190	241	237	288	284	335	331
195	191	242	238	289	285	336	332
196	192	243	239	290	286	337	333

KSA Bd. 4	KGW VI, 1	KSA Bd. 4	KGW VI, 1	KSA Bd. 5	KGW VI, 2	KSA Bd. 5	KGW VI, 2
338	334	385	381	9	1	56	52
339	335	386	382	10	2	57	53
340	336	387	383	11	3	58	54
341	337	388	384	12	4	59	55
342	338	389	385	13	5	60	56
343	339	390	386	14	6	61	57
344	340	391	387	15	9	62	58
345	341	392	388	16	10	63	59
346	342	393	389	17	11	64	60
347	343	394	390	18	12	65	63
348	344	395	391	19	13	66	64
349	345	396	392	20	14	67	65
350	346	397	393	21	15	68	66
351	347	398	394	22	16	69	67
352	348	399	395	23	17	70	68
353	349	400	396	24	18	71	69
354	350	401	307	25	19	72	70
355	351	402	398	26	20	73	71
356	352	403	399	27	21	74	72
357	353	404	400	28	22	75	73
358	354	405	401	29	23	76	74
359	355	406	402	30	24	77	75
360	356	407	403	31	25	78	76
361	357	408	404	32	26	79	77
362	358			33	27	80	78
363	359			34	28	81	79
364	360			35	29	82	80
365	361			36	30	83	81
366	362			37	31	84	82
367	363			38	32	85	85
368	364			39	33	86	86
369	365			40	34	87	87
370	366			41	37	88	88
371	367			42	38	89	89
372	368			43	39	90	90
373	369			44	40	91	91
374	370			45	41	92	92
375	371			46	42	93	93
376	372			47	43	94	94
377	373			48	44	95	95
378	374			49	45	96	96
379	375			50	46	97	97
380	376			51	47	98	98
381	377			52	48	99	99
382	378			53	49	100	100
383	379			54	50	101	101
384	380			55	51	102	102

KSA Bd. 5	KGW VI, 2	KSA Bd. 5	KGW VI, 2	KSA Bd. 5	KGW VI, 2	KSA Bd. 5	KGW VI, 2
103	103	150	154	197	205	244	256
104	104	151	157	198	206	245	257
105	107	152	158	199	207	246	258
106	108	153	159	200	208	247	259
107	109	154	160	201	209	248	260
108	110	155	161	202	210	249	261
109	111	156	162	203	211	250	262
110	112	157	163	204	212	251	263
111	113	158	164	205	215	252	264
112	114	159	165	206	216	253	265
113	115	160	166	207	217	254	266
114	116	161	167	208	218	255	267
115	117	162	168	209	219	256	268
116	118	163	169	210	220	257	271
117	119	164	170	211	221	258	272
118	120	165	171	212	222	259	273
119	121	166	172	213	223	260	274
120	122	167	173	214	224	261	275
121	123	168	174	215	225	262	276
122	124	169	175	216	226	263	277
123	125	170	176	217	227	264	278
124	126	171	177	218	228	265	279
125	127	172	178	219	229	266	280
126	128	173	179	220	230	267	281
127	129	174	180	221	231	268	282
128	130	175	181	222	232	269	283
129	133	176	182	223	233	270	284
130	134	177	183	224	234	271	285
131	135	178	184	225	235	272	286
132	136	179	187	226	236	273	287
133	137	180	188	227	237	274	288
134	138	181	189	228	238	275	289
135	139	182	190	229	239	276	290
136	140	183	191	230	240	277	291
137	141	184	192	231	241	278	292
138	142	185	193	232	242	279	293
139	143	186	194	233	243	280	294
140	144	187	195	234	244	281	295
141	145	188	196	235	245	282	296
142	146	189	197	236	246	283	297
143	147	190	198	237	247	284	298
144	148	191	199	238	248	285	299
145	149	192	200	239	249	286	300
146	150	193	201	240	250	287	301
147	151	194	202	241	253	288	302
148	152	195	203	242	254	289	303
149	153	196	204	243	255	290	304

KSA Bd. 5	KGW VI, 2	KSA Bd. 5	KGW VI, 2	KSA Bd. 5	KGW VI, 2	KSA Bd. 6	KGW VI, 3
291	307	338	354	385	403	9	1
292	308	339	357	386	404	10	2
293	309	340	358	387	405	11	3
294	310	341	359	388	406	12	4
295	311	342	360	389	407	13	7
296	312	343	361	390	408	14	8
297	313	344	362	391	409	15	9
298	314	345	363	392	410	16	10
299	315	346	364	393	411	17	11
300	316	347	365	394	412	18	12
301	317	348	366	395	413	19	13
302	318	349	367	396	414	20	14
303	319	350	368	397	415	21	15
304	320	351	369	398	416	22	16
305	321	352	370	399	417	23	17
306	322	353	371	400	418	24	18
307	323	354	372	401	419	25	19
308	324	355	373	402	420	26	20
309	325	356	374	403	421	27	21
310	326	357	375	404	422	28	22
311	327	358	376	405	423	29	23
312	328	359	377	406	424	30	24
313	329	360	378	407	425	31	25
314	330	361	379	408	426	32	26
315	331	362	380	409	427	33	27
316	332	363	381	410	428	34	28
317	333	364	382	411	429	35	29
318	334	365	383	412	430	36	30
319	335	366	384			37	31
320	336	367	385			38	32
321	337	368	386			39	33
322	338	369	387			40	34
323	339	370	388			41	35
324	340	371	389			42	36
325	341	372	390			43	37
326	342	373	391			44	38
327	343	374	392			45	39
328	344	375	393			46	40
329	345	376	394			47	41
330	346	377	395			48	42
331	347	378	396			49	43
332	348	379	397			50	44
333	349	380	398			51	45
334	350	381	399			52	46
335	351	382	400			53	47
336	352	383	401			54	48
337	353	384	402			55	49

KSA Bd. 6	KGW VI, 3	KSA Bd. 6	KGW VI, 3	KSA Bd. 6	KGW VI, 3	KSA Bd. 6	KGW VI, 3
56	50	103	97	150	144	197	195
57	51	104	98	151	145	198	196
58	52	105	99	152	146	199	197
59	53	106	100	153	147	200	198
60	54	107	101	154	148	201	199
61	55	108	102	155	149	202	200
62	56	109	103	156	150	203	201
63	57	110	104	157	151	204	202
64	58	111	105	158	152	205	203
65	59	112	106	159	153	206	204
66	60	113	107	160	154	207	205
67	61	114	108	161	157	208	206
68	62	115	109	162	158	209	207
69	63	116	110	163	159	210	208
70	64	117	111	164	160	211	209
71	65	118	112	165	163	212	210
72	66	119	113	166	164	213	211
73	67	120	114	167	165	214	212
74	68	121	115	168	166	215	213
75	69	122	116	169	167	216	214
76	70	123	117	170	168	217	215
77	71	124	118	171	169	218	216
78	72	125	119	172	170	219	217
79	73	126	120	173	171	220	218
80	74	127	121	174	172	221	219
81	75	128	122	175	173	222	220
82	76	129	123	176	174	223	221
83	77	130	124	177	175	224	222
84	78	131	125	178	176	225	223
85	79	132	126	179	177	226	224
86	80	133	127	180	178	227	225
87	81	134	128	181	179	228	226
88	82	135	129	182	180	229	227
89	83	136	130	183	181	230	228
90	84	137	131	184	182	231	229
91	85	138	132	185	183	232	230
92	86	139	133	186	184	233	231
93	87	140	134	187	185	234	232
94	88	141	135	188	186	235	233
95	89	142	136	189	187	236	234
96	90	143	137	190	188	237	235
97	91	144	138	191	189	238	236
98	92	145	139	192	190	239	237
99	93	146	140	193	191	240	238
100	94	147	141	194	192	241	239
101	95	148	142	195	193	242	240
102	96	149	143	196	194	243	241

KSA Bd. 6	KGW VI, 3
244	242
245	243
246	244
247	245
248	246
249	247
250	248
251	249
252	250
253	251
254	252
255	253
256	254
257	255
258	256
259	257
260	258
261	259
262	260
263	261
264	262
265	263
266	264
267	265
268	266
269	267
270	268
271	269
272	270
273	271
274	272
275	273
276	274
277	275
278	276
279	277
280	278
281	279
282	280
283	281
284	282
285	283
286	284
287	285
288	286
289	287
290	288
291	289
292	290
293	291
294	292
295	293
296	294
297	295
298	296
299	297
300	298
301	299
302	300
303	301
304	302
305	303
306	304
307	305
308	306
309	307
310	308
311	309
312	310
313	311
314	312
315	313
316	314
317	315
318	316
319	317
320	318
321	319
322	320
323	321
324	322
325	323
326	324
327	325
328	326
329	327
330	328
331	329
332	330
333	331
334	332
335	333
336	334
337	335
338	336
339	337
340	338
341	339
342	340
343	341
344	342
345	343
346	344
347	345
348	346
349	347
350	348
351	349
352	350
353	352
354	352
355	353
356	354
357	355
358	356
359	357
360	358
361	359
362	360
363	361
364	362
365	363
366	364
367	365
368	366
369	367
370	368
371	369
372	370
373	371
374	372
375	373
376	374
377	375
378	376
379	377
380	378
381	379
382	380
383	381
384	382
385	383
386	384
387	385
388	386
389	387
390	388
391	389
392	390
393	391
394	392
395	393
396	394
397	395
398	396
399	397
400	398
401	399
402	400
403	401
404	402
405	403
406	404
407	405
408	406
409	407
410	408
411	409
412	410
413	411
414	412
415	413
416	414
417	415
418	416
419	417
420	418
421	419
422	420
423	421
424	422
425	423
426	424
427	425
428	426
429	427
430	428
431	429

KSA Bd. 6	KGW VI, 3
432	430
433	431
434	432
435	433
436	434
437	435
438	436
439	437
440	438
441	441
442	442
443	443
444	444
445	445
446	446

KSA Bd. 7	KGW III, 3
9	5
10	6
11	7
12	8
13	9
14	10
15	11
16	12
17	13
18	14
19	15
20	16
21	17
22	18
23	19
24	20
25	21
26	22
27	23
28	24
29	25
30	26
31	27
32	28
33	29
34	30
35	31
36	32
37	33
38	34
39	35
40	36
41	37
42	38
43	39
44	40
45	43
46	44
47	45
48	46
49	47
50	48
51	49
52	50
53	51
54	52
55	53

KSA Bd. 7	KGW III, 3
56	54
57	57
58	58
59	59
60	60
61	61
62	62
63	63
64	64
65	65
66	66
67	67
68	68
69	69
70	70
71	71
72	72
73	73
74	74
75	75
76	76
77	77
78	78
79	79
80	80
81	81
82	82
83	83
84	84
85	85
86	86
87	89
88	90
89	91
90	92
91	93
92	94
93	97
94	98
95	99
96	100
97	101
98	102
99	103
100	104
101	105
102	106

KSA Bd. 7	KGW III, 3
103	107
104	108
105	109
106	110
107	111
108	112
109	113
110	114
111	115
112	116
113	117
114	118
115	119
116	120
117	121
118	122
119	123
120	124
121	125
122	126
123	127
124	128
125	129
126	130
127	131
128	132
129	135
130	136
131	137
132	138
133	139
134	140
135	141
136	142
137	145
138	146
139	147
140	148
141	149
142	150
143	151
144	152
145	153
146	154
147	155
148	156
149	157

KSA Bd. 7	KGW III, 3	KSA Bd. 7	KGW III, 3	KSA Bd. 7	KGW III, 3	KSA Bd. 7	KGW III, 3
150	158	197	205	244	254	291	303
151	159	198	206	245	255	292	304
152	160	199	207	246	256	293	305
153	161	200	208	247	257	294	306
154	162	201	209	248	258	295	307
155	163	202	210	249	259	296	308
156	164	203	211	250	260	297	309
157	165	204	212	251	261	298	310
158	166	205	213	252	262	299	311
159	167	206	214	253	263	300	312
160	168	207	215	254	264	301	313
161	169	208	216	255	265	302	314
162	170	209	217	256	266	303	315
163	171	210	218	257	267	304	316
164	172	211	219	258	268	305	317
165	173	212	220	259	269	306	318
166	174	213	221	260	270	307	319
167	175	214	222	261	271	308	320
168	176	215	223	262	272	309	321
169	177	216	224	263	273	310	322
170	178	217	225	264	274	311	323
171	179	218	226	265	275	312	324
172	180	219	229	266	276	313	325
173	181	220	230	267	277	314	326
174	182	221	231	268	278	315	327
175	183	222	232	269	281	316	328
176	184	223	233	270	282	317	329
177	185	224	234	271	283	318	330
178	186	225	235	272	284	319	331
179	187	226	236	273	285	320	332
180	188	227	237	274	286	321	333
181	189	228	238	275	287	322	334
182	190	229	239	276	288	323	335
183	191	230	240	277	289	324	336
184	192	231	241	278	290	325	337
185	193	232	242	279	291	326	338
186	194	233	243	280	292	327	339
187	195	234	244	281	293	328	340
188	196	235	245	282	294	329	341
189	197	236	246	283	295	330	342
190	198	237	247	284	296	331	343
191	199	238	248	285	297	332	344
192	200	239	249	286	298	333	347
193	201	240	250	287	299	334	348
194	202	241	251	288	300	335	349
195	203	242	252	289	301	336	350
196	204	243	253	290	302	337	351

KSA Bd. 7	KGW III, 3
338	352
339	353
340	354
341	355
342	356
343	357
344	358
345	359
346	360
347	361
348	362
349	363
350	364
351	367
352	368
353	369
354	370
355	371
356	372
357	373
358	374
359	377
360	378
361	379
362	380
363	381
364	382
365	383
366	384
367	385
368	386
369	387
370	388
371	391
372	392
373	393
374	394
375	397
376	398
377	399
378	400
379	401
380	402
381	403
382	404
383	405
384	406

KSA Bd. 7	KGW III, 3
385	407
386	408
387	409
388	410
389	413
390	414
391	415
392	416
393	419
394	420
395	421
396	422
397	423
398	424
399	425
400	426
401	427
402	428
403	429
404	430
405	431
406	432
407	433
408	434
409	437
410	438
411	441
412	442
413	443
414	444
415	445
416	446

	KGW III, 4
417	5
418	6
419	7
420	8
421	9
422	10
423	11
424	12
425	13
426	14
427	15
428	16

KSA Bd. 7	KGW III, 4
429	17
430	18
431	19
432	20
433	21
434	22
435	23
436	24
437	25
438	26
439	27
440	28
441	29
442	30
443	31
444	32
445	33
446	34
447	35
448	36
449	37
450	38
451	39
452	40
453	41
454	42
455	43
456	44
457	45
458	46
459	47
460	48
461	49
462	50
463	51
464	52
465	53
466	54
467	55
468	56
469	57
470	58
471	59
472	60
473	61
474	62
475	63

KSA Bd. 7	KGW III, 4
476	64
477	65
478	66
479	67
480	68
481	69
482	70
483	71
484	72
485	73
486	74
487	75
488	76
489	77
490	78
491	79
492	80
493	81
494	82
495	83
496	84
497	85
498	86
499	87
500	88
501	89
502	90
503	91
504	92
505	93
506	94
507	95
508	96
509	97
510	98
511	99
512	100
513	101
514	102
515	103
516	104
517	105
518	106
519	107
520	108
521	111
522	112

KSA Bd. 7	KGW III, 4
523	115
524	116
525	117
526	118
527	119
528	120
529	121
530	122
531	123
532	124
533	127
534	128
535	129
536	130
537	133
538	134
539	135
540	136
541	137
542	138
543	139
544	140
545	141
546	142
547	143
548	144
549	145
550	146
551	147
552	148
553	149
554	150
555	151
556	152
557	153
558	154
559	155
560	156
561	159
562	160
563	161
564	162
565	165
566	166
567	167
568	168
569	169
570	170
571	173
572	174
573	175
574	176
575	177
576	178
577	179
578	180
579	181
580	182
581	183
582	184
583	185
584	186
585	187
586	188
587	191
588	192
589	193
590	194
591	195
592	196
593	197
594	198
595	199
596	200
597	201
598	202
599	203
600	204
601	205
602	206
603	207
604	208
605	209
606	210
607	211
608	212
609	213
610	214
611	215
612	216
613	219
614	220
615	221
616	222
617	223
618	224
619	225
620	226
621	229
622	230
623	231
624	232
625	233
626	234
627	235
628	236
629	237
630	238
631	239
632	240
633	241
634	242
635	243
636	244
637	245
638	246
639	247
640	248
641	249
642	250
643	251
644	252
645	253
646	254
647	255
648	256
649	257
650	258
651	259
652	260
653	261
654	262
655	263
656	264
657	265
658	266
659	267
660	268
661	269
662	270
663	271
664	272
665	273
666	274
667	275
668	276
669	277
670	278
671	279
672	280
673	281
674	282
675	283
676	284
677	285
678	286
679	287
680	288
681	289
682	290
683	291
684	292
685	293
686	294
687	295
688	296
689	297
690	298
691	299
692	300
693	301
694	302
695	303
696	304
697	305
698	306
699	307
700	308
701	309
702	310
703	311
704	312
705	313
706	314
707	315
708	316
709	317
710	318

KSA Bd. 7	KGW III, 4	KSA Bd. 7	KGW III, 4	KSA Bd. 7	KGW III, 4	KSA Bd. 8	KGW IV, 1
711	319	758	372	805	423	9	85
712	320	759	373	806	424	10	86
713	321	760	374	807	425	11	87
714	322	761	375	808	426	12	88
715	323	762	376	809	429	13	89
716	324	763	377	810	430	14	90
717	325	764	378	811	431	15	91
718	326	765	379	812	432	16	92
719	327	766	380	813	433	17	93
720	328	767	381	814	434	18	94
721	329	768	382	815	435	19	95
722	330	769	383	816	436	20	96
723	331	770	384	817	437	21	97
724	332	771	385	818	438	22	98
725	335	772	386	819	439	23	99
726	336	773	387	820	440	24	100
727	337	774	388	821	441	25	101
728	338	775	389	822	442	26	102
729	339	776	390	823	445	27	103
730	340	777	391	824	446	28	104
731	341	778	392	825	449	29	105
732	342	779	393	826	450	30	106
733	343	780	394	827	451	31	107
734	344	781	395	828	452	32	108
735	345	782	396	829	453	33	109
736	346	783	397	830	454	34	110
737	347	784	398	831	455	35	111
738	348	785	399	832	456	36	112
739	349	786	400	833	457	37	113
740	350	787	403	834	458	38	114
741	351	788	404	835	461	39	115
742	352	789	405	836	462	40	116
743	353	790	406	837	463	41	117
744	354	791	407	838	464	42	118
745	355	792	408			43	119
746	356	793	411			44	120
747	359	794	412			45	121
748	360	795	413			46	122
749	361	796	414			47	123
750	362	797	415			48	124
751	363	798	416			49	125
752	364	799	417			50	126
753	367	800	418			51	127
754	368	801	419			52	128
755	369	802	420			53	129
756	370	803	421			54	130
757	371	804	422			55	131

KSA Bd. 8	KGW IV, 1
56	132
57	133
58	134
59	135
60	136
61	137
62	138
63	139
64	140
65	141
66	142
67	143
68	144
69	145
70	146
71	147
72	148
73	149
74	150
75	151
76	152
77	153
78	154
79	155
80	156
81	157
82	158
83	159
84	160
85	161
86	162
87	163
88	164
89	165
90	166
91	167
92	168
93	169
94	170
95	171
96	172
97	173
98	174
99	175
100	176
101	177
102	178
103	179
104	180
105	181
106	182
107	183
108	184
109	185
110	186
111	187
112	188
113	189
114	190
115	191
116	192
117	193
118	194
119	195
120	196
121	197
122	198
123	199
124	200
125	201
126	202
127	203
128	204
129	205
130	206
131	207
132	208
133	209
134	210
135	211
136	212
137	213
138	214
139	215
140	216
141	217
142	218
143	219
144	220
145	221
146	222
147	223
148	224
149	225
150	226
151	227
152	228
153	229
154	230
155	231
156	232
157	233
158	234
159	235
160	236
161	237
162	238
163	239
164	240
165	241
166	242
167	243
168	244
169	245
170	246
171	247
172	248
173	249
174	250
175	251
176	252
177	253
178	254
179	255
180	256
181	257
182	258
183	259
184	260
185	261
186	262
187	263
188	264
189	265
190	266
191	267
192	268
193	269
194	270
195	271
196	272
197	273
198	274
199	275
200	276
201	277
202	278
203	279
204	280
205	281
206	282
207	283
208	284
209	285
210	286
211	287
212	288
213	289
214	290
215	291
216	292
217	293
218	294
219	295
220	296
221	297
222	298
223	299
224	300
225	301
226	302
227	303
228	304
229	305
230	306
231	307
232	308
233	309
234	310
235	311
236	312
237	313
238	314
239	315
240	316
241	317
242	318
243	319

KSA Bd. 8	KGW IV, 1
244	320
245	321
246	322
247	323
248	324
249	325
250	326
251	327
252	328
253	329
254	330
255	331
256	332
257	333
258	334
259	335
260	336
261	337
262	338
263	339
264	340
265	341
266	342
267	343
268	344
269	345
270	346
271	347
272	348
273	349
274	350
275	351
276	352
277	353
278	354
279	355
280	356
281	357
282	358
283	359
284	360
285	361
286	362

KSA Bd. 8	KGW IV, 2
287	383
288	384
289	385
290	386
291	387
292	388
293	389
294	390
295	391
296	392
297	393
298	394
299	395
300	396
301	397
302	398
303	399
304	400
305	401
306	402
307	403
308	404
309	405
310	406
311	407
312	408
313	409
314	410
315	411
316	412
317	413
318	414
319	415
320	416
321	417
322	418
323	419
324	420
325	421
326	422
327	423
328	424
329	425
330	426
331	427
332	428
333	429

KSA Bd. 8	KGW IV, 2
334	430
335	431
336	432
337	433
338	434
339	435
340	436
341	437
342	438
343	439
344	440
345	441
346	442
347	443
348	444
349	445
350	446
351	447
352	448
353	449
354	450
355	451
356	452
357	453
358	454
359	455
360	456
361	457
362	458
363	459
364	460
365	461
366	462
367	463
368	464
369	465
370	466
371	467
372	468
373	469
374	470
375	471
376	472
377	473
378	474
379	475
380	476

KSA Bd. 8	KGW IV, 2
381	477
382	478
383	479
384	480
385	481
386	482
387	483
388	484
389	485
390	486
391	487
392	488
393	489
394	490
395	491
396	492
397	493
398	494
399	495
400	496
401	497
402	498
403	499
404	500
405	501
406	502
407	503
408	504
409	505
410	506
411	507
412	508
413	509
414	510
415	511
416	512
417	513
418	514
419	515
420	516
421	517
422	518
423	519
424	520
425	521
426	522
427	523

KSA Bd. 8	KGW IV, 2	KSA Bd. 8	KGW IV, 2	KSA Bd. 8	KGW IV, 3	KSA Bd. 8	KGW IV, 3
428	524	475	571	519	377	566	424
429	525	476	572	520	378	567	425
430	526	477	573	521	379	568	426
431	527	478	574	522	380	569	427
432	528	479	575	523	381	570	428
433	529	480	576	524	382	571	429
434	530	481	577	525	383	572	430
435	531	482	578	526	384	573	431
436	532	483	579	527	385	574	432
437	533	484	580	528	386	575	433
438	534	485	581	529	387	576	434
439	535	486	582	530	388	577	435
440	536			531	389	578	436
441	537		KGW	532	390	579	437
442	538		IV, 3	533	391	580	438
443	539	487	345	534	392	581	439
444	540	488	346	535	393	582	440
445	541	489	347	536	394	583	441
446	542	490	348	537	395	584	442
447	543	491	349	538	396	585	443
448	544	492	350	539	397	586	444
449	545	493	351	540	398	587	445
450	546	494	352	541	399	588	446
451	547	495	353	542	400	589	447
452	548	496	354	543	401	590	448
453	549	497	355	544	402	591	449
454	550	498	356	545	403	592	450
455	551	499	357	546	404	593	451
456	552	500	358	547	405	594	452
457	553	501	359	548	406	595	453
458	554	502	360	549	407	596	454
459	555	503	361	550	408	597	455
460	556	504	362	551	409	598	456
461	557	505	363	552	410	599	457
462	558	506	364	553	411	600	458
463	559	507	365	554	412	601	459
464	560	508	366	555	413	602	460
465	561	509	367	556	414	603	461
466	562	510	368	557	415	604	462
467	563	511	369	558	416	605	463
468	564	512	370	559	417	606	464
469	565	513	371	560	418	607	465
470	566	514	372	561	419	608	466
471	567	515	373	562	420	609	467
472	568	516	374	563	421	610	468
473	569	517	375	564	422	611	469
474	570	518	376	565	423	612	470

KSA Bd. 8	KGW IV, 3	KSA Bd. 9	KGW V, 1	KSA Bd. 9	KGW V, 1	KSA Bd. 9	KGW V, 1
613	471	9	339	56	386	103	433
614	472	10	340	57	387	104	434
615	473	11	341	58	388	105	435
616	474	12	342	59	389	106	436
617	475	13	343	60	390	107	437
618	476	14	344	61	391	108	438
619	477	15	345	62	392	109	439
620	478	16	346	63	393	110	440
621	479	17	347	64	394	111	441
622	480	18	348	65	395	112	442
		19	349	66	396	113	443
		20	350	67	397	114	444
		21	351	68	398	115	445
		22	352	69	399	116	446
		23	353	70	400	117	447
		24	354	71	401	118	448
		25	355	72	402	119	449
		26	356	73	403	120	450
		27	357	74	404	121	451
		28	358	75	405	122	452
		29	359	76	406	123	453
		30	360	77	407	124	454
		31	361	78	408	125	455
		32	362	79	409	126	456
		33	363	80	410	127	457
		34	364	81	411	128	458
		35	365	82	412	129	459
		36	366	83	413	130	460
		37	367	84	414	131	461
		38	368	85	415	132	462
		39	369	86	416	133	463
		40	370	87	417	134	464
		41	371	88	418	135	465
		42	372	89	419	136	466
		43	373	90	420	137	467
		44	374	91	421	138	468
		45	375	92	422	139	469
		46	376	93	423	140	470
		47	377	94	424	141	471
		48	378	95	425	142	472
		49	379	96	426	143	473
		50	380	97	427	144	474
		51	381	98	428	145	475
		52	382	99	429	146	476
		53	383	100	430	147	477
		54	384	101	431	148	478
		55	385	102	432	149	479

KSA Bd. 9	KGW V, 1	KSA Bd. 9	KGW V, 1	KSA Bd. 9	KGW V, 1	KSA Bd. 9	KGW V, 1
150	480	197	527	244	574	291	621
151	481	198	528	245	575	292	622
152	482	199	529	246	576	293	623
153	483	200	530	247	577	294	624
154	484	201	531	248	578	295	625
155	485	202	532	249	579	296	626
156	486	203	533	250	580	297	627
157	487	204	534	251	581	298	628
158	488	205	535	252	582	299	629
159	489	206	536	253	583	300	630
160	490	207	537	254	584	301	631
161	491	208	538	255	585	302	632
162	492	209	539	256	586	303	633
163	493	210	540	257	587	304	634
164	494	211	541	258	588	305	635
165	495	212	542	259	589	306	636
166	496	213	543	260	590	307	637
167	497	214	544	261	591	308	638
168	498	215	545	262	592	309	639
169	499	216	546	263	593	310	640
170	500	217	547	264	594	311	641
171	501	218	548	265	595	312	642
172	502	219	549	266	596	313	643
173	503	220	550	267	597	314	644
174	504	221	551	268	598	315	645
175	505	222	552	269	599	316	646
176	506	223	553	270	600	317	647
177	507	224	554	271	601	318	648
178	508	225	555	272	602	319	649
179	509	226	556	273	603	320	650
180	510	227	557	274	604	321	651
181	511	228	558	275	605	322	652
182	512	229	559	276	606	323	653
183	513	230	560	277	607	324	654
184	514	231	561	278	608	325	655
185	515	232	562	279	609	326	656
186	516	233	563	280	610	327	657
187	517	234	564	281	611	328	658
188	518	235	565	282	612	329	659
189	519	236	566	283	613	330	660
190	520	237	567	284	614	331	661
191	521	238	568	285	615	332	662
192	522	239	569	286	616	333	663
193	523	240	570	287	617	334	664
194	524	241	571	288	618	335	665
195	525	242	572	289	619	336	666
196	526	243	573	290	620	337	667

KSA Bd. 9	KGW V, 1
338	668
339	669
340	670
341	671
342	672
343	673
344	674
345	675
346	676
347	677
348	678
349	679
350	680
351	681
352	682
353	683
354	684
355	685
356	686
357	687
358	688
359	689
360	690
361	691
362	692
363	693
364	694
365	695
366	696
367	697
368	698
369	699
370	700
371	701
372	702
373	703
374	704
375	705
376	706
377	707
378	708
379	709
380	710
381	711
382	712
383	713
384	714
385	715
386	716
387	717
388	718
389	719
390	720
391	721
392	722
393	723
394	724
395	725
396	726
397	727
398	728
399	729
400	730
401	731
402	732
403	733
404	734
405	735
406	736
407	737
408	738
409	739
410	740
411	741
412	742
413	743
414	744
415	745
416	746
417	747
418	748
419	749
420	750
421	751
422	752
423	753
424	754
425	755
426	756
427	757
428	758
429	759
430	760
431	761
432	762
433	763
434	764
435	765
436	766
437	767
438	768
439	769
440	770
	KGW V, 2
441	339
442	340
443	341
444	342
445	343
446	344
447	345
448	346
449	347
450	348
451	349
452	350
453	351
454	352
455	353
456	354
457	355
458	356
459	357
460	358
461	359
462	360
463	361
464	362
465	363
466	364
467	365
468	366
469	367
470	368
471	369
472	370
473	371
474	372
475	373
476	374
477	375
478	376
479	377
480	378
481	379
482	380
483	381
484	382
485	383
486	384
487	385
488	386
489	387
490	388
491	389
492	390
493	391
494	392
495	393
496	394
497	395
498	396
499	397
500	398
501	399
502	400
503	401
504	402
505	403
506	404
507	405
508	406
509	407
510	408
511	409
512	410
513	411
514	412
515	413
516	414
517	415
518	416
519	417
520	418
521	419
522	420

KSA Bd. 9	KGW V, 2
523	421
524	422
525	423
526	424
527	425
528	426
529	427
530	428
531	429
532	430
533	431
534	432
535	433
536	434
537	435
538	436
539	437
540	438
541	439
542	440
543	441
544	442
545	443
546	444
547	445
548	446
549	447
550	448
551	449
552	450
553	451
554	452
555	453
556	454
557	455
558	456
559	457
560	458
561	459
562	460
563	461
564	462
565	463
566	464
567	465
568	466
569	467
570	468
571	469
572	470
573	471
574	472
575	473
576	474
577	475
578	476
579	477
580	478
581	479
582	480
583	481
584	482
585	483
586	484
587	485
588	486
589	487
590	488
591	489
592	490
593	491
594	492
595	493
596	494
597	495
598	496
599	497
600	498
601	499
602	500
603	501
604	502
605	503
606	504
607	505
608	506
609	507
610	508
611	509
612	510
613	511
614	512
615	513
616	514
617	515
618	516
619	517
620	518
621	519
622	520
623	521
624	522
625	523
626	524
627	525
628	526
629	527
630	528
631	529
632	530
633	531
634	532
635	533
636	534
637	535
638	536
639	537
640	538
641	539
642	540
643	541
644	542
645	543
646	544
647	545
648	546
649	547
650	548
651	549
652	550
653	551
654	552
655	553
656	554
657	555
658	556
659	557
660	558
661	559
662	560
663	561
664	562
665	563
666	564
667	565
668	566
669	567
670	568
671	569
672	570
673	571
674	572
675	573
676	574
677	575
678	576
679	577
680	578
681	579
682	580
683	581
684	582
685	583
686	584
687	585
688	586

KSA Bd. 10	KGW VII, 1	KSA Bd. 10	KGW VII, 1	KSA Bd. 10	KGW VII, 1	KSA Bd. 10	KGW VII, 1
9	5	56	56	103	103	150	152
10	6	57	57	104	104	151	153
11	7	58	58	105	105	152	154
12	8	59	59	106	106	153	155
13	9	60	60	107	107	154	156
14	10	61	61	108	108	155	157
15	11	62	62	109	111	156	158
16	12	63	63	110	112	157	159
17	13	64	64	111	113	158	160
18	14	65	65	112	114	159	161
19	15	66	66	113	115	160	162
20	16	67	67	114	116	161	163
21	17	68	68	115	117	162	164
22	18	69	69	116	118	163	165
23	19	70	70	117	119	164	166
24	20	71	71	118	120	165	167
25	21	72	72	119	121	166	168
26	22	73	73	120	122	167	169
27	23	74	74	121	123	168	170
28	24	75	75	122	124	169	171
29	25	76	76	123	125	170	172
30	26	77	77	124	126	171	173
31	27	78	78	125	127	172	174
32	28	79	79	126	128	173	175
33	29	80	80	127	129	174	176
34	30	81	81	128	130	175	177
35	31	82	82	129	131	176	178
36	32	83	83	130	132	177	179
37	33	84	84	131	133	178	180
38	34	85	85	132	134	179	181
39	35	86	86	133	135	180	182
40	36	87	87	134	136	181	183
41	37	88	88	135	137	182	184
42	38	89	89	136	138	183	185
43	41	90	90	137	139	184	186
44	42	91	91	138	140	185	187
45	43	92	92	139	141	186	188
46	44	93	93	140	142	187	191
47	45	94	94	141	143	188	192
48	46	95	95	142	144	189	193
49	47	96	96	143	145	190	194
50	48	97	97	144	146	191	195
51	49	98	98	145	147	192	196
52	50	99	99	146	148	193	197
53	53	100	100	147	149	194	198
54	54	101	101	148	150	195	199
55	55	102	102	149	151	196	200

KSA Bd. 10	KGW VII, 1	KSA Bd. 10	KGW VII, 1	KSA Bd. 10	KGW VII, 1	KSA Bd. 10	KGW VII, 1
197	201	244	252	291	299	338	348
198	202	245	253	292	300	339	349
199	203	246	254	293	301	340	350
200	204	247	255	294	302	341	351
201	205	248	256	295	303	342	352
202	206	249	257	296	304	343	353
203	207	250	258	297	305	344	354
204	208	251	259	298	306	345	357
205	209	252	260	299	307	346	358
206	210	253	261	300	308	247	359
207	211	254	262	301	309	348	360
208	212	255	263	302	310	349	361
209	213	256	264	303	311	350	362
210	214	257	265	304	312	351	363
211	215	258	266	305	313	352	364
212	216	259	267	306	314	353	365
213	217	260	268	307	315	354	366
214	218	261	269	308	316	355	367
215	219	262	270	309	317	356	368
216	220	263	271	310	318	357	369
217	221	264	272	311	319	358	370
218	222	265	273	312	320	359	371
219	223	266	274	313	321	360	372
220	224	267	275	314	322	361	373
221	225	268	276	315	323	362	374
222	226	269	277	316	324	363	375
223	227	270	278	317	325	364	376
224	228	271	279	318	326	365	379
225	229	272	280	319	327	366	380
226	230	273	281	320	328	367	381
227	231	274	282	321	329	368	382
228	232	275	283	322	330	369	383
229	233	276	284	323	331	370	384
230	234	277	285	324	332	371	385
231	237	278	286	325	335	372	386
232	238	279	287	326	336	373	387
233	239	280	288	327	337	374	388
234	240	281	289	328	338	375	389
235	243	282	290	329	339	376	390
236	244	283	291	330	340	377	391
237	245	284	292	331	341	378	392
238	246	285	293	332	342	379	395
239	247	286	294	333	343	380	396
240	248	287	295	334	344	381	397
241	249	288	296	335	345	382	398
242	250	289	297	336	346	383	401
243	251	290	298	337	347	384	402

KSA Bd. 10	KGW VII, 1	KSA Bd. 10	KGW VII, 1	KSA Bd. 10	KGW VII, 1	KSA Bd. 10	KGW VII, 1
385	403	432	452	479	503	526	552
386	404	433	453	480	504	527	553
387	405	434	454	481	505	528	554
388	406	435	455	482	506	529	555
389	407	436	456	483	507	530	556
390	408	437	457	484	508	531	557
391	409	438	458	485	509	532	558
392	410	439	459	486	510	533	561
393	411	440	460	487	511	534	562
394	412	441	461	488	512	535	563
395	413	442	462	489	513	536	564
396	414	443	463	490	514	537	565
397	415	444	464	491	515	538	566
398	416	445	465	492	516	539	567
399	417	446	466	493	517	540	568
400	418	447	467	494	518	541	569
401	419	448	468	495	521	542	570
402	420	449	469	496	522	543	571
403	421	450	470	497	523	544	572
404	422	451	471	498	524	545	573
405	423	452	472	499	525	546	574
406	424	453	473	500	526	547	575
407	425	454	474	501	527	548	576
408	426	455	475	502	528	549	577
409	427	456	476	503	529	550	578
410	428	457	477	504	530	551	579
411	429	458	478	505	531	552	580
412	430	459	479	506	532	553	581
413	431	460	480	507	533	554	582
414	432	461	481	508	534	555	583
415	435	462	482	509	535	556	584
416	436	463	483	510	536	557	585
417	437	464	484	511	537	558	586
418	438	465	485	512	538	559	587
419	439	466	486	513	539	560	588
420	440	467	487	514	540	561	589
421	441	468	488	515	541	562	590
422	442	469	489	516	542	563	591
423	443	470	490	517	543	564	592
424	444	471	491	518	544	565	593
425	445	472	492	519	545	566	594
426	446	473	493	520	546	567	597
427	447	474	494	521	547	568	598
428	448	475	497	522	548	569	599
429	449	476	498	523	549	570	600
430	450	477	499	524	550	571	601
431	451	478	500	525	551	572	602

KSA Bd. 10	KGW VII, 1	KSA Bd. 10	KGW VII, 1	KSA Bd. 11	KGW VII, 2	KSA Bd. 11	KGW VII, 2
573	603	620	658	9	5	56	52
574	604	621	659	10	6	57	53
575	605	622	660	11	7	58	54
576	606	623	661	12	8	59	55
577	607	624	662	13	9	60	56
578	608	625	663	14	10	61	57
579	609	626	664	15	11	62	58
580	610	627	665	16	12	63	59
581	611	628	666	17	13	64	60
582	612	629	667	18	14	65	61
583	615	630	668	19	15	66	62
584	616	631	669	20	16	67	63
585	617	632	670	21	17	68	64
586	618	633	671	22	18	69	65
587	621	634	672	23	19	70	66
588	622	635	675	24	20	71	67
589	623	636	676	25	21	72	68
590	624	637	677	26	22	73	69
591	625	638	678	27	23	74	70
592	626	639	679	28	24	75	71
593	627	640	680	29	25	76	72
594	628	641	681	30	26	77	73
595	629	642	682	31	27	78	74
596	630	643	685	32	28	79	75
597	633	644	686	33	29	80	76
598	634	645	687	34	30	81	77
599	635	646	688	35	31	82	78
600	636	647	689	36	32	83	79
601	637	648	690	37	33	84	80
602	638	649	691	38	34	85	81
603	641	650	692	39	35	86	82
604	642	651	693	40	36	87	83
605	643	652	694	41	37	88	84
606	644	653	695	42	38	89	85
607	645	654	696	43	39	90	86
608	646	655	697	44	40	91	87
609	647	656	698	45	41	92	88
610	648	657	699	46	42	93	89
611	649	658	700	47	43	94	90
612	650	659	701	48	44	95	91
613	651	660	702	49	45	96	92
614	652	661	703	50	46	97	93
615	653	662	704	51	47	98	94
616	654	663	705	52	48	99	95
617	655	664	706	53	49	100	96
618	656			54	50	101	97
619	657			55	51	102	98

KSA Bd. 11	KGW VII, 2
103	99
104	100
105	101
106	102
107	103
108	104
109	105
110	106
111	107
112	108
113	109
114	110
115	111
116	112
117	113
118	114
119	115
120	116
121	117
122	118
123	119
124	120
125	121
126	122
127	123
128	124
129	125
130	126
131	127
132	128
133	129
134	130
135	131
136	132
137	133
138	134
139	135
140	136
141	137
142	138
143	139
144	140
145	141
146	142
147	143
148	144
149	145
150	146
151	149
152	150
153	151
154	152
155	153
156	154
157	155
158	156
159	157
160	158
161	159
162	160
163	161
164	162
165	163
166	164
167	165
168	166
169	167
170	168
171	169
172	170
173	171
174	172
175	173
176	174
177	175
178	176
179	177
180	178
181	179
182	180
183	181
184	182
185	183
186	184
187	185
188	186
189	187
190	188
191	189
192	190
193	191
194	192
195	193
196	194
197	195
198	196
199	197
200	198
201	199
202	200
203	201
204	202
205	203
206	204
207	205
208	206
209	207
210	208
211	209
212	210
213	211
214	212
215	213
216	214
217	215
218	216
219	217
220	218
221	219
222	220
223	221
224	222
225	223
226	224
227	225
228	226
229	227
230	228
231	229
232	230
233	231
234	232
235	233
236	234
237	235
238	236
239	237
240	238
241	239
242	240
243	241
244	242
245	243
246	244
247	245
248	246
249	247
250	248
251	249
252	250
253	251
254	252
255	253
256	254
257	255
258	256
259	257
260	258
261	259
262	260
263	261
264	262
265	263
266	264
267	265
268	266
269	267
270	268
271	269
272	270
273	271
274	272
275	275
276	276
277	277
278	278
279	279
280	280
281	281
282	282
283	283
284	284
285	285
286	286
287	287
288	288
289	289
290	290

KSA Bd. 11	KGW VII, 2
291	291
292	292
293	293
294	294
295	295
296	296
	KGW VII, 3
297	5
298	6
299	7
300	8
301	9
302	10
303	11
304	12
305	13
306	14
307	15
308	16
309	17
310	18
311	19
312	20
313	21
314	22
315	23
316	24
317	25
318	26
319	27
320	28
321	29
322	30
323	31
324	32
325	33
326	34
327	35
328	36
329	37
330	38
331	39
332	40
333	43
334	44

KSA Bd. 11	KGW VII, 3
335	45
336	46
337	47
338	48
339	49
340	50
341	51
342	52
343	53
344	54
345	55
346	56
347	57
348	58
349	59
350	60
351	61
352	62
353	65
354	66
355	67
356	68
357	69
358	70
359	73
360	74
361	75
362	76
363	77
364	78
365	79
366	80
367	81
368	82
369	83
370	84
371	85
372	86
373	87
374	88
375	89
376	90
377	91
378	92
379	93
380	94
381	95

KSA Bd. 11	KGW VII, 3
382	96
383	97
384	98
385	99
386	100
387	101
388	102
389	103
390	104
391	105
392	106
393	107
394	108
395	109
396	110
397	111
398	112
399	115
400	116
401	117
402	118
403	119
404	120
405	121
406	122
407	123
408	124
409	125
410	126
411	127
412	128
413	129
414	130
415	131
416	132
417	133
418	134
419	137
420	138
421	139
422	140
423	143
424	144
425	145
426	146
427	147
428	148

KSA Bd. 11	KGW VII, 3
429	149
430	150
431	151
432	152
433	153
434	154
435	155
436	156
437	157
438	158
439	159
440	160
441	161
442	162
443	163
444	164
445	165
446	166
447	167
448	168
449	169
450	170
451	171
452	172
453	173
454	174
455	175
456	176
457	177
458	178
459	179
460	180
461	181
462	182
463	183
464	184
465	185
466	186
467	187
468	188
469	189
470	190
471	191
472	192
473	193
474	194
475	195

KSA Bd. 11	KGW VII, 3	KSA Bd. 11	KGW VII, 3	KSA Bd. 11	KGW VII, 3	KSA Bd. 11	KGW VII, 3
476	196	523	245	570	294	617	345
477	197	524	246	571	295	618	346
478	198	525	247	572	296	619	349
479	199	526	248	573	297	620	350
480	200	527	249	574	298	621	351
481	201	528	250	575	301	622	352
482	202	529	251	576	302	623	353
483	203	530	252	577	303	624	354
484	204	531	253	578	304	625	355
485	205	532	254	579	305	626	356
486	206	533	255	580	306	627	357
487	207	534	256	581	307	628	358
488	208	535	257	582	308	629	361
489	209	536	258	583	309	630	362
490	210	537	259	584	310	631	363
491	211	538	260	585	311	632	364
492	212	539	261	586	312	633	365
493	213	540	262	587	313	634	366
494	214	541	263	588	314	635	367
495	215	542	264	589	315	636	368
496	216	543	265	590	316	637	369
497	217	544	266	591	317	638	370
498	218	545	267	592	318	639	371
499	219	546	268	593	319	640	372
500	220	547	269	594	320	641	373
501	221	548	270	595	323	642	374
502	222	549	273	596	324	643	375
503	223	550	274	597	325	644	376
504	224	551	275	598	326	645	377
505	225	552	276	599	327	646	378
506	226	553	277	600	328	647	379
507	227	554	278	601	329	648	380
508	228	555	279	602	330	649	381
509	231	556	280	603	331	650	382
510	232	557	281	604	332	651	383
511	233	558	282	605	333	652	384
512	234	559	283	606	334	653	385
513	235	560	284	607	335	654	386
514	236	561	285	608	336	655	387
515	237	562	286	609	337	656	388
516	238	563	287	610	338	657	389
517	239	564	288	611	339	658	390
518	240	565	289	612	340	659	391
519	241	566	290	613	341	660	392
520	242	567	291	614	342	661	393
521	243	568	292	615	343	662	394
522	244	569	293	616	344	663	395

KSA Bd. 11	KGW VII, 3	KSA Bd. 12	KGW VIII, 1	KSA Bd. 12	KGW VIII, 1	KSA Bd. 12	KGW VIII, 1
664	396	9	5	56	52	103	101
665	397	10	6	57	53	104	102
666	398	11	7	58	54	105	103
667	399	12	8	59	55	106	104
668	400	13	9	60	56	107	105
669	403	14	10	61	57	108	106
670	404	15	11	62	58	109	107
671	405	16	12	63	59	110	108
672	406	17	13	64	60	111	109
673	407	18	14	65	61	112	110
674	408	19	15	66	62	113	111
675	409	20	16	67	65	114	112
676	410	21	17	68	66	115	113
677	411	22	18	69	67	116	114
678	412	23	19	70	68	117	115
679	413	24	20	71	69	118	116
680	414	25	21	72	70	119	117
681	415	26	22	73	71	120	118
682	416	27	23	74	72	121	119
683	417	28	24	75	73	122	120
684	418	29	25	76	74	123	121
685	419	30	26	77	75	124	122
686	420	31	27	78	76	125	123
687	421	32	28	79	77	126	124
688	422	33	29	80	78	127	125
689	423	34	30	81	79	128	126
690	424	35	31	82	80	129	127
691	427	36	32	83	81	130	128
692	428	37	33	84	82	131	129
693	429	38	34	85	83	132	130
694	430	39	35	86	84	133	131
695	431	40	36	87	85	134	132
696	432	41	37	88	86	135	133
697	433	42	38	89	87	136	134
698	434	43	39	90	88	137	135
699	437	44	40	91	89	138	136
700	438	45	41	92	90	139	137
701	439	46	42	93	91	140	138
702	440	47	43	94	92	141	139
703	441	48	44	95	93	142	140
704	442	49	45	96	94	143	141
705	445	50	46	97	95	144	142
706	446	51	47	98	96	145	143
707	447	52	48	99	97	146	144
708	448	53	49	100	98	147	145
709	451	54	50	101	99	148	146
710	452	55	51	102	100	149	147

KSA Bd. 12	KGW VIII, 1	KSA Bd. 12	KGW VIII, 1	KSA Bd. 12	KGW VIII, 1	KSA Bd. 12	KGW VIII, 1
150	148	197	201	244	250	291	299
151	149	198	202	245	251	292	300
152	150	199	203	246	252	293	301
153	151	200	204	247	255	294	302
154	152	201	205	248	256	295	303
155	153	202	206	249	257	296	304
156	154	203	207	250	258	297	305
157	155	204	208	251	259	298	306
158	156	205	209	252	260	299	307
159	157	206	210	253	261	300	308
160	158	207	211	254	262	301	309
161	159	208	212	255	263	302	310
162	160	209	213	256	264	303	311
163	161	210	214	257	265	304	312
164	162	211	215	258	266	305	313
165	163	212	216	259	267	306	314
166	164	213	217	260	268	307	315
167	165	214	218	261	269	308	316
168	166	215	219	262	270	309	317
169	167	216	220	263	271	310	318
170	168	217	221	264	272	311	319
171	171	218	222	265	273	312	320
172	172	219	223	266	274	313	321
173	173	220	224	267	275	314	322
174	174	221	225	268	276	315	323
175	175	222	226	269	277	316	324
176	176	223	227	270	278	317	325
177	179	224	228	271	279	318	326
178	180	225	229	272	280	319	327
179	181	226	230	273	281	320	328
180	182	227	231	274	282	321	329
181	183	228	232	275	283	322	330
182	184	229	233	276	284	323	333
183	185	230	234	277	285	324	334
184	186	231	237	278	286	325	335
185	189	232	238	279	287	326	336
186	190	233	239	280	288	327	337
187	191	234	240	281	289	328	338
188	192	235	241	282	290	329	339
189	193	236	242	283	291	330	340
190	194	237	243	284	292	331	341
191	195	238	244	285	293	332	342
192	196	239	245	286	294	333	343
193	197	240	246	287	295	334	344
194	198	241	247	288	296	335	345
195	199	242	248	289	297	336	346
196	200	243	249	290	298	337	347

KSA Bd. 12	KGW VIII, 1
338	348
	KGW VIII, 2
339	3
340	4
341	5
342	6
343	7
344	8
345	9
346	10
347	11
348	12
349	13
350	14
351	15
352	16
353	17
354	18
355	19
356	20
357	21
358	22
359	23
360	24
361	25
362	26
363	27
364	28
365	29
366	30
367	31
368	32
369	33
370	34
371	35
372	36
373	37
374	38
375	39
376	40
377	41
378	42
379	43
380	44
381	45

KSA Bd. 12	KGW VIII, 2
382	46
383	47
384	48
385	49
386	50
387	51
388	52
389	53
390	54
391	55
392	56
393	57
394	58
395	59
396	60
397	61
398	62
399	63
400	64
401	65
402	66
403	67
404	68
405	69
406	70
407	71
408	72
409	73
410	74
411	75
412	76
413	77
414	78
415	79
416	80
417	81
418	82
419	83
420	84
421	85
422	86
423	87
424	88
425	89
426	90
427	91
428	92

KSA Bd. 12	KGW VIII, 2
429	93
430	94
431	95
432	96
433	97
434	98
435	99
436	100
437	101
438	102
439	103
440	104
441	105
442	106
443	107
444	108
445	109
446	110
447	111
448	112
449	113
450	114
451	115
452	116
453	119
454	120
455	121
456	122
457	123
458	124
459	125
460	126
461	127
462	128
463	129
464	130
465	131
466	132
467	133
468	134
469	135
470	136
471	137
472	138
473	139
474	140
475	141

KSA Bd. 12	KGW VIII, 2
476	142
477	143
478	144
479	145
480	146
481	147
482	148
483	149
484	150
485	151
486	152
487	153
488	154
489	155
490	156
491	157
492	158
493	159
494	160
495	161
496	162
497	163
498	164
499	165
500	166
501	167
502	168
503	169
504	170
505	171
506	172
507	173
508	174
509	175
510	176
511	177
512	178
513	179
514	180
515	181
516	182
517	183
518	184
519	185
520	186
521	187
522	188

KSA Bd. 12	KGW VIII, 2
523	189
524	190
525	191
526	192
527	193
528	194
529	195
530	196
531	197
532	198
533	199
534	200
535	201
536	202
537	203
538	204
539	205
540	206
541	207
542	208
543	209
544	210
545	211
546	212
547	213
548	214
549	215
550	216
551	217
552	218
553	219
554	220
555	221
556	222
557	223
558	224
559	225
560	226
561	227
562	228
563	229
564	230
565	231
566	232
567	233
568	234
569	235

KSA Bd. 12	KGW VIII, 2
570	236
571	237
572	238
573	239
574	240
575	241
576	242
577	243
578	244
579	245
580	246
581	247
582	248

KSA Bd. 13	KGW VIII, 2
9	251
10	252
11	253
12	254
13	255
14	256
15	257
16	258
17	259
18	260
19	261
20	262
21	263
22	264
23	265
24	266
25	267
26	268
27	269
28	270
29	271
30	272
31	273
32	274
33	275
34	276
35	277
36	278
37	279
38	280
39	281
40	282
41	283
42	284
43	285
44	286
45	287
46	288
47	289
48	290
49	291
50	292
51	293
52	294
53	295
54	296
55	297

KSA Bd. 13	KGW VIII, 2
56	298
57	299
58	300
59	301
60	302
61	303
62	304
63	305
64	306
65	307
66	308
67	309
68	310
69	311
70	312
71	313
72	314
73	315
74	316
75	317
76	318
77	319
78	320
79	321
80	322
81	323
82	324
83	325
84	326
85	327
86	328
87	329
88	330
89	331
90	332
91	333
92	334
93	335
94	336
95	337
96	338
97	339
98	340
99	341
100	342
101	343
102	344

KSA Bd. 13	KGW VIII, 2
103	345
104	346
105	347
106	348
107	349
108	350
109	351
110	352
111	353
112	354
113	355
114	356
115	357
116	358
117	359
118	360
119	361
120	362
121	363
122	364
123	365
124	366
125	367
126	368
127	369
128	370
129	371
130	372
131	373
132	374
133	375
134	376
135	377
136	378
137	379
138	380
139	381
140	382
141	383
142	384
143	385
144	386
145	387
146	388
147	389
148	390
149	391

KSA Bd. 13	KGW VIII, 2
150	392
151	393
152	394
153	395
154	396
155	397
156	398
157	399
158	400
159	401
160	402
161	403
162	404
163	405
164	406
165	407
166	408
167	409
168	410
169	411
170	412
171	413
172	414
173	415
174	416
175	417
176	418
177	419
178	420
179	421
180	422
181	423
182	424
183	425
184	426
185	427
186	428
187	429
188	430
189	431
190	432
191	433
192	434
193	435
194	436
195	439
196	440

KSA Bd. 13	KGW VIII, 2
197	441
198	442
199	443
200	444
201	445
202	446
203	447
204	448
205	449
206	450
207	451
208	452
209	453
210	454
211	455
212	456
	KGW VIII, 3
213	3
214	4
215	5
216	6
217	9
218	10
219	11
220	12
221	13
222	14
223	15
224	16
225	17
226	18
227	19
228	20
229	21
230	22
231	23
232	24
233	25
234	26
235	27
236	28
237	29
238	30
239	31
240	32

KSA Bd. 13	KGW VIII, 3
241	33
242	34
243	35
244	36
245	37
246	38
247	39
248	40
249	41
250	42
251	43
252	44
253	45
254	46
255	47
256	48
257	49
258	50
259	51
260	52
261	53
262	54
263	55
264	56
265	57
266	58
267	59
268	60
269	61
270	62
271	63
272	64
273	65
274	66
275	67
276	68
277	69
278	70
279	71
280	72
281	73
282	74
283	75
284	76
285	77
286	78
287	79

KSA Bd. 13	KGW VIII, 3
288	80
289	81
290	82
291	83
292	84
293	85
294	86
295	87
296	88
297	89
298	90
299	91
300	92
301	93
302	94
303	95
304	96
305	97
306	98
307	99
308	100
309	101
310	102
311	103
312	104
313	105
314	106
315	107
316	108
317	109
318	110
319	111
320	112
321	113
322	114
323	115
324	116
325	117
326	118
327	119
328	120
329	121
330	122
331	123
332	124
333	125
334	126
335	127
336	128
337	129
338	130
339	131
340	132
341	133
342	134
343	135
344	136
345	137
346	138
347	139
348	140
349	141
350	142
351	143
352	144
353	145
354	146
355	147
356	148
357	149
358	150
359	151
360	152
361	153
362	154
363	155
364	156
365	157
366	158
367	159
368	160
369	161
370	162
371	163
372	164
373	165
374	166
375	167
376	168
377	169
378	170
379	171
380	172
381	173
382	174
383	175
384	176
385	177
386	178
387	179
388	180
389	181
390	182
391	183
392	184
393	185
394	186
395	187
396	188
397	189
398	190
399	191
400	192
401	195
402	196
403	197
404	198
405	199
406	200
407	201
408	202
409	203
410	204
411	205
412	206
413	207
414	208
415	209
416	210
417	211
418	212
419	213
420	214
421	215
422	216
423	217
424	218
425	219
426	220
427	221
428	222
429	223
430	224
431	225
432	226
433	227
434	228
435	229
436	230
437	231
438	232
439	233
440	234
441	235
442	236
443	237
444	238
445	239
446	240
447	241
448	242
449	243
450	244
451	245
452	246
453	247
454	248
455	249
456	250
457	251
458	252
459	253
460	254
461	255
462	256
463	257
464	258
465	259
466	260
467	261
468	262
469	263
470	264
471	265
472	266
473	267
474	268
475	269

KSA Bd. 13	KGW VIII, 3
476	270
477	271
478	272
479	273
480	274
481	275
482	276
483	279
484	280
485	281
486	282
487	283
488	284
489	285
490	286
491	287
492	288
493	289
494	290
495	291
496	292
497	293
498	294
499	295
500	296
501	297
502	298
503	299
504	300
505	301
506	302
507	303
508	304
509	305
510	306
511	307
512	308
513	309
514	310
515	311
516	312
517	313
518	314
519	317
520	318
521	319
522	320
523	321
524	322
525	323
526	324
527	325
528	326
529	327
530	328
531	331
532	332
533	333
534	334
535	335
536	336
537	337
538	338
539	341
540	342
541	343
542	344
543	345
544	346
545	347
546	348
547	349
548	350
549	353
550	354
551	355
552	356
553	357
554	358
555	359
556	360
557	361
558	362
559	363
560	364
561	365
562	366
563	367
564	368
565	369
566	370
567	371
568	372
569	373
570	374
571	375
572	376
573	377
574	378
575	379
576	380
577	381
578	382
579	385
580	386
581	387
582	388
583	391
584	392
585	393
586	394
587	395
588	396
589	397
590	398
591	399
592	400
593	401
594	402
595	403
596	404
597	405
598	406
599	409
600	410
601	411
602	412
603	413
604	414
605	415
606	416
607	417
608	418
609	419
610	420
611	421
612	422
613	423
614	424
615	427
616	428
617	429
618	430
619	431
620	432
621	433
622	434
623	435
624	436
625	437
626	438
627	439
628	440
629	441
630	442
631	443
632	444
633	445
634	446
635	447
636	448
637	451
638	452
639	453
640	454
641	455
642	456
643	457
644	458
645	459
646	460
647	461
648	462

Verzeichnis der Gedichtüberschriften und -anfänge

Gesamtregister

Das Register erfaßt: alle in der KSA veröffentlichten Texte Nietzsches; die Nachworte in den Bänden 1–6, 11 und 13; das Vorwort des Herausgebers und den Kritischen Apparat in Band 14.

Nicht berücksichtigt ist die Chronik in Band 15; sie ist dem Leser durch ihren annalistischen Aufbau ohnehin leicht zugänglich, auch würde die Fülle der in ihr genannten Namen das Register erheblich ausweiten.

Das Register ist ein *erweitertes Namen-Register.** Hauptstichwörter sind alle in den Texten vorkommenden Namen sowie Bezeichnungen, die in der Alltagssprache wie Namen verwendet werden. Das Register erfaßt also Personennamen, Namen von Planeten, Erdteilen, Ländern bzw. Staaten, von Städten, Flüssen und Bergen etc., außerdem Bezeichnungen wie „Furie", „Satyr", „Germane", „Slave" etc. Wo immer es möglich war, sind jedoch Bezeichnungen und abgeleitete Wortformen als Unterstichwörter unter den ihnen entsprechenden Namen eingeordnet: z.B. „Deutscher" und „deutsch" unter „Deutschland", „Pariser" und „pariserisch" unter „Paris". Umgekehrt sind einem Namen, der als Hauptstichwort dient, in der Regel alle Verbindungen und Derivate zugeordnet, in denen er enthalten ist, etwa „panhellenisch" zu „Hellas", „Gegen-Alexander" zu „Alexander (dem Großen)". Nicht aufgenommen sind allerdings Epochen- oder Schulbezeichnungen: Man findet im Register daher unter „Epikur" „epikurisch", nicht aber „epikuräisch", unter „Hellas" zwar „hellenisch", nicht aber „Hellenismus" bzw. „hellenistisch" etc.; „Eleate" z.B. taucht unter „Elea" nur dann auf, wenn es den aus Elea Gebürtigen, nicht den Angehörigen der eleatischen Schule bezeichnet. Auch „Apollo" und „Dionysos" sind aufgenommen, nicht aber „das Apollinische" und „das Dionysische". Die Unterstichwörter sind je nach Erfordernis alphabetisch oder systematisch geordnet.

Das Prinzip der Vollständigkeit wurde nur in wenigen Fällen durchbrochen: So sind etwa Städte nicht aufgeführt, wenn sie im Text lediglich als Verlagsort im Zusammenhang mit einer Literaturangabe genannt werden; der Name „Nietzsche" wird nur in den Bänden 1–13, nicht aber in Band 14 berücksichtigt (wo er fast auf jeder Seite vorkommt), und von den zahllosen Titelentwürfen Nietzsches sind nur einige wenige aufgenommen (z.B. „Der Wille zur Macht" und „Umwertung aller Werte").

Soweit es nötig schien und möglich war, sind den Hauptstichwörtern kurze Erläuterungen beigegeben, den realen Personen in der Regel die Lebensdaten und eine Kurzbeschreibung, soweit diese zu ermitteln waren.

Das Register informiert außerdem vollständig über alle in den Texten erwähnten künstlerischen und wissenschaftlichen Werke und die in ihnen vorkommenden Personen. In der Regel sind Werke nicht als selbständige Stichwörter, sondern unter den jeweiligen Verfassern, Komponisten, Malern aufgeführt; Personen aus Stücken, Opern, Romanen etc. findet man als Unterstichwörter zweiter Ordnung unter den

* Ein *Sach-Register,* das der Eigenart von Nietzsches Werk gerecht wird, bedarf noch umfangreicher Vorarbeiten.

jeweiligen Werken. Personen, die im Text *nur* in ihrer Funktion als Autor auftauchen, werden zwar im Register als Hauptstichwort aufgeführt, der Stellennachweis ist in einem solchen Fall aber nur für ihr Werk angegeben. Wird der Autor daneben auch selbständig erwähnt (und in allen Zweifelsfällen), dann ist bei ihm *und* bei dem Werk die Fundstelle angegeben. Um das Register nicht noch mehr auszuweiten, sind Werke nur als ganze aufgeführt, nicht aber einzelne Teile, Kapitel oder Abschnitte; diese werden nur in Ausnahmefällen (etwa bei Wagners Ring-Tetralogie) berücksichtigt. Die Stellennachweise zu Werken sind daher mehrdeutig; im Text kann das Werk als solches genannt sein, ein Teil davon oder auch nur ein einziges Zitat. Vor allem Nachweise, die sich auf den Kommentarband beziehen, meinen in der Regel, daß an der angegebenen Stelle ein Zitat bzw. ein Zitatennachweis aus dem Werk zu finden ist.

Jörg Salaquarda

Danksagung

Mitarbeiter an der Herstellung des Textes und Kommentars der KGW waren 1961 bis 1964: Dr. Maria Ludovica Fama-Pampaloni (Florenz), Dr. Sossio Giametta (Brüssel). Die Deutsche Forschungsgemeinschaft hat die Mitarbeit von Dr. Helga Anania-Heß seit 1976 (Text der KGW und KGB) und Marie Louise Haase seit 1979 (Apparat der KGW) ermöglicht.

Dem Generaldirektor der Nationalen Forschungs- und Gedenkstätten der klassischen deutschen Literatur, Prof. Helmut Holtzhauer, und seinem Nachfolger, Prof. Dr. Walter Dietze, sowie dem Direktor des Goethe- und Schiller-Archivs, Prof. Dr. Karl Heinz Hahn, gebührt in erster Linie unser Dank, da sie in großzügiger Weise unsere Arbeit in Weimar seit 1961 unterstützen. An dieser Stelle seien auch Anneliese Clauss, Archivarin im Goethe- und Schiller-Archiv, für ihre Hilfe bei der Entzifferung der Handschrift Nietzsches, sowie Dr. Hans Henning, Direktor der Zentralbibliothek der deutschen Klassik in Weimar, dankbar erwähnt.

Zu Dank verpflichtet sind wir folgenden Privatpersonen und Institutionen, die uns ihre wertvollen Nietzscheana zur Verfügung gestellt haben: Universitätsbibliothek, Basel (Dr. Max Burckhardt); Erben Stefan Zweigs, London; Dr. h. c. Ernst Pfeiffer, Göttingen; Albi Rosenthal, Oxford; Schiller-Nationalmuseum, Marbach (Prof. Dr. Bernhard Zeller); Hedwig Däuble-Rohde, Karlsruhe; Bibliotheca Bodmeriana, Genf; Erica Fränkel, Hünibach/Thun; Zentral- und Stadtbibliothek, Örebro; u. a.

Das Vertrauen der Verleger: Gallimard in Paris, Adelphi in Mailand, Walter de Gruyter in Berlin war wesentliche Voraussetzung für unsere Arbeit.

Dankbar zu nennen sind die wissenschaftlichen Konsulenten und Freunde, die seit 1965 die Veröffentlichung der Ausgabe mit wichtigen Anregungen und Ratschlägen verfolgen: Prof. Dr. Wolfgang Müller-Lauter, Prof. Dr. Karl Pestalozzi, Dr. Jörg Salaquarda, Prof. Dr. Heinz Wenzel. Erfreulicher und fruchtbarer Austausch wissenschaftlicher Information bestand und besteht mit Dr. h. c. Curt Paul Janz.

Unsere Ausgabe versteht sich als ein Glied in der Geschichte der Nietzsche-Edition: Wir haben auch auf den Einsichten und Bemühungen einer langen Kette von Gelehrten und Herausgebern aufgebaut, die von Peter Gast und Ernst Holzer bis hin zu Hans Joachim Mette und Karl Schlechta – Außenseiter wie Erich F. Podach nicht zu vergessen – reicht. Vielleicht sind die gültigen Resultate dieser fast hundertjährigen Arbeit dadurch „aufgehoben". Jeder Hinweis zur Beseitigung von Lücken und Fehlern von seiten der Leser dieser Ausgabe sei deshalb von vornherein dankbarst begrüßt.

Als Herausgeber der Kritischen Studienausgabe gilt zum Schluß mein ganz besonderer Dank Heinz Friedrich und seinen Mitarbeitern im Deutschen Taschenbuch Verlag, vor allem Ulrike Buergel-Goodwin.

Florenz, 30. September 1980
Mazzino Montinari